Roland Wuttke

Sumatra
Elefanten-Patrouille

Gewidmet meiner Frau Ingrid, meinen Freunden, meinen unzähligen Weggefährten Südostasiens, Archäologen, Ethnologen, Missionaren und engen Vertrauten, die mir mit Rat und Tat zu Seite standen.

Roland Wuttke

Roland Wuttke

SUMATRA
Elefanten-Patrouille

Reiseabenteuer – Reportagen – Episoden

Novitäten & Raritäten

NoRa

ISBN 978-3-86557-340-7

© NORA Verlagsgemeinschaft (2014)
Pettenkoferstraße 16 - 18   D-10247 Berlin
Fon: +49 30 20454990   Fax: +49 30 20454991
E-mail: kontakt@nora-verlag.de
Web: www.nora-verlag.de
Alle Rechte vorbehalten
Das Buch wurde auf zertifiziertem Recycling Papier gedruckt.
Inhalt: RecyStar® Nature, Umschlag: Circle*matt*
Druck und Bindung: SDL – Digitaler Buchdruck, Berlin
Printed in Germany

INHALT

Vorwort des WWF

Die Tropenwälder Sumatras gehören zu den artenreichsten und vielfältigsten Wäldern der Erde. Die indonesische Insel ist die Heimat von vielen seltenen Tier- und Pflanzenarten und liefert die Lebensgrundlage für Millionen Menschen. Nur hier leben Tiger, Nashörner, Orang-Utans und Elefanten in einem Gebiet. Auch weniger bekannte Tiere wie Nasenaffen, Malayenbären und Nebelparder sind hier zuhause

Aber diese wunderbaren Arten verschwinden, weil ihre Wälder durch Abholzung und Waldbrände zerstört oder zu Ölpalmplantagen umgewandelt werden. Weit verbreitete Wilderei stellt ebenfalls eine große Bedrohung dar: Tiger werden für ihr Fell, Zähne und Knochen gejagt, Elefanten werden für ihr Elfenbein und als »Schadtiere« getötet und Orang-Utans werden als Haustiere und für die Vergnügungsindustrie eingefangen. Mittlerweile sind Sumatra-Tiger, Nashörner, Orang-Utans und Elefanten vom Aussterben bedroht.

Das Verschwinden der Wälder hat nicht nur negative Auswirkungen auf die Tierwelt, sondern auch für die Menschen. Die indigenen Völker Sumatras sind in besonderer Weise auf die Wälder und ihre Produkte angewiesen. Seit Jahrhunderten leben sie im Einklang mit der Natur; eine Lebensweise, die mittlerweile akut bedroht ist.

Sumatras Wälder sind zudem für den weltweiten Klimaschutz von herausragender Bedeutung, weil sie gigantische Mengen an Kohlenstoff speichern. Werden sie zerstört, geben sie das Treibhausgas Kohlendioxid an die Atmosphäre ab und verstärken den Klimawandel.

Der WWF sieht es als seine Aufgabe an, diese Wälder zu schützen und die einzigartige Artenvielfalt zu bewahren. Deshalb unterstützen wir viele Projekte vor Ort. So wurde der Tesso Nilo Nationalpark nur auf Drängen des WWF ausgewiesen. Durch illegale Ölpalmpflanzungen ist der Park massiv bedroht, so dass wir dort unser Engagement verstärken müssen. Die »Schuld« dafür ist nicht nur in Indonesien zu suchen. Die Konsumenten in den Industrieländern unterstützen indirekt diese Entwicklung indem sie bewusst oder unbewusst zu Produkten greifen, die aus Raubbau stammen.

Durch kritisches Hinterfragen und nachhaltigen Konsum können wir den Markt beeinflussen und auf die Produktionsbedingungen in den Erzeugerländern einwirken.

Bücher wie das vorliegende leisten einen wertvollen Beitrag, um das Bewusstsein für die Schönheit und Bedrohung Sumatras zu schärfen. Diese Bedrohung geht uns alle an und jeder einzelne kann sie auf vielfältige Weise bekämpfen: durch die Unterstützung von Projekten vor Ort, nachhaltigen Konsum und als Naturschutzbotschafter im Freundes- und Familienkreis.

Susanne Gotthardt
Referentin Indonesien und Malaysia

VORWORT DES AUTORS

Wie sich die Bilder gleichen. Blicke ich zurück, stoße ich auf ein bewegtes Gestern, das mich in eine so unendliche Ferne dieser geheimnisvollen Wunderwelt führte. Hier die prächtigen Monumente orientalischer Vergangenheit – ihre Schatullen sind prall gefüllt mit spektakulären Spuren vergangener Jahrtausende, dort das Tropengrün Balis, ein üppiges Paradies und die undurchdringliche Dschungelwildnis wie ein Garten Eden mit einzigartiger Tier- und Pflanzenvielfalt am Äquatorsaum. Anderswo führten mich schwindelerregende Pisten zwischen schroffe Felsengebirge, durch rieselnde Sandmeere der afrikanischen Sahara sowie durch die unergründlichen Weiten der Rub al Khali des Orients, bis mich die Neugier an sanfte Meeresküsten vor einer Lagunenlandschaft Südarabiens spülte.

Immer öfter widmete ich mich den weit abseits lebenden Menschen, den Urbewohnern, nahm ich jene Bedrängten ins Visier, die vor einer sich anmaßenden Zivilisation letzte Zuflucht suchen. Und immer wieder folgte ich verblassten Spuren von frühen Entdeckern, Wissenschaftlern, Abenteurern, Geschäftemachern und fand sogar Einlass bei den Stylermissionaren. Allen gemeinsam war, das sie einst nach Reichtümern, Macht, Einfluss und Ansehen strebend in fremde Welten vorstießen. Nur wenige sollten sich als Missionare, Biologen, Ethnologen und Naturkundler für Entdeckungen, Ausgleich mit Völkern und um die Bewahrung einer unendlichen, artenreichen Tier- und Pflanzenwelt in den tropischen Regenwäldern bemühen.

An einen von ihnen, den damals noch jungen Schweizer Bruno Manser, möchte ich erinnern, einen Aktivisten der Neuzeit. Bis Ende der Neunzigerjahre des 20. Jahrhunderts lebte er bei den Eingeborenen, den *Penan*nomaden in den entlegenen Bergen im malaysischen Pulong Tau-Gebiet, lernte er ihre Sprache, die kein Alphabet kennt. An der Seite seiner *Penan*freunde stemmte er sich im malaysischen Hochland von Borneo gegen das rigorose Abholzen der Regenwälder, dessen verheerende Folgen eine verkarstete Landschaft mit verschmutzten Flüssen und Bächen hinterließen. Die einfachen Stämme vertrauten ihm, setzten auf seine

Hilfe, wenn es um die Bewahrung ihres Lebensraumes, um den Schutz einmaliger Tieflandwälder vor den Sägen der lokalen Holzfällerlobby ging. Der einst selbstlose, junge mutige Mann aus den Schweizer Bergen verschwand im Jahr 2000 unauffindbar in vertrauten Wäldern in einer von Gewalt geprägten Zeit. Die Erwartungen der Eingeborenen an die Hilfe fremder Aktivisten, die mit Bleistift und Papier gegenüber der lokalen Regierung lautstark für die Erhaltung ihres angestammten Lebensraumes tönten, verstummten schon bald. Durch lokale Kontaktstellen von den noch wenigen Nomadenfamilien isoliert, zog es die jungen Wilden nach und nach zu bezahlten Jobs. Indes die Alten in Hoffnungslosigkeit und Lethargie verfielen. Hier setzte die Lokalregierung in den frühen Neunzigern zunächst auf Druck, später auf Verlockungen, um die Urbevölkerung mit kostenlosen Reisrationen, Hilfsangeboten und Arztstationen aus ihrer angestammten Lebensweise zu locken.

Und noch im Jahr 2013 stieß man in den Weiten der Regenwälder Brasiliens im Grenzgebiet zu Peru auf bisher noch unentdeckt und gänzlich isoliert von der Zivilisation lebende Waldbewohner. Abenteurer und Pressehaie starteten augenblicklich einen Run auf noch unentdeckte Naturvölker. Da zeigte sich die Regierungsbehörde Brasiliens, FUNAI, einsichtiger. Gemeinsam mit Schutzorganisationen für bedrohte Völker schuf man eine Soldatenaufsicht für ein isoliertes Regenwaldschutzgebiet der Waldbewohner, das weder von Fremden betreten werden darf, noch von der Zivilisation beansprucht wird. Einer der Beteiligten ist der bekannte brasilianische Landsmann, Begründer und Förderer José Carlos Meirelles. Er erlebte noch erste Begegnungen, berichtete von den sensiblen Kontakten mit den bislang unentdeckten Naturbewohnern. Heute nennt man sie *Isolados*, unkontaktierte Indianer, vermeidet absichtlich jeden Kontakt, lässt die Waldbewohner unbehelligt in ihrem isolierten Lebensraum. Doch wie lange noch? Ich fragte Carlos persönlich danach. Seine Worte sind realistisch und finden auch meine Zustimmung. Er antwortete:

»Ich denke, wenn es uns gelingt das Gebiet der *Isolados* frei von Bedrohungen zu beschützen, so wird ihre gewohnte Lebensweise noch eine lange Zeit überdauern. Eines Tages jedoch werden sie uns zweifellos freundlich aufsuchen, und es werden ihre Probleme beginnen. Wüssten sie dies bereits heute, würden die freien Waldbewohner eher sterben, als Kontakt mit uns Weißen zu suchen.«

Die Gesellschaft für bedrohte Völker, die Bewahrer indigener Lebensweisen geben den »Isolierten«, den noch lebenden Naturvölkern, eine letzte Chance der freien Entwicklung. Wird jedoch auch die Holz- und Ressourcenlobby Brasiliens in der Zukunft so viel Geduld aufbringen?

Über das Schicksal der Dschungelstämme und Urbevölkerung der *Dani, Korowai, Kombai* und *Asmat*-Stämme im indonesischen Westpapua – und über ihren Lebensraum abseits der Zivilisation, am Ende der Welt, ist noch lange nicht entschieden. Die Insel Papua hat die größte Anzahl von noch nicht mit Fremden in Kontakt getretenen indigenen Gruppen außerhalb Brasiliens. Papua ist die Heimat von etwa 312 verschiedenen indigenen Völkern, einschließlich einiger unkontaktierter Völker.

Und mit jeder Expedition an der Seite erfahrener Einheimischer wuchs auch mein Wunsch nach weiteren faszinierenden Begegnungen in einer heute ungeduldigen Welt. Wer will schon bei der ersten Begegnung mit einsam lebenden Beduinen der Negevwüste vermuten, dass man schon bald einem der letzten Angehörigen von Urvölkern der südlichen Hemisphäre gegenüber steht. Oder auch von Naturvölkern, wie den *Tuareg*nomaden in den Weiten der Sahara, dem einst von der Welt abgeschotteten *Mahri*stamm in den omanischen Bergen, den *Penan*nomaden, *Ibans, Bahas, Kubus, Veddas* oder dem Buschvolk der *Mentawais* und anderen im malaiischen Inselarchipel.

Indigene Völker, deren Sprachen ich nicht verstand, deren Lebensweise ich mich jedoch bemühte zu erkunden und zu verstehen, wollte ich mit Bleistift, Papier und Filmkamera beistehen, ihren Lebensraum zu bewahren. Und wo es mich auch hinzog, riskierte ich viel, riskierte mein Leben, rechnete mit einer schützenden Hand meiner treuen Begleiterin, meiner Frau, wenn mein Eifer wieder einmal außer Kontrolle geriet. Und obwohl mir die oftmaligen Abschiede von der Heimat immer schwer vielen, vergaß ich auch nicht als Wissenschaftler, meine Reisen und Expeditionen mit größter Akribie vorzubereiten.

Was jedoch scheint diese freien Naturvölker gleichermaßen auszuzeichnen? Immerhin stand ich noch im reifen Alter einer Vielzahl dieser letzten Exoten gegenüber. Gesehen, begleitet, wenn auch oft nur einen flüchtigen Augenblick erlebt, haben sich Erfahrungen und Gemeinsamkeiten geprägt. Will ich nicht als Ethnologe, sondern als Fremder, oft als »Weißer«, als extrem Reisender ein Fazit auch meiner Begegnungen für die südliche Hemisphäre ziehen, so fällt auf:

Die Stammesführer verbergen die Urbewohner schützend in entlegenen, unzugänglichen Winkeln der Region. Sie fühlen sich vor der unverstandenen Außenwelt bedroht. Diese Naturvölker bleiben vor Fremden zunächst auf Distanz. Man kann ihr Vertrauen eher durch sensible Gesten oder vertraute Vermittler gewinnen, die ihre Sprache oder Laute verstehen. Doch ihr Herz öffnet sich erst, wenn man sich glaubhaft ihren Regeln unterwirft. Erst die Aufnahme des Fremden, des »Weißen«, durch das Stammesoberhaupt, den Häuptling, in ihrer Hütte sorgt für Schutz und Geborgenheit. Die Weitergabe ihrer eigenen Erfahrungen zum Überleben, ob in trostloser Wüste oder inmitten tropischer Wildnis, gilt bedingungslos. Der Urbewohner ist stolz, dem Fremden zu zeigen, was man beherrscht. So konnte ich insbesondere in den Regenwäldern Südostasiens mehr über das Jagen mit Giftpfeil und Bogen, Blasrohr, Speer oder auch das Fallen stellen erfahren. Man kleidet sich mit Bast und Fasern der Rinden des Dschungelbusches, schmückt sich mit Federn, Blättern und Buntem. Die Waldbewohner kennen sich aus mit Bäumen und Pflanzen, wenn sie für die Ernährung der Familie durch den Dschungelbusch streifen. Hier ist es die Zubereitung von Sagomehl aus der gefällten Sagopalme, dort sind es ausgegrabene Yamswurzeln oder Schotenfrüchte und Honignester, die man in den Baumkronen findet. Man jagt Wild und Wildschweine mit Hunden, lauert mit vergifteten Pfeilen auf Affen und Vögel, stellt eine Schlange oder fängt geduldig einen zappelnden Fisch im Bach.

Gegenüber vertrauten Fremden gibt es keine Geheimnisse. Selbst das Zubereiten von Pfeilgift aus Pflanzensud ausgepresster Wurzeln und Blätter wird stolz präsentiert. Man teilt das Wenige mit den Fremden, erwartet keine Gegenleistung. Ob du bei den Saharanomaden nach Wasser fragst oder in einer Hütte der Urbewohner Unterschlupf in den tropischen Regenwäldern am Äquator suchst.

Doch am schwierigsten ist die Wundheilung, das Ertragen von Schmerzen der Urbewohner. Schamanen tragen vielerorts die Last der Schmerzlinderung und Heilung. Heilkräutersud aus Pflanzen, Blättern und Wurzeln stellen neben Trance und Betelnuss nicht wirklich eine Heilung in Aussicht. Man ist nach wie vor der animistischen Tradition verbunden, glaubt an Geister und Überirdisches, an die Kraft des Wassers, an Zeichen des Waldes, jedoch sind diese oftmals ihre einzige Hoffnung. Medizinmänner langen schon mal nach Hilfe, wenn ihnen der Fremde Medikamente anbietet.

Die indonesische Inselgruppe im Indischen Ozean, aufgereiht wie eine Perlenkette, wird von dampfenden Vulkanschloten geprägt. Nur ein Bruchstück dieses pazifischen Feuerringes wurde auch weiterhin mein ewig nächstes »letztes« Ziel. Auf Borneo folgte Sumatra, die sechstgrößte Insel der Welt mit ihrer schrumpfenden Wildnis, deren Regenwälder in den steilen Hängen des unwegsamen Barisan-Gebirges noch einen letzten Flecken grünen Tropenparadieses bewahren. Im Schatten sich ausbreitender Ölpalmenwälder rückt klammheimlich die Zivilisation näher. Immer dichter durchschneiden Straßennetze die Insellandschaft, schaffen mehr und mehr Flickenteppiche, wo sich einst eine einzigartige Tier- und Pflanzenwelt ausbreitete und Naturvölker die Regenwälder durchstreiften.

Voller Erwartungen bereiste ich erneut mit Kamera und Notizblock jene geheimnisvolle tropische Dschungelwelt Indonesiens, die mich auch an die äußerste Westküste Javas führen sollte. Und wie in den Jahren zuvor verweilte ich mit meinen Begleitern jenseits der Touristenpfade, drang vor bis in entlegensten Winkel seiner Urbewohner in Hüttendörfer und Sumpfwälder, die keinen Namen tragen. Ich bestand Abenteuer, hoffte auf ungewöhnliche Begegnungen und erlag wie so oft der Faszination eines mir unbekannten Tropenparadieses vor der spektakulären Vulkan-Insel Krakatau.

Man muss sich nicht wichtiger machen, wenn man abseits der Touristenwege unterwegs ist. Zu viele Pauschalreisende behaupten ewig stolz: »Oh, da war ich auch schon! Das kenne ich!« Jedoch: Was wissen wir wirklich von der rauen Lebenswelt der Naturvölker? Wie viel Zeit verbleibt mir selbst, das noch herauszufinden?

Roland Wuttke, im Frühjahr 2013

LETZTES WILDPARADIES IM RIAU

Aufbruch ins südostasiatische Inselreich Sumatra

Erst in den Morgenstunden verabschieden wir uns von Malaysias Hauptstadtmoderne Kuala Lumpur und erreichen nach weniger als zwei Stunden Flug die indonesische Hafenstadt Padang an der Westküste der Insel Sumatra. Eintausend Kilometer von Indonesiens Hauptstadt Jakarta entfernt sind meine Frau und ich nach monatelanger Vorbereitung an Sumatras ersehnter Dschungelküste gelandet, einem tropischen Inselparadies dicht am Äquator. Vor der Küste träumt eine einsame, gleißend weiße Koralleninselwelt mit Palmengrün, aufgereiht wie mit Perlen im malaiischen Inselarchipel.

Padang am Indischen Ozean, eine quirlige Küstenstadt mit Hafenterminals und knallgelben Sandstränden vor der offenen See.

Küstenstadt Padang an der Westküste

Eine schmale Flussmündung, der Batang Aran beherbergt an der sonnenüberfluteten Küste dicht gedrängte Fischerboote und Schiffswerften. Und in der Ferne am Horizont türmen sich die dschungelüberwucherten Felsen des Barisan-Gebirges, halten ihre feurigen Vulkanschlote hinter den Wolkenbarrieren verborgen. Doch auch vor seiner Südostküste im Indischen Ozean lauert ein bedrohliches Erdbebengebiet, der Sundagraben. Am 12. April 2012, nur wenige Wochen vor unserem Aufbruch nach Sumatra, beunruhigte erneut ein schweres Erdbeben mit 8,7 auf der Richterskala vor der Nordküste Sumatras. Wieder wurden Erinnerungen an die verheerenden Bilder der Tsunami-Katastrophe von Sumatras Banda Aceh 2004 und in den anliegenden Küstenregionen bei mir wach. Dieses Mal entging man großem Leid und Zerstörungen wie 2004, da nach dem erneuten Seebeben in der Region ein Tsunami ausblieb.

***

Sumatra, die sechstgrößte Insel unseres Erdballs, erstreckt sich über 1700 Kilometer nach Nordwest. Einst mit unendlichem Regenwald wie ein Zauberreich bedeckt, findet man ihn noch – jenen grünen spektakulären Flickenteppich, oft geschützt als Nationalpark, erscheint dieser noch immer nahezu unberührt von Menschenhand. Und doch verlor dieses einst üppig grüne Eiland seit dem 19. Jahrhundert mehr als einundsechzig Prozent seiner Regenwälder. Für viele Reisende ist es noch immer ein unbekanntes, faszinierendes Tropenparadies an der Straße von Malakka im Schatten seiner mächtigen Nachbarinsel Borneo.

Ich bin den Exoten der Wildnis auf der Spur, den spektakulären Buschbewohnern und Nomaden in der entlegenen Wildnis, der tropischen Pflanzenvielfalt und dem vom Aussterben bedrohten Dschungelwild. In den nächsten Wochen sind wir mit Expeditionen in Sumatra unterwegs, will ich einem der letzten ursprünglichen Völker der Erde begegnen. Die Insel strotzt vor historischer Vielfalt. Zu viele außergewöhnliche Völkerstämme haben dort ihre markanten Spuren hinterlassen, mit mehr als fünfzig Sprachen, die heute das gemeinsame Bahasa Indonesia verbindet. Schon bald werde ich den *Mentawai*stämmen in den Mangrovenwäldern auf dem Siberut Island begegnen, bevor mich eine spektakuläre Tierwelt in die Einsamkeit auf die indonesischen Ujung Kulon-Inseln vor West-Java lockt.

Sumatra ist eines der letzten Dschungelparadiese am Äquator, einziger Ort der Welt, an dem noch Wildelefanten, Sumatra-Tiger, das Sumatra-Nashorn, Tapire und Orangs gemeinsam anzutreffen sind. Doch ihr einstmals nahezu unberührtes Reich ist geschrumpft, wird immer mehr von seinen Bewohnern beansprucht. Selbst in schützenden Nationalparks muss man in entlegene Winkel des Dschungels vordringen, will man auf Ursprüngliches stoßen. Werde ich ihnen begegnen? Auch wenn ausgewiesene Nationalparks ihnen Sicherheit versprechen, einen Schutz mit zusammenhängenden Dschungelwäldern gibt es schon lange nicht mehr. Noch immer haben es Sumatras verbliebene Regenwälder geschafft, einige Geheimnisse zu bewahren.

Sumatra, diese Insel, die schon immer im Fadenkreuz fremder Eroberer stand, nannte man einst Swarna Dwipa, Insel des Goldes. Denn bereits zu frühen Zeiten fand man hier Gold. Dank der Lage an der Seehandelsroute von Indien nach China begannen sich früh Handelsstädte anzusiedeln. Nach dem frühen Einfluss von Religionen wie Buddhismus und Hinduismus geriet die Insel unter javanischer Kontrolle und indische Händler drangen ins Land. Erst im 13. Jahrhundert begann der Islam sich auszubreiten und es entstanden kleinere fürstliche Sultanate wie Deli und Aceh im Norden und Jambi in Zentralsumatra. Regenwälder mussten durch Brandrodungen mit Kautschuk-, Tabak-, Pfeffer-, Zuckerrohr-, Kaffee- und verheerenden Ölpalmplantagen weichen. Goldfunde, Kohle- und Zinngruben sowie Erdöl lockten fremde Investoren ins Land. Vor einhundertfünfzig Jahren noch Hauptansiedlung holländischer Besitzungen, war Padang, wo gerade einmal 27 000 Seelen lebten, die größte Stadt Sumatras mit Sitz des Gouverneurs. Während das Hochland und das Gebiet um Toba noch von wilden Batakerstämmen beherrscht wurde.

Bereits seit Ende des 19. Jahrhunderts sind die Küsten der großen Sunda-Insel von kolonialen Interessen der Europäer geprägt. Schiffsrouten und Handelsgesellschaften gründeten sich und aufstrebende Häfen an tropischen Küsten schufen das einladende Tor für fremde Eroberer. Mit ihnen zogen Händler, Militärs, Geschäftemacher und Missionare, aber auch Abenteurer, begüterte Reisende, Wissenschaftler und Privatgelehrte im Auftrage verschiedener Regierungen und Gesellschaften ins Land.

Auch Ernst Haeckel, der bereits zu dieser Zeit bekannte deutsche Naturwissenschaftler, überquerte von Javas Hafenstadt Batavia aus mit einer der neuen Schifffahrtslinien den Indischen Ozean, um an die Westküste Sumatras zu gelangen. Vom gerade eingeweihten Bataviahafen Tanjung Priok aus passierte er im Januar 1901 mit einem Königlich-Niederländischen Postdampfer, einem holländischen Dampfboot, die Sundastraße und erreichte er auch die Insel Krakatau, wo sich am 27. August 1883 eine der furchtbarsten Katastrophen der Region ereignet hatte, ein Vulkanausbruch, der den Erdball erzittern ließ. Als später Zeitzeuge entgingen ihm nicht die Berichte von Auswirkungen der damaligen nächtlichen Erdfinsternis und der zerstörerischen Gewalt durch die verursachten Wellenberge, die Land und Bewohner in den Abgrund des Meeres riss. Feinste Teilchen des Ascheregens breiteten sich rings um den Erdball bis nach Europa aus, lösten über Monate im Herbst 1883 ein spektakuläres rotes Farbenspiel am Abendhimmel aus. Als Haeckel achtzehn Jahre später jene Südküste passierte, erhob sich bereits ein neuer Vulkanberg. Die tropische Vegetation kehrte zurück und bis zu fünfzehn Meter hohe Bäume überwucherten bereits die Strände. Doch noch immer konnte man schwimmenden Bimssteinbänken entlang der Sundastraße begegnen.

Nach gerade einmal zwei Tagen erreichte das Schiff Padang, den Hafen an der Südwestküste Sumatras. Vom Rücken des Barisan-Gebirges bis auf 2000 Meter blockiert, erstreckt sich die Sumatrainsel nach Nordwest, von dichtem Grün durchzogen. Noch heute begegnet einem Schiff die malerische Königinbai, die Padang Bai, mit ihrem markanten ins Meer ragenden Bergrücken, dem Affenfelsen. Damals bestand eine Zugstrecke, die Ankommende am Hafen mit der Stadtcity vor der Küste verband.

Um 1940 entdeckte man Öl in Zentralsumatra. Boomende Ölförderung im Norden und vor der Ostküste, Kohleminen und die Öffnung des Holzmarktes fielen in den frühen Neunzigern mit massiven Rodungen der nahen Regenwälder zusammen.

Padang heute, das ist eine moderne Hafencity im Grünen, ein wuchernder Stadtmoloch mit blitzenden Gebäudefassaden, Hotels und Einkaufzentren, aber auch mit bescheidenen Siedlungen und

Slums am Stadtrand. Ruhige traumhafte Strände sind nur wenige Minuten vom Stadtzentrum entfernt. Ölpalmwälder und Dschungelgrün, die bis an die Stadtgrenzen reichen, werden vom nahen Gebirgsmassiv überragt.

Padangs Küste am Affenfelsen Ende 19. Jh.

***

Bereits am Flughafen, morgens, begegne ich erstmals unserem Reisebegleiter. Idris, etwa Mitte vierzig, dunkelhaarig mit dürrem Schnauzbart, ein stämmiger Typ, dessen Figur wenig Beweglichkeit verrät, begrüßt Ingrid und mich freundlich. Indes sein viel jüngerer, schlanker Begleiter Deje unser aufwendiges Gepäck im Van, einem Minibus mit zwei Sitzreihen, verstaut. Das ist nicht der zugesagte Jeep, registriere ich nur kurz. Im guten Englisch berichtet Idris, dass sie aus Medan im Norden stammen. Am Tag zuvor sind sie über die Berge gekommen und in Padang eingetroffen. Nun geht es zunächst nach Norden, nach Bukittinggi, über das Barisan-Gebirge. Vor unserer Abfahrt versuche ich Zeit zu gewinnen, um Idris Stück für Stück über meine bevorzugten Ziele unserer Expedition zu informieren: nach *Tesso Nilo, Aras Napal* und weiter in den Kerinchi Nationalpark.

Um dorthin zu gelangen, passiert man den Transsumatra Highway, eine der wichtigsten Verbindungsstraßen der Insel über zigtausend Kilometer, die sich weit bis an den äußersten Zipfel Sumatras nach Java erstreckt. Mit dem Bau des Highways schuf man zur Kolonialzeit nicht nur neue Möglichkeiten der Inselerschließung und Landnutzung, sondern es fanden auch Brandrodungen und Regenwaldvernichtung ihren dramatischen Höhepunkt. Den damals staatlich geförderten Neusiedlern und sonstigen Zuwanderern machte dieser Highway auch flussferne Gebiete zugänglich und ermöglichte den kommerziellen Holzeinschlag ebenso wie die Aufforstung riesiger Ölpalmwälder, also von Monokulturen.

Schließlich erwarte ich eigene Ideen von Idris, mit denen ich Motive und Orte für Kameraaufnahmen abgleichen kann. Idris ist kein hemdsärmeliger Dschungelmann und es regt sich Vorbehalt bei mir. Er kennt sich weder im Regenwald, noch mit Pflanzen und Wildtieren aus. Gegenüber Ingrid verschweige ich meine Bedenken aus den ersten Gesprächen. Auf meinen Expeditionen dieser Art muss ich mich voll auf Vororterfahrungen meiner Begleiter und Guides verlassen, wenn es auch abseits geplanter Routen um ereignisreiche Kameraaufnahmen geht.

Über tückisch steilen Asphalt ins Hochland

Von Padang aus geht es nach Nordosten ins unwegsame Hochland Minangkabau, einer von Vulkankegeln gesäumten Bergregion. Ich beabsichtige die exotische Pflanzen- und Tierwelt zu erkunden und den geheimnisumwitterten Buschbewohnern in den immergrünen Dschungelwäldern Sumatras zu begegnen.

Ich will einem der letzten ursprünglichen Völker der Erde begegnen. Zu viele außergewöhnliche Völkerstämme haben hier ihre markanten Spuren mit mehr als fünfzig Sprachen hinterlassen, die heute das Bahasa Indonesia verbindet. Die Insel strotzt vor historischer Vielfalt. Und so muss ich mich entscheiden.

Nahe der Küste folgen wir dem breiten Asphaltband, das uns anfangs zügig nach Norden führt. In einem Van, der für Ingrid und mich, unser umfangreiches Gepäck sowie das oft wechselnden Begleitpersonal seine Berechtigung besitzt. Der junge Deje, unser Fahrer, gerade einmal zwanzig, ist gut gelaunt, denn es geht stadtauswärts, ohne dass wir von lästigen Autokolonnen und Verkehrsstaus aufgehalten werden. Jedoch soll sich das schon bald mit zermürbender Fahrt in den Bergen ändern. Während Ingrid sich auf dem Sitz hinter Idris einrichtet, finde ich meinen Platz hinter Deje. Uns trennt nur ein Verständigungsproblem. Während ich nur wenige ausgewählte Worte Indonesisch verstehe, fehlt es bei Deje an Englisch. Das ist nicht einfach für mich, denn um spontan Kameraaufnahmen während der Fahrt zu machen, muss ich das Seitenfenster öffnen, so dass der Fahrtwind durchs Auto fegt. Mal schnell für Aufnahmen anhalten, das geht nicht – zu wenig Zeit.

Bald erreichen wir den von buschigem Grün umsäumten Stadtrand. Vorbei an niedrigen hölzernen Siedlungshäusern zwischen ansehnlichen Fächerpalmen, einer filigranen Moschee, kleinen Farmen mit Weideland, entschwinden sorgsam angelegte Reisfelder und Pflanzungen im morgendlichen Wolkendunst. Aber auch Pfefferplantagen, tropische Obstgärten, Ölpalmwälder und bewirtschaftetes Buschland wechseln sich ab, breiten sich bis an die bewaldeten Hügelketten fernab aus. Immer wieder überqueren wir reißende Flussläufe, die ihren Weg aus den Bergen an die Küste nehmen. Mit dem freien Blick über mosaikartig angelegte Reisfelder reckt sich einer der mächtigen Vulkankegel in die Berglandschaft. Von Westsumatras Küste aus erreichen wir über kurvenreiche Asphaltpisten das Hochland Minangkabau.

Wir sind nahe der verkehrsreichen Ortschaft Sicincin, so dass es der Vulkan Tandikat sein könnte, ein beinahe Dreitausender, ein Schwergewicht unter den Feuerkegeln. Noch ein Stück entlang einer Bahnstrecke, dann windet sich unsere Route endgültig ins Gebirgsmassiv. Erwartungsvoll starre ich durchs Seitenfenster unseres Vans auf die im morgendlichen Nebeldunst verhüllten Dschungelberge in der Ferne. Inzwischen geht es untrüglich über kurvenreichen Asphalt in die Berge, wo sich auf den nur zwei viel zu schmalen Fahrbahnen der Verkehr staut. Kurz vor einer steilen Haarnadelkurve passieren wir den riesigen Wasserfall Terjun Lembah Anai, der aus einer bewaldeten Steilwand beinahe senkrecht nahe der Fahrbahn herabstürzt.

Terjun Lembah Anai Wasserfall im *Minangkabau*-Hochland

Ein Grund für Ansammlungen von Getränkehütten, Kioskbuden, Esstheken, buntscheckigen Verkaufsbuden und aufgereihten Brettertischen, so dass es auch Touristen und Kraftfahrer hierher zum Einkauf und zur Mahlzeit zieht. Unter schattigen, zerschlissenen Tüchern entdeckt man auf rohen Brettern aufgetürmte Berge mit grünblättrigen Kohlsorten, grünen und lila Gurken, roten Tomaten, Bananen und bunte Obstsorten, von einzelnen Sonnenstrahlen getroffen grellhell farbig aufleuchtend. Fahrzeuge – wohin damit? Man stellt diese wild ab, schert sich wenig darum und sorgt kurzerhand für noch mehr Chaos. Sogar Makakenaffen von den dicht bewaldeten Dschungelhängen beteiligen sich am Getümmel, lassen sich vom quirligen Verkehr nicht abschrecken. Ich nutze die Vorbeifahrt an den herabstürzenden Wassermassen für ein wenig Kameraarbeit.

Von nun an geht es über eine enge, kurvenreiche Rüttelpiste steil bergan durch eine zerklüftete Bergwelt. An Überholmanöver im quälenden Schritttempo ist nicht zu denken. Man drängt sich kilometerweit Stoßstange an Stoßstange mit Lastern, Tankfahrzeugen, gewaltigen Trucks, Bussen und anderen Blechkarossen. Bei engstem Gegenverkehr zwängen sich sogar Baumtransporter über der abgrundtiefen Bergpassage aneinander vorbei. Und verliert mal einer der Herrenfahrer in blitzender Karosse die Geduld, so riskiert er nicht nur sein eigenes Leben. Eine Baustelle in schattiger Kühle enger Schluchten sorgt endgültig für Stillstand. Hier wird ein Viaduktbauwerk errichtet, um irgendwann diese Serpentinenroute zu entlasten.

Noch immer herrscht dichter Straßenverkehr. Zuweilen behindern voll beladene Tanklaster oder jaulende Blechkarossen mit hoch aufgetürmter Ladung unsere Weiterfahrt, wo man sich über hügligen, engen Asphalt quält. Erst das riskante Überholmanöver des vor uns ungeduldig lauernden Fahrzeuges bringt uns wieder ein Stück vorwärts. Zu oft finde ich unseren jungen Deje zu zögerlich, wenn es zügig voran gehen soll. Überholt er doch einmal seinen beinahe verreckenden Vordermann, so erinnert mich sein laut klackernder Diesel weniger an einen Motor, eher an einen hohlen Pappkarton. Und so machen Ingrid und ich schon mal unsere Sprüche: Wir haben zwar viel bequemes Blech um uns, nur an Motorkraft fehlt es halt.

Inzwischen sind Stunden vergangen und wir erreichen die asphaltierten Gipfelpassagen bei Padang Panjang. Dann und wann geht es durch entlegene Bergortschaften mit Gehöften aus Bretterschuppen, zwischen denen sich eine endlose Autokolonne hindurchzwängt, bevor abrupt Felder und Dschungelwald unsere Route erneut säumen. Zumindest mit dem Motorrad, das vor mancher entlegenen Hütte parkt hält man entfernt Kontakt zur nächsten Ortschaft.

Bukittinggi, der Name bedeutet Hoher Hügel, ist in Sicht, eine Provinzstadt zu Füßen des feurig dampfenden Vulkans Marapi im Südosten. Sein feuriger Nachbarn Singgalang im Westen kann nicht weit entfernt sein. Wir überqueren eine ganze Region in beinahe 1000 Meter Höhe zwischen blühenden Gärten und Pflanzungen, wo seit eh und je der indonesische Volksstamm der Minangkabau siedelt. Einst ein Dorf, mit Häuserzeilen von eigenwilliger Architektur geprägt, wo die traditionelle Lebensweise noch anzutreffen ist. Man hält noch immer an der matrilinearen Kultur fest, was bedeutet, dass die Frauen, insbesondere die Mütter, in den Familien das Sagen haben. Man lebt in einem Matriarchat, wo die Kinder als Nachkommen der Mutter gelten und die Mädchen die Erbfolge antreten. Minangkabau übersetzt man mit Siegreicher Büffel. Legenden berichten noch heute von ihrer Bedeutung. Bisweilen findet man in den Reisfeldern noch die Tiere mit ihren wuchtigen Hörnern. Bereits aus der Ferne erkennt man die seltsamen Brettergebäude mit farbigen Schnitzereien und verschachtelten Dächern, deren Giebel spitz geschwungen sind, wie Hörner von Wasserbüffeln.

Bukittinggi von *Minangkabau*-Achitektur geprägt

Bewohner und Touristen nehmen hier bei kühlen fünfundzwanzig Grad eine Auszeit von der tropischen Hitze. An den Wochenenden drängt man sich, wenn es Tausende von den umliegenden Berghängen in die tobenden Marktgassen vom Pasar Atas lockt.

Ganz in der Nähe der Sianok Canyon mit bewaldeten Dschungelhängen: Ein gewaltiger Graben mit felsigen, grellgelben Abbruchkanten duckt sich zu Füßen des Vulkanberges Singgalang. Hier hochoben, ein von Palmen umsäumtes Stück Grün nahe einer felsigen Abbruchkante, wo Verkaufsbuden die Besucher und Touristen zu einer Verschnaufpause einladen. Eine gefräßige Affenschar

– Makaken aus den nahen Dschungelwäldern – belagert eine ergiebige Futterstelle, wenn diese pussierlichen Tiere sich morgens aus den darunter liegenden Wäldern an der Mahlzeit ihrer schaulustigen Gäste vergnüglich beteiligen. Man kreischt, zankt, tobt und erklimmt schon mal in Windeseile eine schuppige Palme, wenn es darum geht das Raubgut vor Futterneidern in Sicherheit zu bringen. Dann und wann wird übertrieben, wenn ein Händler seine volle, bunte Colaflasche vermisst oder abgelegte Touristentaschen zur Inspektion mit dem rotbraunen Racker in der Baumkrone verschwinden. Diese großäugigen, zottig braunen Wilden sind nicht besonders angriffslustig oder aggressiv. Jedoch sind sie auch keine Streicheltiere, denn zu oft verteidigen sie ihr Revier und ihre vermeintliche Beute mit beißenden Drohgebärden und handfesten Kratzspuren.

Die Marktgassen vom Pasar Atas

Ein Kunstmarkt, eine Verkaufsaustellung – geprägt von der unendlichen Vielfalt traditioneller Kunst des Minangkabauvolkes nebenan. Unmittelbar vor der steil abfallenden Grabenlandschaft zieht es

Kunsthandwerker, aber auch erfahrene Maler und Graphiker aus der Region an, wenn es darum geht, die Farben- und Blütenpracht Sumatras auf Leinwand und Karton zu bannen.

Adjie Agam, ein begnadeter Kunstmaler Nord-Sumatras

»Das ist Adjie Agam«, stellt mir Idres einen begnadeten Kunstmaler aus der Umgebung vor. »Er kennt sich hier aus«, berichtet er weiter. »Er malt bäuerliche Landschaften mit leuchtenden Farben, gestaltet auf seinen Bildern Neues, bewahrt aber auch Traditionelles.«

Und immer wieder die Faszination grotesker Szenen und Einblicke in die traditionelle Lebenswelt der Minangkabau und Bataker, die nur einen Teil der indonesischen Urbevölkerung Sumatras bilden. Beeindruckende Bilder reihen sich an den Wänden mit bäuerlichen Szenen und blühenden Tropenlandschaften aus vergangenen Jahrhunderten. Bei satten, knalligen Farben und geschicktem Pinselstrich entdecke ich Szenen uralter Stelzgebäude mit bunten Schnitzereien, wo kühn geschwungene Giebeldächer in den blauen Himmel ragen.

Traditionelle Malerei

Allabendlich, bei Sonnenuntergang, kommt Unruhe auf. Einheimische und Schaulustige erwarten zur Dämmerung hoch oben über den Sianok Canyon gefräßige Flughunde. Aus felsigen Höhlen und Nestern von düsterer Dschungelwildnis schwärmen diese aus zum Himmel.

Unterwegs nach Pekanbaru

Eine Gruppe von Kindern in Schulkleidung weckt meine Aufmerksamkeit. Mädchen verhüllt mit weißen schulterlangen Kopftüchern, mit weißen Blusen und weinroten knöchellangen Röcken in Einheitskleidung, und Jungen mit gleichfarbigen langen Hosen versuchen vergeblich, die Straße zu überqueren, die von einer endlos rollenden Autolawine versperrt wird. Deje hilft, gibt ihnen den Weg frei, so dass ich freien Blick für die Kamera erhalte. Inzwischen habe ich es längst aufgegeben, Idris nach den Namen großer Ortschaften zu fragen. Ich begreife nur, dass wir den gesamten Tag benötigen werden, um unser Tagesziel Pekanbaru gerade noch vor der Dunkelheit zu erreichen. An einen Abstecher in die grandiose, von Regenwald bedeckte Bergwelt ist nicht zu denken. Und an Dschungeltiere? Noch weniger! Einige plötzlich vorbeihuschende graubraune Makaken und einen entfernt hockenden Simangaffen muss ich ziehen lassen. Beim ersten Zwischenstopp am Pistenrand nach Stunden machte ich mich erstmals mit der tropischen Schwüle und der sengenden Sonne vertraut. Vorgebräunt haben Ingrid und ich vorerst eine Kopfbedeckung verworfen, denn wir werden ohnedies nur tagsüber im schattig stickigen Van verbringen.

Moschee Gebäude des vorigen Jahrhunderts

Wir sind im Riaugebiet haben den Vulkan Mirapi längst hinter uns gelassen. Vor uns ein Tanklaster, ein Reisebus und ein Van, denen wir nun schon minutenlang folgen. Meine Begleiter haben offenbar zu sehr mit der Bestimmung der richtigen Wegführung zu tun, als dass sie mich mehr über unsere Wegstrecke und das Land erfahren lassen. Nur einige traditionelle Holzbauten mit eigenwillig geschwungenen Giebeldächern, wie Büffelhörner verraten mir, dass wir das Hochland des Minankabauvolkes durchqueren.

Minangkabau-Haus

Und noch immer kann ich von kurvenreichem Asphalt weit ins regenwaldbedeckte Bergland blicken. Unbemerkt haben wir auf den Bergpässen den Äquator überquert, während wir uns, aus den Wolken kommend, Bankinang nähern, der nächsten Provinzstadt im Riau. Noch 1980 berichtete man von dichten Primärwäldern hier in den Bergen. Ebenso, wie wir uns ins Hochland winden, geht es nun über steile Serpentinen und an senkrecht abfallenden Hängen auf schmalen Pisten in Fahrzeugkolonnen bergab. Erneut folgt eine

Haarnadelkurve, über die ich weit hinaus in die offene Bergland-schaft blicke. Fahrzeuge kommen uns im üblichen Linksverkehr in endloser Kolonne dicht an dicht entgegen. Plötzlich hält einer direkt auf uns zu. Der PKW kommt rasend schnell aus der Kurve geschossen – überholt. Ma...an, ich schrecke auf bevor ich an Dejes Sitz knalle und von dort gegen die Wagentür geschleudert werde. An mehr erinnere ich mich nicht. Eine Schrecksekunde.

Deje reagiert augenblicklich, denn es gibt nur noch einen Aus-weg – noch weiter nach links das Lenkrad herumreißen, dem Raser ausweichen. Nach links...? Der Van rast augenblicklich mit har-tem Stoß über die hohe Grasnarbenkante auf den steil abfallenden Bergabhang zu, bevor das erneut herumgerissene Lenkrad uns schwungvoll polternd an den Pistenrand zurück befördert. Hart bremsend kommen wir zum Stehen. Für einen Bruchteil von Se-kunden scheint das rechte Räderpaar unseres Minibusses Flügel zu bekommen, denn die Federbeine an den Achsen knicken in Rich-tung Felsabhang ab, drohen unser Fahrzeug umzustürzen, noch be-vor Deje bremsen kann. Man konnte es fühlen, wie sich das Fahr-zeug gegen das Umkippen stemmte und sich mit der Gepäcklast in Richtung des Abgrunds neigte. Ingrid wird auf mich geschleudert, Gepäck kracht.

Für Sekunden verharren wir still auf den Sitzen, denn der Schreck steckt tief in unseren Gliedern. Deje blickt sich teilnahmslos zu uns um, lächelt gequält, realisiert noch immer das gefahrvolle Gesche-hen. Aus seinen Augen nur der fragende Blick: Etwas passiert? Und mit Blick auf Ingrid wende ich mich vorsorglich an Idris: »All o.k.?« Der Raser ist fort und der Verkehr zieht weiter, während ich noch für Sekunden mit Blick durchs Seitenfenster in der unter uns liegenden Ferne verweile. Für den jungen Deje, ein vielleicht noch wenig erfahrener junger Kraftfahrer, ein einschneidendes Erlebnis unter indonesischen Verkehrsverhältnissen. Ich bedanke mich bei ihm ohne Pathos, will diese Situation einfach übergehen, es schnell vergessen. Für Ingrid und mich ein glücklicher Umstand.

Nur einmal noch erinnert mich Ingrid an Heidis Glückstein, einen blauen Winzling, einen Skarabäus von einem arabischen Händler aus entlegener Wüstenortschaft. Dieses Amulett, als symbolisierter Glückskäfer des Morgenlandes, hat uns schon öfter in brenzligen Gefahrensituationen zur Seite gestanden. – Heidi, eine kleine Keramikfigur, ein schielendes Opossum, in dessen Obhut zwei dieser Glückskäfer ihr Heim haben. Und mit dem Skarabäus verbinden sich viele Mythen pharaonischer Gottheiten.

Malay Mädchen

Vier Uhr nachmittags. Noch mehr als einhundert Kilometer liegen vor uns. Und inmitten der wild befahrenen Straße sitzt ein Mädchen auf einem Plastikstuhl, schwenkt ihren Sammelkorb für die Muslimgemeinde mal links und mal rechts vor die Nasen vorbeirauschender Kraftfahrer. Ihr Haar, von einem weißen Tuch verhüllt, lässt ihr junges Gesicht nur vermuten, während sie sich wagemutig hinter einem rot gepinselten Benzinfass auf dem längst verblassten Mittelstreifen verschanzt.

Für uns werden noch Stunden bis Pekanbaru vergehen. An einer Kreuzung unübersehbar der hölzerne Flachbau einer Moschee, zartgrün getüncht mit weißem Kuppeldach und von einer schattigen Veranda umgeben. Dieses markante Gebäude weist uns die Richtung in das ersehnte Flachland.

Mit der hereinbrechenden Dunkelheit empfängt uns die lichterfunkelnde Stadtcity von Pekanbaru. Inzwischen haben wir nach neun quälenden Stunden über das Barisan-Gebirge die flache Inselhälfte der Ostprovinz Riau, unweit der Küste an der Straße von Malakka, erreicht. Pekanbaru ist ein ausuferndes Siedlungsmeer von flachen Gebäuden und Hütten im Grünen, eine boomende Ölstadt. Hier, in der sumpfigen Dschungelprovinz Riau und an der Ostküste, gibt es die meisten Erdölfelder Indonesiens, fördert man Öl und Erdgas. Hier ist auch jene größte ethnische Bevölkerungsgruppe der Riau Malay zu Hause, deren Traditionen längst verblassen. In Richtung Stadtcity drängt sich der Verkehr durch mehrspurige breite Straßen mit hell erleuchteten Einkaufspassagen und einem Schilderwald mit bunter Leuchtwerbung. Zehn Stunden haben wir bis in die flache Provinz Riau gebraucht. Und noch immer sind wir weit vom Dschungelziel entfernt.

Aufbruch ins Elefantencamp nach Südosten

Bereits morgens bin ich mit Mr. Wischnu vom WWF Indonesia und Idris in der Hotelhalle verabredet. Idris mit schwarzer Hose und weinrotem Hemd ist nicht gerade für einen Dschungelaufenthalt gerüstet. Ich will mehr über das Elefantencamp *Tesso Nilo* erfahren. Noch immer hat man sich über den genauen Ort in Schweigen gehüllt. Nicht einmal meine Begleiter kennen sich aus. Mr. Wischnu ermöglicht mir gemeinsam mit dem WWF Deutschland, eine Genehmigung für den Besuch des Camps zu erhalten.

Mr. Wischnu ist ein Mittdreißiger mit rundem gebräuntem Gesicht und Bürstenhaar. Im hellblauen T-Shirt, unter dem kräftige Oberarme den Stoff spannen, sitzt er mir lächelnd gegenüber, begrüßt uns freundlich. Neben ihm hat ein weiterer jüngerer Gast Platz genommen, dem ich erst Stunden später wieder begegnen werde. Ich habe viele Fragen, so dass auch Idris noch einige Absprachen zur weiteren Route klären muss. Schließlich erfahre ich mehr über das einstige WWF-Projekt von *Tesso Nilo*, bei dem man bereits 2001 begann, ein tropisches Regenwaldareal als ein Naturschutzgebiet zwischen den Flussläufen Tesso und Nilo anzulegen. Der *Tesso Nilo* Nationalpark ist heute ein Naturreservat für bedrohtes Großwild und zugleich ein Biotop für die Erhaltung und den Schutz der vielfältigen Flora und Fauna des Regenwaldes. Dort erwarte ich noch, auf Wildelefanten, Spuren des Sumatra-Tigers und auf Tapire zu stoßen und verschiedenen Affenprimaten sowie dem Orang-Utan zu begegnen.

Die Umgebung ist ein Mosaik von tropischem Naturpark, Ölpalmplantagen und Siedlungen der ethnischen Malayminderheiten in lokalen Dorfgemeinden, wo noch Fischfang und Honigsammeln erlaubt sind. Und das in unmittelbare Nähe des Äquators. Ein Experiment, um die restliche noch verbliebene Urwaldvegetation mit 15 Prozent, verteilt in kleinen Schutzenklaven hier und in der Nachbarprovinz Jambi zu erhalten und für Ökotourismus zu entwickeln. Ein Experiment des WWF und der Lokalbehörde. Ich bin gespannt.

Ausgangs der Stadt hält Deje am stählernen Pfeiler einer Brücke, die den Fluss Siak überspannt. Wir erwarten weitere Begleiter. Ich verlasse das Fahrzeug, sauge sehnsüchtig die feuchtheiße Tropenluft ein, denn noch Stunden muss ich auf Urwaldvegetation, auf nahen Dschungelkontakt warten. Vom Brückenpfeiler aus hat man einen weiten Blick über die Palmölwälder entlang des Ufersaums des breiten Flusses. Ein träge dahin fließender Strom, der sich mit seinem dunkelbraun gefärbten Fluten nach Osten wendet. Einst säumten Torfwälder den Flusslauf, die man für das Anpflanzen von Palmölplantagen abholzte.

Unter mir, am Ufersaum, ein ansehnliches Stelzgebäude mit schattiger Veranda, deren Stelzpfähle tief in den Grund gerammt auch Hochwasser widerstehen. Eine hölzerne Schiffsanlegestelle, über Stege verbunden mit filigraner Dachspitze wie ein Hindutempeldach, schimmert himmelblau, liegt noch verwaist im Morgendunst. Zwei weitere Männer der internationalen Naturschutzorganisation des WWF Indonesien steigen zu uns in den Wagen. Mr. Marle, einen junger drahtiger Typ in Jeans und Hemd, erkenne ich wieder. Bei unserem Besuch bei Mr. Wischnu saß er schweigsam mir gegenüber, da er nur Indonesisch verstand.

Über die Flussbrücke hinweg folgen wir nun hügligem Asphalt, der uns in die sumpfigen Küstengebiete Riaus führt. Wir wollen in den Südostteil des Nationalparks gelangen. Ungeduldig entfliehe ich der weit verzweigten Dschungelstadt, begegne nun einer gerupften Landschaft. Längst vermute ich, dass wir die Stadtgrenze erreicht haben. Über endlos langen, staubigen Asphalt geht es durch quirlige Ortschaften, wo Siedlerfamilien unter schattigen Palmenkronen abtauchen. Verborgen hinter buschigem Grün reihen sich endlos Fabrikanlagen und Holzschuppen neben schmucken Wohnsiedlungen mit Bananengärten und Wedelpalmen. Bunte Obststände und auf Bastmatten ausgebreitetes Gemüse am Straßenrand ziehen an mir vorbei, bevor Felderwirtschaft, weite Pflanzungen, Kautschukplantagen und Palmwälder zwischen üppig grüner Hügellandschaft endgültig das Kommando übernehmen.

Eine vollgestopfte Fernstraße, die Il. Gagak Hitam, ist erreicht und führt uns nach Südosten, denn wir müssen eine riesige Sumpflandschaft umgehen, in der wir später auf den *Tesso Nilo* Nationalpark stoßen werden. Baumtransporter, Tankfahrzeuge und Laster mit Ölpalmfrüchten, Stoßstange an Stoßstange, kommen uns entgegen, streben der Provinzstadt zu. Deje hat zu tun, wird immer wieder über den Pistenrand zum Ausweichen gedrängt. Stunden sind wir bereits auf verkehrsreichem Asphalt ins ferne *Tesso Nilo*, nach Osten unterwegs. Ich bin mit einem der letzten Wildparadiese Südostasiens verabredet, einem Naturpark in der Provinz Riau, will dort in einem geschützten Reservat auf Wildelefanten treffen. Über endlos lange Teerpisten und zahllose Flussläufe geht es entlang armseliger Dschungelsiedlungen, sattgrüner Palmölwälder und weiter, trister Rodungsgebiete, auf denen sich einst dichter Regenwald ausbreitete. Die verlockende Dschungelwelt gibt es hier schon lange nicht mehr.

Urplötzlich bei Ukui (Pelalawan) in der Provinz Riau biegen wir von der quirligen Fernstraße ab. Man taucht in schattigen Palmenbusch ein. Dahinter eine bescheidene Ortschaft mit einfachen Holzhütten und Gärten, wie in einer sich endlos hinziehenden Gartenkolonie. Längst ist die Mittagszeit vorüber. Zum Pause machen keine Zeit. Nun Kautschukpflanzungen und schattige Ölpalmwälder, deren Giganten mich erstaunen. Nur einen Steinwurf vom tobenden Verkehr entfernt beobachte ich einen Pflücker. Ich lasse Deje abrupt halten, schnappe mir die Kamera, laufe wie befreit zwischen üppig grünem Buschwerk in den moosduftenden Palmenwald. Feuchte Hitze verschlägt mir den Atem, setzt die Kamera vorerst außer Betrieb. Inmitten aufragender, schuppig-brauner Stämme beobachte ich einen lang aufgeschossenen barfüßigen Pflanzungsarbeiter. Schlank, tief gebräunt, mit Stirnglatze, nur mit knielangen Hosen bekleidet, streckt dieser eine gigantisch lange Sichelstange ins Kronendach.

Arbeiter in den Palmölwäldern

Er entdeckt mich nicht, so dass ich sein mühsames Treiben unbeobachtet verfolgen kann. Einen Plantagenarbeiter vermute ich, mit schweißbedeckt glänzend-nacktem Oberkörper ohne irgendwelche Helfer. Mit seiner mehr als zehn Meter langen Sichelstange versucht er die schweren Ölpalmbunde aus dem düsteren Palmendach zu schneiden. Erneut reckt er sich mit kräftigen Armen, tastet geduldig nach den verborgenen Ölfrüchten zwischen den weit ausschwingenden Fächerästen im Kronendach. Die Stämme sind vielleicht fünfzehn Meter hoch und können bis zu dreißig Meter erreichen. Erneut gönnt er sich eine Verschnaufpause, dann schabt das Messer zwischen den Zweigen und trocknes Geäst rieselt herab. Schließlich löst sich ein Bund, fällt dumpf zu Boden. Der Arbeiter weicht geschickt aus.

Nicht nur kraftraubend, sondern auch gefährlich ist sein Handwerk. Die Fruchtbunde der Ölpalmen können mehr als fünfzig Kilo erreichen. Es ist gefährlich, wenn diese aus der Baumkrone herabstürzen.

Schweißperlen rinnen mir übers Gesicht. Idris beobachtet mich, mahnt mit Handzeichen zur Eile. Offensichtlich erwartet man uns im Camp. Und ich weiß nicht einmal, wie weit es noch ist. Zurückgekehrt genieße ich erstmals den Klimaquirl im Fahrzeug. Schon bald jedoch ist Schluss mit den kühlen Annehmlichkeiten, und wir werden uns wieder in der Tropenvegetation zu beweisen haben. Es geht nach Westen, zum Oberlauf des Nilo/Nila, einem kleinen Flüsschen, das irgendwo in den Fluss Kampar mündet. Und noch weitere zwei Stunden über unwegsame holprige Sandpisten werden vergehen, ehe wir eine weite Lichtung, ein Feuchtgebiet erreichen. Dahinter breitet sich undurchdringlicher Regenwald aus, enden endgültig die Monokulturen der Ölpalmwälder. Fernab von hier durchstreift noch der Sumatra-Tiger den Tropenwald, leben noch Malayantapire und vom Aussterben bedrohte Wildelefanten, bauen Orang-Utans im nödlichen Aras Napal täglich ihre Schlafnester im Blätterdach.

Tesso Nilo – eines der letzten Wildparadiese ist erreicht, ein Naturpark und Bioreservat mit mehr als 168.000 Hektar, ein Kleinod in der Provinz Riau. Der ungebremste Holzeinschlag wurde Mitte der achtziger Jahre mit Unterstützung des WWF gestoppt. So konnte man inmitten gerodeter Ödnis Schutzgebiete für den frei lebenden Sumatra-Tiger retten, wo einzigartiges Großwild oft nur noch im zersiedelten Land durch Waldkorridore unterwegs ist. Ein Flecken Erde, der einst dichter Regenwald war, bevor man 2004 hier im Quellgebiet des Nilo ein neues Schutzgebiet, den *Tesso Nilo* Nationalpark einrichtete. Obwohl heute Patrouillen für geschützte Areale sorgen, ist der Sumatra-Tiger noch immer durch gnadenlose Wilderei vom Aussterben bedroht.

Ich besuche ein entlegenes Elefantencamp nahe der Ortschaft Lubuk Kembang Bunga an der südöstlichen Grenze von *Tesso Nilo*, wo die Flying Squad-Rangerpatrouille und Mahuts tagtäglich für den Schutz der vom Aussterben bedrohten Wildtieren sorgen. Es ist eines der letzten Gebiete, in denen noch wilde Elefanten leben. Ich will dabei sein, wenn sie mit ihren Elefantenpatrouillen den Lebensraum der wilden Artgenossen überwachen und für Ausgleich mit Farmern der Nachbarschaft sorgen. Durch die rasante Abholzung von Regenwäldern, bei der die Grenze einer bedrängenden Zivilisation näher gerückt ist, verirren sich die Dickhäuter schon mal in die nahen Dörfer und Plantagen der Farmer. Deshalb bewahrt die Schutzpatrouille die letzten wilden Artgenossen mit vertreibenden Böllern vor dem Groll aufgebrachter Anwohner.

Mahut-Abordnung empfängt uns

Die Mahutcrew der heimischen Elefanten erwartet uns. Hier, im schattenlosen Camp am Dschungelrand, ist die späte Nachmittagshitze mit vierzig Grad zur Höchstform aufgelaufen. Erstmals nach den zurückliegenden Strapazen über wilde Landstraßen erlebe ich viel unmittelbarer den Dschungelbusch, genieße ich die unentwegt zirpende Geräuschkulisse von Grillen und Zikaden. Gleichzeitig sehne ich mich nach wohltuender Stille, die nur von schrillen Vogelrufen unterbrochen wird.

Ein dunkelhaariger schlanker Mahut begrüßt uns freundlich am Camp-Eingang. Ein praktisch ausgestattetes Camp am Dschungelsaum, zwei Fußballfelder groß mit einfachen Unterkünften für Mahuts und Ranger findet im Quellgebiet des *Tesso Nilo* seinen festen Platz. Wir befinden uns zum wiederholten Mal in der nahen Äquatorzone. Idris stellt mir einen schlanken, mittedreißigjährigen Mahutmann vor.

Jun Jung, der Mahut Führer im Elefanten-Camp

»Das ist Jun Jung, euer Begleiter im Camp«, übersetzt Idris. »Er ist der Führer der Mahutcrew hier im Lager.«

In grauer tarnfarbener Rangerkleidung empfängt uns eine Mahutabordnung im gepflegten Campgelände mit zweien ihrer gigantischen Dickhäuter. Dazwischen ein Jungtier, das mit beweglichen Beinen bereits ungeduldig trampelt. Eine junge Mahutfrau ist aufgesessen und drängt sich dicht an ihre beiden Begleiter. Ingrid wird vom kleinsten Elefanten begrüßt, der gerade einmal fünf Monate alt ist, aber schon stattliche eineinhalb Meter Schulterhöhe aufweist.

Unter seinem kleinen Rüssel, aufgestellt wie eine angriffslustige Kobraschlange, lugt ein winziges Maul mit spärlichem Zottelbart hervor. Sein Rüssel zirkelt behutsam ein buntes Blütengeflecht über ihren Haarschopf. Dann schreitet ein riesiger Elefantenkoloss auf mich los. Ich schaue auf seine aufmerksamen Augen, indes Maul und gewaltige Stoßzähne des gigantischen grauen Dickhäuters sich mir rasch nähern, vertraue darauf, dass sein mächtiger Rüssel auch mir ein buntes Blütengeflecht über den Kopf befördert.

Ingrid wird vom Kleinsten begrüßt

Noch schnell ein Zeichen vom begleitenden Mahut Ruswanto an den Nachwuchs und der graue Possierliche senkt sich auf seine vorderen Knie herab. Er scheint konzentriert zu sein, denn sein Blick ist nicht auf mich gerichtet, obwohl ich mich unmittelbar neben ihm aufhalte. Für seine noch geringe Größe eine sinnvolle Handlung, die dem Mahut das rasche Aufsteigen auf den Rücken ermöglicht. Jedoch unsere künftigen Begegnungen werden anders verlaufen. Schließlich übernimmt eine junge Mahutfrau das Jungtier und fort sind sie. Geschafft – Jun Jungs entlegenes Elefanten-Lager am Dschungelsaum hat sich in der heißen Nachmittagsonne vorgestellt. Eine schattige Überdachung auf aufgeheiztem Beton sorgt für ersten Aufenthalt, bevor Ingrid und ich so wie unsere Begleiter sich einrichten.

Bis zu neun Elefanten sollen sich im Lager aufhalten. Jun Jung, sehnig mit knochigem Gesicht, ist freundlich. Seine jugendliche Frische ist direkt und lässt mich schwärmen für attraktive Film-aufnahmen mit ihm. Inzwischen lerne ich auch die Mannschaft des Elefantencamps kennen. Eine neunköpfige Mahutcrew mit einheit-licher Rangerbekleidung stellt sich an der Seite einiger Tiere uns vergnüglich vor. Ich bin hier bei der internationalen Schutzorga-nisation des WWF Indonesiens zu Gast. Idris hat zu tun, denn Un-mengen von Nachrichten sind auszutauschen, aber auch Fragen zu beantworten. Eine üppige Mahlzeit mit warmen Reisspeisen, tropischen Früchten, Bananen und süßen Melonen von gastlichen Bewohnern einer nahen Siedlung serviert, schafft Nähe, sorgt für ein kleines Einkommen und hilft beim raschen Kennenlernen. Man bringt seine Kleinkinder aus dem Dorf mit. Unser plötzlicher Auf-enthalt unter einem aufgeheizten Holzdach bei praller Äquator-sonne ist ungewohnt als schmore man in der Hölle. Und wir sind Einiges gewohnt, waren bereits in der sengenden Sommerhitze der wildesten Wüsten Asiens und Afrikas unterwegs.

Ein praktisch ausgestattetes Camp am Dschungelsaum mit Un-terkünften für Mahuts und Ranger findet im Quellgebiet des *Tesso Nilo* seinen festen Platz.

Bei den Mahuts im Dschungelcamp

Spät nachmittags folgen wir mit Jun Jung, Idris und weiteren Crewbegleitern den gigantischen Dickhäutern ins nahe Dschungel-dickicht.

Auf glitschigfeuchtem Dschungelpfad im Quellgebiet des Nilo nehme ich nach Monaten erstmals wieder Kontakt mit der Wildnis und Blütenpracht in den schwindenden Regenwäldern Sumatras auf. Respektvoll folgen wir eine zeitlang der Elefantenkarawane durchs dichte Unterholz, bevor wir diese aus den Augen verlieren. Ich kann die schweren Trittspuren der Dickhäuter ausmachen, insbesondere, wenn die Kolosse steile Gräben zu überwinden haben und wir denen nun folgen müssen. Die Tiere des Camps schleifen jeweils eine Stahlschleppkette bis zu zwanzig Metern und mehr am rechten Vorderfuß oder um den Nacken gewunden. Jun Jung erklärt uns, das die Elefanten sich dadurch frei im nahen Regenwald bewegen können. Lange Schleppketten hindern eilige Dickhäuter sich zu weit vom Campareal zu entfernen, denn morgens sind diese von ihren Mahuts aufzustöbern und ins Lager zu begleiten.

Jung-Elefanten

Aus dem Dickicht einer Anhöhe heraus blicke ich überraschend auf einen vom Regen ausgespülten hellen Sandpfad, der zu dem vom Dschungel überwachsenen Quelltal des Nilo führt und wo wir schon bald unsere Dickhäuter wieder aufstöbern werden. Bereits aus der Ferne ist das wohlfühlende Trompeten der Kolosse durch den Dschungelbusch auszumachen. Erst bei unserer Annäherung bis zu einer provisorischen Holzbrücke für Rangerstreifen begreife ich, dass die Elefantengruppe hier im Quellfluss des Nilo ihr abendliches Flussbad nimmt.

Elefanten-Jungtier im Flussbad

Der Fluss ist hier schmal und auch gefährlich für die Reiter der riesigen Tiere beim legendären Baden. Zwei Jungtiere sind auch dabei. Die großen und die beiden kleinsten tummeln sich im engen Flussbett, treten sich beinahe auf die riesigen Füße. Ein stattlicher Bulle von mindestens drei Meter Schulterhöhe ist dabei. Der kleinste muss aufpassen, um nicht zwischen die Kolosse zu geraten. Schließlich taucht er völlig in der aufgewühlten, graubraunen Brühe unter und versucht sich mit dem aus dem Wasser ragenden Rüsselende Luft zu verschaffen. Inmitten des Flusses balancieren die Mahuts auf den in der Abendsonne dunkel glänzenden Körpern der Tiere. Mit sanften Händen versucht man jeweils Kopf, die großen Ohren, Augen und den Rüssel für die Reinigung zu erreichen. Das ist nicht einfach, denn die Elefanten sind in ständiger Bewegung und verteilen schon mal eine Wasserladung auf ihren Rücken, auf dem sich gerade ein Mahut aufhält.

Bei den Wildhütern in sicheren Händen

Laute Rufe und hastige Kommandos begleiten das Badespektakel, in das sich auch Vogelpiepsen und schrilles Insektenzirpen aus dem Dschungelbusch einschaltet. Zuweilen kann ich einen spitzen Haken, ähnlich einem Hammer, bei den Mahuts entdecken, mit denen sie dann und wann kurze schlagkräftige Kommandos an die Dickhäuter geben. Auch für die Mahuts selbst ist das abendliche Bad eine Wäsche – nur in lockerer Kleidung. Schließlich führen zwei Reiterinnen die Kleinsten ans buschige Flussufer. Allabendlich treffen sich dort die Tiere. Ein winziger Fleck am Oberlauf des Niloflusses. Artistisches Können der Mahuts ist gefragt. Gefährlich ist der tägliche Umgang mit den Dickhäutern auch. Viele Mahuts weltweit mussten sterben, weil sie ohne Ausbildung ihre Tiere oft nicht verstanden. Ein guter Mahut bricht nicht nur den Willen seines Tieres, sondern er wirbt auch um dessen Vertrauen. Mit leisen Kommandos, aber auch mit kleinen Hilfsmitteln wird ein Elefant über die Dschungelpfade geführt.

Jun Jung beteiligt sich nicht an der Badreinigung, sondern steht aufmerksam neben mir, beobachtet das spritzige Spektakel. Sicher wird er auch vom Ufer aus darauf achten, dass die Rangfolge der Tiere bei den Bademanövern nicht verletzt wird. Ingrid und ich haben zu tun, die Arbeit der Mahuts aus nächster Nähe mit Aufnahmen festzuhalten.

Elefant auf Elefant folgt seinem Mahut zu den verschiedenen Nachtlagern am Saum des Regenwaldes. Nicht immer geht das ohne Stress ab. Ketten verheddern sich oder ein mächtiges Tier steht darauf. Vorsichtig und besonnen muss das Geflecht dann entheddert werden. Einer der riesigen Bullen mit gewaltigen Stoßzähnen durchschreitet das aufgewühlte trübe Flussbett. Ich beobachte, wie er selbständig seine Schleppkette mit seinen Rüssel aufnimmt und wie ein gelehrsamer Hund seine Leine im Maul trägt. In dem trüben Gewässer ist es so einfacher, den restlichen Flussabschnitt zu durchschreiten ohne mit anderen Schleppketten zu verhaken. Lange Schleppketten, leise klirrend am Elefantenfuß, hindern eilige Dickhäuter zu entkommen. Dabei erinnere ich mich an Jun Jungs Worte:

»Schließlich können diese Giganten sich hier frei bewegen und begegnen den herumziehenden Wildelefanten. Und die Mahuts müssen morgens ihre Tiere wiederfinden.«

Und der dort, ein mächtiger Bulle, der mit seiner stattlichen Größe tropfnass glänzend aus dem spritzenden Nass steigt, schreitet mit trompetendem Ruf bereits durch den Dschungelbusch. Er wird uns morgen wieder begegnen.

Hautnah stolpere ich zufällig über eine lokale Einsatzgruppe, eine Polizeistreife der Lokalbehörde, die die provisorische Holzbrücke passiert. Man hat Probleme, mit dem Jeep die Flussbrücke ohne fremde Hilfe zu überqueren. Ein Wilderer wurde gerade gefasst. Man setzt auf enge Zusammenarbeit mit den hier lebenden Anwohnern.

Jagdfieber und Morgenwäsche

Noch vor Sonnenaufgang streife ich allein durch den Busch. Bevor ich den dichten Regenwald erreiche, muss ich in nebliger Feuchte,

Ein gewaltiger Elefantenbulle

von frühem Vogelgesang begleitet, ein von Loggern zerzaustes, lichtes Waldgebiet durchqueren. Über einen ausgewaschen sandigen Pfad wage ich mich durch buschiges Gelände, wo rechts und links hüfthohes Elefantengras die unmittelbare Sicht versperrt. Ich nenne es Elefantengras, weil Jungtiere sich fast darin verstecken könnten. Nichts als grüner Busch und erst dahinter dichter aufragender Waldsaum. Ich muss auf der Hut sein, denn sowohl für Wildelefanten als auch für die nach Futter herumziehenden Dickhäuter unseres Camps bin ich ein Fremder, ein Eindringling. Ich habe die Szenen von Wildelefanten im Hinterkopf, wenn man diesen aggressiven Dickhäutern im falschen Augenblick begegnet. Bis zum Eintritt in den dichten Dschungelrand will ich es schaffen, dann umkehren. Erste schützende Baumgruppen habe ich mit anpirschenden Schritten erreicht. Ich lausche auf alles, halte plötzlich für Augenblicke das Atmen an.

Nur kurz kann ich entfernt am diesigen Dickichtrand einen Elefanten ausmachen. Augenblicklich kommt Panik auf. Ob es unsere oder wilde sind – jetzt interessiert nichts. Ich will weg, denn ich bin eh nur ein Eindringling für die Dickhäuter.

Wildelefanten im Dschungelbusch

Zu weit die Entfernung, als dass sie mich entdeckt haben könnten, vermute ich. Mein Rückweg liegt unberührt, indes am orangefarbenen Horizont erste Sonnenstrahlen hervorlugen. Augenblicklich ziehe ich mich zurück, folge eilig dem Sandpfad. Noch eine unendlich lange halbe Stunde bin ich unterwegs, ehe das Camp erreicht ist. Und was tun, wenn man mich entdeckte? Ich verfolge diesen Gedanken nicht weiter, nehme mir erneut vor, keinen weiteren Alleingang zu riskieren. Immer wieder muss ich mir Details einprägen, will ich später hautnah davon berichten. Zu oft lösen sich flüchtige Bleistiftnotizen in schweißdurchtränkte, unleserliche Fetzen auf.

Früh auf dem Weg ins Camp erwarten Jun Jung, Ingrid und ich unseren Jüngsten, der einer gewaltigen Elefantendame voran trabt. Bereits aus der Ferne ist abzusehen, dass es nicht ohne Raufen abgehen wird. Wieder einmal habe ich Streit mit ihr. Sie ist ein Raufbold, hat mich ausgemacht, rennt schwungvoll auf mich los. Jun Jung muss im letzten Augenblick mit erhobener Hand dazwischen. Dazzy, wie die Jüngste heißt, ist ein echtes Baby von einem Wildelefanten aus der Umgebung. Ich habe dieses tapsige Etwas ins Herz geschlossen. Diese Szene soll das Cover des neuen Buches schmü-

45

cken. Als ich zurück bin im Lagercamp herrscht dort die tägliche, eifrige Betriebsamkeit der Mahuts, weil neun Elefanten zu versorgen sind. Die Elefanten werden entsprechend ihrer Rangstellung aus den Gruppen einzeln zu den Waschplätzen und Pflegestationen geführt. Erst dann entlässt man sie zum Fressen in den Regenwald, zu ihrer Dauerbeschäftigung.

Kühlendes Duschen der Tiere in dem von sanften Sonnenlicht eingetauchtem Lager. Ein großes, viereckiges, betoniertes Wasserbecken, dessen Wände vielleicht eineinhalb Meter hoch sind, scheint die Attraktion für alle Elefanten zu sein. Jun Jung führt mich in die unmittelbare Nähe, wo ein Mahut auf dem Betonrand balanciert und einen Bullen bereits eimerweise mit Wasser übergießt. Es ist der Leitbulle Jun Jungs, wie sich später herausstellen wird. Er ruft ihn dann und wann mit seinem Namen: Rachman. Der Bulle lässt das tägliche Bad über sich ergehen, bewegt sich gehorsam, wenn nach dem Ohrenschrubben der leise Ruf seines Mahut ertönt. Und wie bei einer tanzenden Drehung spritzt der nächste Wasserguss auf den Rücken des abgewendeten Tieres, ohne dass es mit seinem wuchtigen Kopf das nasse Geschehen aus den wachsamen Augen verliert. Man schubbert sich oder hebt schon mal das schwergewichtige Beinchen und schreitet gemächlich um das Wasserbassin. Schließlich steht er unmittelbar vor mir, blickt mich mit seinen großen Augen aufmerksam an, bevor die nächste spritzende Dusche ihn wie ein Wasserschleier erwischt und von seinem glänzenden Körper tropft. Ich vergesse keinen Augenblick, dass wir uns hier nicht in einem Zirkus befinden. Tiere wie Rachman sind besonders geschulte Elefanten der Flying Squad, einer ausgewählten Gruppe trainierter Elefanten, die ausrücken, wenn ihre wilden Nachbarn mal wieder das nahe Farmland der Bauern bedrohen. Nach der Waschprozedur folgt ein leiser Ruf und der Koloss knickt auf die Hinterbeine, sitzt nun aufrecht, wobei sich seine Vorderbeine in den Grasboden stemmen. Schließlich gehört auch Feinarbeit zur täglichen Pflege und da muss der Mahut an das große Tier heranreichen. Zum Aufstieg in den Nacken des Tieres ertönt ein leises Kommando. Der Koloss hebt behäbig den angewinkelten rechten Fuß, so dass der Mahut schwungvoll, wie über eine Treppenstufe aufsteigt und sich dann auf den breiten Rücken des Dickhäuters schwingt.

Elefantenkoloss beim morgendlichen Waschen

Nach dem morgendlichen Bad ist unser gemeinsames Frühstück unter dem schattigen Camplager angesagt. Als Ingrid und ich eintreffen, haben die Einheimischen vom Siedlerdorf bereits einen reich gedeckten Tisch mit Bratei, Brot, süßen Früchten der Tropen, Kaffee und Tee gedeckt. Unsere Mannschaft mit Idris, Deje und Marline ist bereits dabei. Selbst Jun Jung nimmt sich Zeit zu schwatzen, während bei mir bereits erste Schweißperlen von der Nasenspitze tropfen. Tee oder Bratei, hier wird nichts kalt, denn die Äquatorsonne sorgt bereits früh für eine besondere Gluthitze. Heißer Betonboden kann die anrennenden Käfer, Ameisen und fliegenden Insekten nicht schrecken, die nach Speiseresten und Getränkelachen unterwegs sind.

Im Camp, nahe unserem Verpflegungscamp, begegne ich einem von den Unseren. Doch auch dieser Dickhäuter hält mich auf Abstand, wenn es auf seinen Fressmarathon geht. Ein ausgewachsener Elefant frisst gut einhundert Kilo Pflanzen und Gestrüpp pro Tag, verbringt so den Tag, um satt zu werden. Zuvor noch ein ausgiebiges Staubbad, wobei sein Rüssel staubige braune Erde aufnimmt und auf dem Rücken verteilt. Entweder fühlt er sich von meiner aufdringlichen Nähe bedroht, oder aber er sorgt nur dafür, seine empfindsame Haut gegen verborgene Zecken und Parasiten in Hautfalten zu schützen.

Zwischendurch, in der größten Hitze, muss ich Jun Jungs Freizeit für ein Interview gemeinsam mit Idris Hilfe nutzen. Ich will mehr über Jun Jungs Mahutleben erfahren, das er einst selbst wählte, ohne Schule, ohne Ausbildung und ohne Kenntnisse im Umgang mit Großwild. Vor der Kamera weiht er mich in seine Geheimnisse ein, sein riskantes Leben als Mahut unter den Dickhäutern, welches er als Learning by doing – selbst angeeignet – so furchtlos hier in *Tesso Nilo* begann.

Mit Drohnenflug und Trap-Kamera auf Pirsch

Im Interview mit Jun Jung bekomme ich für den beabsichtigten Besuch von Beobachtungspunkten der indonesischen Spezialisten von bedrohten Tierarten, wie den Sumatra-Tiger, Schabrakentapir und Leoparden eine enttäuschende Abfuhr. Selbst im Riaugebiet ist der Bestand von bedrohten Wildelefanten im letzten Viertel Jahrhundert um achtzig Prozent geschrumpft und den Orangs und dem Malayenbär geht es nicht besser. Noch immer ist Sumatra die Heimat einer gefährdeten Zahl Großsäuger, aber auch zahlloser Vogelarten und Insekten. Und deren Schutz in ihren dramatisch geschrumpften Lebensräumen und ständige Beobachtung sollen helfen, ihren Fortbestand zu sichern und neue Erkenntnisse für ihr Überleben zu gewinnen.

Ich beabsichtige eine Kamerafalle zur automatischen Fotoaufzeichnung von Tieren im Regenwaldgebiet aufzusuchen. Ich will aufzeigen, welche ständigen Bemühungen und technischen Hilfsmittel für den Erfolg notwendig sind. Jun Jung berichtet, dass die Spezialisten der Nationalparkaufsicht und des indonesischen WWF nur zu bestimmten Kampagnen die Hightechgeräte vor Ort installieren und später wieder komplett mitnehmen. Er spürt meine Enttäuschung. Also nehme ich mir vor, im Medaner Institut des

Leuser Nationalparks dies nachzuholen. Immer öfter begegne ich auch Berichten und praktischen Tests, wo man mit kamerabestückten Kleinfluggeräten und Propellerdrohnen den Schutz und die sensorunabhängige Erkundung von Streifwegen zu beobachtender Tiere bereits erprobt.

Von der Kamera heimlich aufgezeichnet

Nachmittags lädt mich Jun Jung überraschend ein. Mit seinem Motorrad geht es über ruppige Pfade durch den Dschungelbusch. Farne, Rankengrün und die Krallen der gefährlichen Stränge der Rattanpalme fetzen an Kleidung und nackter Haut, wenn wir über moderglattem Untergrund unterwegs sind. Wir wollen ins Dschungeldickicht, wo man wilde Sumatra-Tiger mit Kamerafallen beobachtet. Kamerafallen, von Wildhütern des indonesischen WWF installiert, helfen Wildtiere zu beobachten, wenn sie auf Nahrungssuche durch den Busch streifen.

Nur wenig später findet Jun Jung Spuren eines Schabrakentapirs und bestätigt dies aufgeregt: »Yes, Yes Tapir.« Sogar den Krallenabdruck eines Tigers findet er im aufgeweichten Boden und beschreibt mir diesen geduldig mit Zeichen im Sandboden. Und die

Richtung seiner Begegnung mit ihm ist ausgemacht, bevor wir bei Einbruch tiefster Finsternis das Camp erreichen.

Ein Sumatra-Tiger in der Kamerafalle der Wildhüter

Im Kanu über den Nilofluss

Morgens ein großes Aufgebot, denn ich beabsichtige mit einem Kanu über den Nilo flussabwärts auf eine flussnahe Tierwelt zu stoßen. Ein cleverer Führer der nahen Umgebung für Ökotourismus führt uns nahe einer Ortschaft ans Niloufer. Was so einladend sich anhört, erweist sich schon bald als vorhersehbare Enttäuschung. Ich bin es gewohnt, für Filmaufnahmen mit kleinen wendigen Motorkanus unterwegs zu sein. Für Pirschfahrten muss das Kanu deshalb geschickt von einem Paddel bewegt werden können. Der Fischer, der unsere Mannschaft in ein einziges Langboot verfrachtet, grinst freundlich und auch der neue Führer fühlt sich vom Erfolg bestätigt. Ein klobiges Fischerboot mit acht Mann Besatzung soll uns schnell in die Wildnis führen. Ein Fantast, wer dabei an eine Tierjagd mit der Kamera denkt. Bei hoher Luftfeuchtigkeit und Temperaturen um fünfunddreißig Grad geht es in einem behäbigen Kanuboot geräuschvoll durch die braunen Wasserfluten des Niloflusses. Zahllose Nebenarme zweigen von ihm ab, verlieren sich unter dem dichten Blätterdach des endlosen Regenwaldes. Eine von dichten Wäldern begleitet Flusslandschaft, die für den Augenblick zum Verweilen einlädt. Für jeden anderen Touristen ein Traum, ein Highlight, jedoch eben nur eine flüchtige Begegnung mit dem Regenwald.

Silber-Gibbonaffen im Blätterdach

Rechts und links undurchdringlicher Dschungelwald, Regenwald mit moosbedeckten Urwaldriesen, Lianen, Baumfarn und wirres Wurzelwerk. Man blickt suchend in die Baumwipfel, hält nach Dschungelwild Ausschau, das sich jedoch bei den lautstark tuckernden Motorgeräuschen längst aus dem Staub gemacht hat, so dass wir beim Rauschen der Baumkronen nur noch das Nachsehen haben. Zu schnell verbergen sich die scheuen Gibbonaffen. Dann und wann, wenn ich darauf bestehe, das riesige Boot in der Strömung mit dem Paddel auf Schleichkurs zu halten, kehrt gespannte Ruhe ein und man achtet auf knackendes Geäst, markante Tierlaute und Vogelgekreisch. Zwischenzeitlich herrscht Unruhe an Bord, denn jeder entdeckt eine flüchtende Affenschar zuerst. Nur ich gehe mit der behäbigen Kamera wieder einmal leer aus und man fragt mitfühlend nach, ob ich die Horde Affenschwänze erwischt habe.

An einer Sandbank geht es vom Kanu aus ins geräuschvolle Uferdickicht. Braune Makakenaffen tauchen auf, springen geschickt durchs Geäst der Baumkronen. Eine gefräßige Affenschar, die auf Futtersuche nach schmackhaften Blättern, Früchten und Blüten durch die Baukronen zieht. Nur eine kleine Gruppe unserer Mannschaft lockt es ins finstere Dickicht. Und ein Parang unseres voran stapfenden Begleiters sorgt für schnelles Vorankommen. Plötzlich versperrt knietiefes Wasser den Weg, macht den Pfad unpassierbar. Nun, das war sicher nicht vorauszusehen, denn am Vorabend haben heftige Regengüsse unsere Region strapaziert, so dass knöcheltiefe Sumpfpfade sich über Nacht in unüberwindliche Seen verwandelten.

Duftende Dschungelblüten

Aufregend und abwechselungsreich gleitet die morgendliche Kulisse des tropischen Regenwaldes an mir vorüber, als unser Kurs den Rückweg ankündigt: Vorüber treibende Inseln mit verhakten Pflanzenteppichen, farbigen Blüten und angeschwemmten Sandbänken, die schon mal eine Durchfahrt erschweren.

Auf unserm Weg ins Camp, nahe dem Flussufer, lasse ich das Fahrzeug überraschend halten, denn ich entdecke einen Gummizapfer im düsteren Dickicht. Unter dem schattigen Ölpalmdach ausgedehnter Wälder bei stickiger Hitze besuche ich den barfüßigen Farmer einer Gummiplantage. Ein leicht bekleideter Buschmann, ein Familienvater, lädt mich freundlich ein. Ich kann das für mich immer wieder faszinierende Zapfen des Rindensaftes von Kautschukbäumen beobachten und nachfragen. Neben der Ernte von Ölpalmen ritzt man hier die Rinden von Kautschukbäumen, sammeln Farmer weißen Latexsaft für Gummiprodukte.

Gummizapfer von Latexsaft in Kautschukplantagen

Idris folgt mir verschwitzt, denn ich brauche seine Hilfe. Begleitet von unserem Gast, stoßen wir auf einen Gummibaum. Aus vielen Ritzstellen in der Rinde, wie eine gewaltige Fischgräte mit schrägem Abfluss, sammelt sich weißer Latexsaft und tropft gemächlich in einen befestigten Behälter: jene Flüssigkeit des Naturkautschuks, dem Gummi, der die einheimischen Familien noch immer ernährt. Die Siedler – oder Gummizapfer, wie man sie hier nennt – sammeln Latexmilch in einfachen Blechkanistern und verrühren diese mit Essigsäure oder Ameisensäure (koagulieren), so dass Latex gerinnt. Der entstehende viskose Kautschukbrei wird anderswo mit einer handkurbelbetriebenen Walze in wenige Millimeter dünne Matten verarbeitet. Der Farmer hier formt den Viskosebrei schichtweise zu großen Gummikugeln. Und während er über die weitere Verarbeitung zu Gummi berichtet, entdecke ich wässrige Erdlöcher, verschlossen mit Holzplatten im Waldboden. Wozu Erdlöcher und woher kommt das Wasser? Die Antwort des Gummizapfers ist für mich neu. Verborgen in den nassen Erdlöchern bewahrt man den Gummischatz bis zu seinem Abtransport auf.

Indes Idris nach Ritzdetails auf der Baumrinde fragt, will auch ich wissen, wie viel Kilogramm Latex man vom Baum sammeln kann. Für Augenblicke zögert der Farmer mit der Antwort, wenn es um eine so sensible Auskunft zur Ertragsmenge geht. Er antwortet: »Ein halbes Kilogramm pro Baum in der Woche. Ich ritze täglich in der Frühe.«

Bei einem Abstecher zu einem geschäftigen Honigsammler gegenüber präsentiert mir dieser stolz sein süßes Produkt. Nachts bricht man die Honigwaben aus den oft hohen Baumkronen im Dschungelbusch. Er lädt mich ein dabei zu sein.

Patrouille tags zuvor

Nachmittags. Die Mahutmannschaft versammelt sich vor dem freien Gelände nahe ihrer Unterkunft, denn morgen ist ein besonderer Tag. Die Elefantenpatrouille wird starten. Neun Elefanten werden sich dann hier wie so oft einmal wöchentlich drängen. Aus meinen Gesprächen mit Jun Jung erfuhr ich, das dieses Ereignis nicht nur ein besonderer Tag zum Nachweis des Einsatzes der Tiere und spezieller Ausrüstungen und der Disziplin der Mahuts ist, sondern dass dies auch die Bereitschaft als gemeinsam handelnde Ranger-patrouille demonstriert.

Dazu hat Jun Jung am Vortag eine besondere Futterzubereitung für die Dickhäuter des Camps zelebriert. Man hatte Knüppelholz gesammelt. Die Mahutcrew in luftiger Kleidung, mit T-Shirt und in Flip Flop unterwegs, entfacht ein offenes Feuer und man kocht Mais in einem gewaltigen Kessel. Ingrid und ich sind mit Kameras dabei, während dessen Jun Jung mit strikten Anweisungen schon auf den morgigen Tag fiebert. Und hier, nahe der Mahutunterkunft, wird das Futter für die Elefanten vorbereitet, kommentiere ich die Szenen, indes zwei junge Frauen zwischen den Mahutmännern klobige Karbonzuckerstücke mühselig mit Messern kleinhacken. Diese werden mit Mineralien und Mais im Kessel verrührt und zu einer Extramahlzeit für die Elefanten zubereitet. Es ist schwül und brütend heiß. Auch ohne Sonne sind es im schattigen Tropengrün dreiunddreißig Grad.

Und das hier ist die Waffe, mit der die Ranger der Flying Squad – einer beweglichen Einsatzgruppe, die Wildelefanten mit lautem Böllergetöse von schmackhaften Farmerfeldern abdrängt – kommentiere ich die nächste Drehszene. Einer der Mahuts stellt uns das unscheinbare Metallrohr vor, oberarmdick mit weißem Anstrich und einem Griff, wie eine MP. Zwar ist dies eine Waffe, jedoch ohne Patronen. Der Griff, ein Rohrstück mit einer Öffnung, wird mit Karbit und Wasser gefüllt. Doch Achtung! Gefährlich ist das schon, ein Karbitrohr, das im Mix von Karbit und Wasser ein Gas erzeugt. Ein Funke genügt für eine gewaltige Explosion, die auch streitbare Wildelefanten in die Flucht treibt. Anderswo nutzt man fauchende Signalraketen. Und sicher wird man sie schon bald auch mit Droh-nenflügen in ihre Streifgebiete abdrängen.

Abends zur Mahlzeit, bei zirpender Geräuschkulisse aus der Finsternis, hocken wir auf aufgeheiztem Beton mit den Mahuts zusammen. In der tropischen Nacht, von funselndem Lampenlicht angelockt, finden sich allerlei Insekten und Krabbler ein, auch Kä-fer mit schillernden Farben, die eine harte Landung auf Beton aus-probieren. Auch Mücken, die man so belanglos Moskitos nennt, fin-den ihr Ziel. Ich erkundige mich über den Schutz der Wildtiere hier im Reservat des WWF. Ich will mehr über Jun Jungs Mahutleben erfahren, dass er einst selbst wählte, ohne Schule ohne Ausbildung und ohne Kenntnisse im Umgang mit Großwild. Vor der Kamera weiht er mich in seine Geheimnisse ein. Er erzählt vom riskanten Leben als Mahut unter den Dickhäutern, welches er hier im Camp so furchtlos begann.

Mit Karbitrohr gegen streitbare Wildelefanten

Mit der Elefantenpatrouille unterwegs

In der Morgendämmerung bin ich schon unterwegs. Geheimnisvolle Nebelschwaden in Purpur haben sich wie mystische Schleier über den Dschungelsaum gelegt. Schattig grau tauchen einige Blätterkronen der noch unsichtbaren Baumgiganten aus dem Regenwald auf. Die Männer der Patrouille und Elefantenmahuts sind auf dem morgendlichen Waschplatz bereits vollauf beschäftigt. Elefant auf Elefant trifft von den Dschungelschlafplätzen ein. Ein Teil der Mahuts mit ihren Elefanten verbleiben noch auf separaten Plätzen in der buschigen Umgebung, denn der Sammelplatz ist zu klein.

Elefanten des *Tesso Nilo*-Camps aufgereiht

Schon bald ist über dem diesigen Lager der Dickhäuter das morgendlich sanfte Orangenrot der aufgehenden Sonne einem gleißend goldgelb strahlenden Lichterglanz gewichen. Das Entfernen von Ketten, Waschen, Abspritzen mit erfrischenden Wasserfontänen der sich gehorsam bewegenden Giganten und das Satteln von einigen Elefanten erfordert von den umsichtigen Mahuts Wachsamkeit und Routine, wenn sie auf den riesigen, nassen Körpern balancieren. Und immer wieder Zurufe, leise Kommandos der Mahuts. Beim Aufsteigen auf die Tiere scheint man Unterschiede zu machen. Vor buschigem Hintergrund duckt sich der Koloss auf den Boden und der Reiter klettert über den Rücken in den Nacken des Tieres. Ruswanto, ein anderer Mahut, präsentiert sich stolz, denn er ist bereits vollständig in die feldgraue Rangerkleidung geschlüpft und mit Hut, Gürtel, Wasserflasche und Parang ausgerüstet. Elegant lässt er sich nun von seinem Dickhäuter anheben, so dass er bequem seinen Nackensitz erreicht.

Es gibt so viel Neues, jedoch vermeide ich es, weitere Fragen bei dem morgendlichen Tohuwabohu zu stellen. Immer wieder spürt man die Anspannung der Mahuts, wenn die ordnende Hand Jun Jungs eingreift und für einen geregelten Ablauf sorgt. Decken, schmückende Riemen und Seile entnimmt man den Geräteschuppen und man hilft sich gegenseitig bei den schweißtreibenden Sattelarbeiten in der inzwischen sengenden Sonne.

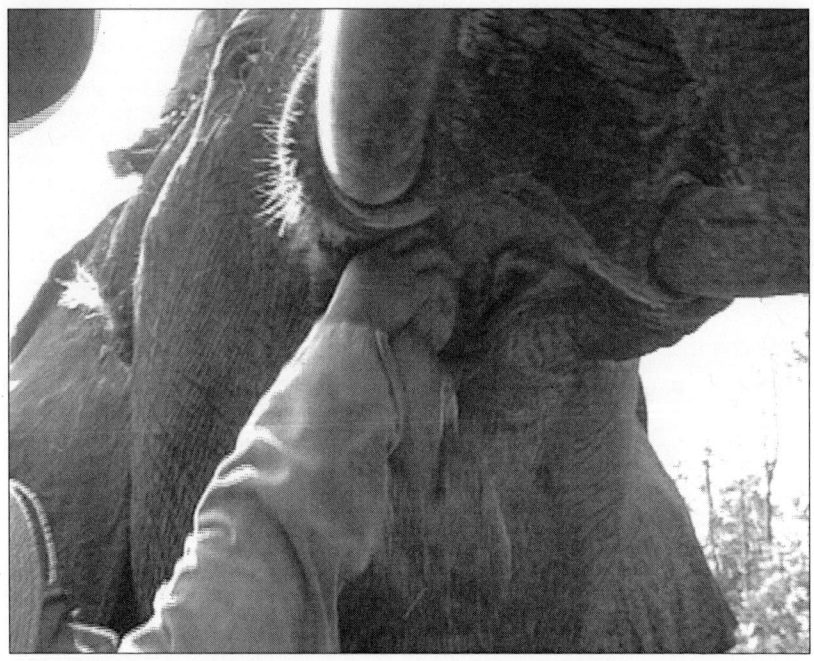

Dickhäuter bei einer Extramahlzeit

Ein neuer Abschnitt beginnt, denn die Tiere werden nun von ihren Mahuts in kleinen Gruppen zu einer besonderen Fütterung geführt. Dann ist Füttern angesagt. Die gestern zubereitete Maismahlzeit ist nun zu braunem Brei angedickt und soll an die Dickhäuter verfüttert werden. Man beachtet die Rangordnung der Tiere, wenn es um die köstlichen Happen der zubereiteten Maisbrocken geht. Inzwischen rücke ich mit der Kamera den Dickhäutern näher. Unbeschreiblich meine Atemnähe zu den Tieren, wenn diese mit umklammertem Rüssel den köstlichen Brocken in den weit geöffneten Rachen schieben. Dabei sind mir die beachtlichen Stoßzähne gefährlich nahe. Die aufmerksamen, riesigen Tiere sind ständig mit Luft fächernden Ohren, ihrem sensiblen Rüssel und dem erregt pendelnden Schwanz in Bewegung, so dass Vorsicht geboten ist. Erst nachdem der Leitbulle und zwei andere Tiere bevorzugt gefüttert worden sind, werde weitere Tiere mit den drei kleinsten für Leckerbissen herangeführt. Immer wieder betteln ihre nach Futter langenden Rüssel, von trompetendem Gebrüll begleitet, bei den Mahuts nach den braunen Brocken. Jun Jung lässt die Fütterung nicht aus den Augen, bis er sich auf seinem Leitbullen an der Spitze der Tiere aufstellt.

Ich fühle mich einigermaßen sicher, währenddessen Jun Jung sich in meiner Nähe aufhält. Ich nutze den willkommenen Bonus, um diesen Kolossen möglichst einmalig nahe zu kommen, wenn große rollende Augen mich anblicken oder ich ins offene Maul und auf ihre Bartfransen schaue. Bei der Kameraarbeit bemerke gar nicht, wenn sich ein nächstes Tier gefährlich nahe hinter mir mit den Stoßzähnen voran behäbig einreiht. Und dazwischen drängen die Jüngsten nach den köstlichen Happen. Der kleinste bevorzugt mal wieder Streit mit mir, schiebt mich unsanft mit seinem wuchtigen Körper zur Seite, noch bevor ein Mahut dazu springen kann. Nur der jüngste scheint noch einen Bonus im Gedränge zu genießen. Nicht einfach für mich, denn mit Kamera bin ich als Fremder oft zu dicht, wenn ich dem misstrauischen Dickhäuter ins Maul oder ins Auge schaue. Es folgt das Satteln der letzten Tiere in der prallen Morgensonne. Neun dieser mächtigen Dickhäuter stehen sich fast auf den Füßen. Eine beeindruckende Szene aufgereihter Patrouillenelefanten mit ihren aufsitzenden Rangern und Mahuts der Flying Squad. Voran erwische ich mit prächtigen Filmszenen den hoch oben thronenden Führer Jun Jung, der sich vor seiner Mannschaft stolz auf den Elefantennacken stützt.

Dieser Dickhäuter ist Rachman. Es ist Jun Jungs Leittier, wenn er die Patrouille zum Aufbruch ruft. Erst jetzt ist klar, dass ich mit Jun Jung das Leittier besteigen werde. Gespannt verfolge ich neben ihm das Manöver, denn noch immer bleibt mir verborgen, wie ich in den Nacken des Tieres gelange. Und dann noch mit der Kamera! Und die Höhe!

Hochoben trohnend beim Mahut-Führer Jun Jung

Jun Jungs leises Kommando und die Hinterbeine des Koloss knicken sanft ein, bevor sich der riesige Dickhäuter im Gras auf die Seite legt. Auffordernd, als meine er, es ist so weit, blickt mich Jun Jung grinsend an, wobei seine Hand mir unzweideutig die Richtung weist. Indes hat die Elefantenkolonne bereits Aufstellung genommen. Er fordert mich auf, über die Brustseite am Kopf vorbei den Nacken des Tieres zu erreichen. Nur eine dürre Decke und ein schmaler Riemen sollen vor Absturz und Schmerz bewahren. Ich muss mit der Kamera auf den Tierberg klettern. Kurz zögere ich, muss meinen Skrupel überwinden, um mit den Trekkingschuhen Rachman zu entern. Dann ist es geschafft.

»Du musst dich am Bauchriemen festhalten«, ruft er mir zu.

Ich erkenne die Gefahr, denn vorerst kann ich mich nur seitlich auf den gewaltigen Körper setzen. Und ich muss noch den Rückenplatz erreichen. Auf Kommando geht es abrupt in Schulterhöhe, dreieinhalb Meter hoch. Die augenblickliche Beschleunigung des

massigen Tierkörpers ist so unerwartet gewaltig, dass es mich beinahe vom Tierrücken fegt. Nur der schmale Riemen um den Körper
des Elefanten rettet mich vom endgültigen Absturz und hält mich
in einer unbequemen Schieflage. Bei seinem ruckartigen Aufrichten
kann ich mich gerade noch seitlich am Tierrücken festklammern.
Erst nachdem sich das Leittier voll aufgerichtet hat, zurre ich mich
senkrecht, nehme meine Sitzhaltung ein. Ich versuche meine Beine über dem viel zu breiten Rücken zu platzieren. Schließlich folgt
mir Jun Jung mit dem für Mahuts üblichen Besteigen über den angewinkelten Vorderfuß des Dickhäuters. Und auf Kommando Jun
Jungs setzt sich die gigantische Elefantenkolonne mit wankenden
Schritten in Bewegung, wie jene zu Zeiten Hannibals beim Marsch
über die Alpen. Neun riesige Tiere mit ihren Reitern und den Jüngsten reihen sich ein, wenn es dem dichten Regenwald entgegen geht.
Keine bequeme Gondel, kein thronender Platz ist reserviert. Ich sitze im Nacken des Tieres hinter Jun Jung. Während er seine Beine
zum Hocksitz anwinkelt, bleibt es mir allein überlassen, mich auf
dem breiten Nacken des Elefanten irgendwie aufrecht zu halten.
Wer ahnt schon, was es bedeutet, aus luftiger Höhe im Wiegeschritt
eines Elefanten die Kamera zu betätigen, Lifebilder zu übermitteln,
wenn es durch dichten Dschungelbusch geht.

Mit der Elefanten-Patrouille unterwegs

61

An der Spitze der Elefantenkolosse bietet sich eine ungewöhnliche, einmalige Aussicht. Und den aufregenden Vogelgesang der uns begleitet habe ich in mehr als drei Meter Höhe aus erster Hand. Bei Begegnungen der Mahuts mit aggressiven Wildelefanten ist adäquate Augenhöhe gefragt. Schließlich riskiert ein Mahut sein Leben, wenn die Flying Squad beim Treffen mit den Wilden vermeintlich ihr Revier streitig macht.

Schon Stunden sind wir in der unerträglichen Hitze unterwegs. Unsere Elefanten-Karawane schiebt sich behäbig durch den Busch. Nur dann und wann, wenn es bergab geht, nimmt der Koloss gefährlich wankend Fahrt auf. Ich habe dann zu tun, um mich auf dem platten Rücken des Tieres zu halten. Ein Kameramann muss sich umblicken, reaktionsschnell Motive erfassen und die Filmkamera bedienen. Freihändig aufzusitzen ist mir nur für einen Bruchteil von Sekunden möglich, will ich nicht riskieren abzustürzen. Also läuft die Kamera oftmals zulange, da ich nicht einhändig die Funktionshebel erreiche. Schon Stunden sind wir unterwegs, werden dann und wann auf Lichtungen von der prallen Sonne erwischt.

Vor uns auf dem Pfad behindern Geäst und ein umgebrochener Baumstamm unser Vorankommen. Das Leittier will gewaltsam drüber. Jun Jung gibt Signal an die Patrouille, so dass diese mit Abstand vor dem Hindernis zum Stehen kommt. Eine Gelegenheit für trompetendes Gebrüll eines der Schwergewichte durch den Dschungelwald.

Kommandos sind zu hören und unser Dickhäuter schwenkt seinen Rüssel, weiß was zu tun ist. Jun Jungs Leittier übernimmt auch die Aufgabe, den Dschungelpfad von Buschwerk, herunter gebrochenem Geäst und umgestürzten Bäumen für die nachfolgende Patrouille zu beräumen. Immer wieder muss ich aufmerksam auf die Bewegungen des Tieres achten, wenn Rachman plötzlich ins Dickicht ausbricht und hartnäckiges Baumgeäst erbarmungslos über den Rücken des Riesen peitscht. Man ist mittendrin. Ich muss den niedrigen Ästen entgehen, mache mich am ledernen Tierkörper flach, will nicht herabstürzen. Schweiß rinnt mir in Bächen herab. Allein sich nur aufrecht zu halten und noch immer den erlahmenden Kameraarm zu führen, ist kräftezehrend. Gelingt es mir wieder einmal, die Kamera auf die Patrouille hinter uns zu richten, so entschädigt die beeindruckende Silhouette der aufgereihten Elefantenpatrouille für die nun zu ertragenden Schmerzen und Risiken. Hinter uns schließt sich erneut finsterer Dschungelbusch. Hoch oben auf dem Rücken des Dickhäuters bin ich der seltenen roten tropischen Blütenpracht einiger aufragender Bäume sehr nahe. Aus einem Dickicht heraus erreichen wir plötzlich eine Lichtung. Ein Unterstand am dichten Waldsaum taucht auf, der offensichtlich unser Ziel ist. Und richtig, Jun Jung führt unser Leittier unter das schattige Blätterdach. Erst von hier aus gelingt es mir, erneut die Elefantenpatrouille ins Visier der Kamera zu nehmen.

Inmitten der Mahut-Crew

Elefant auf Elefant mit laut schwatzender und gut gelaunter Besatzung drängt sich bei tönendem Gebrüll auf kleinstem Raum. Erstmals überblicke ich die gesamte Rangercrew und möchte kein einziges Bild dieser stolzen Patrouille vermissen. Und am Schluss der Elefantenkarawane entdecke ich unseren Jüngsten, der zwischen zwei Alttieren mit fächernden Ohren trottet. Aber das Fächeln nach Kühle finde ich auch bei den dicht sich drängenden, schnaufenden und trompetenden Tieren, als wollten diese Dampf ablassen. Die Mahuts lehnen sich entspannt zurück oder sie stützen sich auf den Nacken ihres Tieres, greifen nach Getränken. Absteigen von den Elefanten – kein Gedanke. Auch unser Leittier, eingeklemmt von den anderen Dickhäutern, hat keinen Platz, um mich für eine Rast auf dem Boden abzusetzen. Inmitten lärmender Elefanten, Scherzen, Rufen und den Kommandos der Mahuts tönt plötzlich Idris Stimme:

»Roland! Do you know, if we to catch the wild elephants, then is it very loud« – Roland! Weißt du, wenn wir die Wildelefanten erreichen, dann ist es sehr laut.

Heute ein eher symbolischer Akt, denn Wildelefanten sind hier nicht zu erwarten. Dabei zeigt Idris auf einen Mahut unmittelbar vor mir, der gerade sein Karbitrohr zur Explosion mit Wasser aus der Trinkflasche vorbereitet. Ich antworte zwischen dem Gebrüll der Dickhäuter: »Yes ok, it's very loud. You can do it.« – Ja o.k., es ist sehr laut. Du kannst es machen.

Jun Jung hat zuvor Idris aufgefordert mich vor der Explosion zu warnen. Es dauert und ich bin in Sorge, dass die Szene noch von der Kamera erfasst wird. Dann endlich, ein Feuerzeug wird gereicht. Mit enorm lautem Knall entlädt sich die Explosion. Und obwohl erwartet, zuckt man erschreckt zusammen. Ich habe dabei die Dickhäuter im Blick, denn ich befürchte Panik der Tiere auf so engem Dschungelsaum. Doch keine Regung der Tiere bei dem gewaltigen Geballer – nichts. Mit meinen Gedanken bin ich alsbald auf dem bevorstehenden Rückweg. Mein »Fahrgestell« erlahmt zusehends und es geht noch über Stunden zurück. Inzwischen hat auch die Kamera ihren Filmvorrat längst verbraucht.

Abends trifft man sich unter dem gastlichen Schutzdach der Betonplatte unseres Camps. Ich habe mit Idris, Djede und Jun Jung Getränke und zusätzlich Speise bestellt und bedanke mich vor der gesamten Crew und dem WWF Indonesien für die Möglichkeit, das Leben der Mahuts und ihrer Tiere im Regenwaldgebiet von *Tesso Nilo* kennenzulernen. Und die Mahuts und Ranger sind stolz auf ihre verantwortungsvolle Aufgabe. Sie berichten von ihrer oft gefährlichen Arbeit, wenn aufgebrachte Farmer wilde Artgenossen von ihren Pflanzungen gewaltsam vertreiben wollen und sie diese Aufgabe als Patrouille übernehmen.

Begegnungen unter dem Ölpalmendach

Früh führt unsere Route im Van von *Tesso Nilo* auf unwegsamen Rüttelpisten durch winzige Ortschaften. Unter endlos schattigen Palmendächern geht es nach Norden, in die Zivilisation nach Pekanbaru zurück. Auf staubigen Schotterpisten zwischen schmalen, schattigen Baumschneisen verstellen mir uralte Palmenwälder mit dichten Baumkronen die Sicht. Einsamkeit kehrt zurück, wenn man über ausgewaschene, holprige Sandpisten die endlosen Ölpalmwälder passiert, auf entlegene Ortschaften unter schattigem Blätterdach trifft. Einmal geht es inmitten der Plantagenschneisen unerwartet über zerbröselten Asphalt. Idris erzählt: »Das sind Überreste aus englischer Kolonialzeit der Achtziger. Seitdem, seit der Verstaatlichung ist hier nichts mehr passiert.« Das ist ein weiteres Indiz, wie bedeutsam die Gewinnung des Palmöls bereits in dieser Zeit war und welche entscheidende Rolle die englischen Plantagenbarone einer effektiven An- und Abfuhr der Ölfrüchte in die eigenen Ölmühlen beimaßen.

Es gibt Statistiken, die eindrucksvoll die dramatische Zunahme der Ölpalmpflanzungen in Sumatra belegen. Heute ist sie die weltweit ertragreichste Ölpflanze mit ihren zwetschgengroßen Früchten. Beansprucht sie doch in Sumatra eine etwa siebenmal größere Fläche, als noch vor zwanzig Jahren. Palmöl ist weltweit ein genial vielfältig verwendbares Pflanzenprodukt. Wir Menschen verbrauchen es täglich und einmalige Tropenwälder müssen deshalb hier, auf Indonesiens Nachbarinseln und anderswo immer mehr den Monokulturen der Ölpalmen weichen. Ist es etwa eine Erfolgsstory, wenn man dabei bedenkt, dass wir dafür den unwiederbringlichen Regenwald durch Rodungen eintauschen?

Erneut bin ich im einsamen Busch unter dem haushohen Palmendach unterwegs. Meine Begleiter verzichten, in der stickigen Hitze zu schmoren, so dass ich nun unbedrängt einem Trampelpfad ins Dickicht folge. Mächtige schuppige Stämme mit riesigen Palmzweigen senken sich auf den überwucherten Dschungelboden herab. Jedoch kein Grund zur Panik, denn lästige Blutegel sind hier nicht anzutreffen.

Inmitten des Palmenhains zwischen hüfthohem Gras taucht plötzlich ein Schaf auf, folgen weitere. Eine Handvoll Schafe in sengender Hitze am Äquator! Für mich eine spektakuläre Begegnung. Wer ahnt schon, inmitten der Tropenpracht auf grauweiße Schafe zu stoßen, denen auch noch ein dunkelfarbiger Schäfer leichtfüßig wie ein eingeborener Jäger folgt. Ein barfüßiger, betagter Mann mit nacktem, kräftigem Oberkörper steht schließlich vor mir, in zerschlissenen, weißen Pluderhosen, die von einer Bastschnur gehalten werden. Die Peitsche in seiner Rechten benutzt er, wenn er geschmeidig seine muntere Schafherde auf Kurs halten will. Für die Kamera eine faszinierende Aufnahme, denn Sonnenfetzen lassen die gewaltigen Palmzweige aus der Düsternis hell leuchtend auftauchen. Ich bin so sehr damit beschäftigt, dass ich jetzt erst über unsere Verständigung nachdenke. Ein gut genährter Mann mit gewundenem Kopftuch und mit spärlich grauem Moosbart am Kinn steht mir erstaunt fragend gegenüber.

Ich zeige auf die um uns grasenden Schafe, spreche ihn an, begrüße ihn »Selamat siang. Nama saya adalah Roland.« – Guten Tag Ich heiße Roland. »Saya berasal dari Jerman«, ergänze ich ohne Pause. Ich komme aus Deutschland.

Er lächelt freundlich, entgegnet mir etwas, das ich nicht verstehe. Ein wenig hilflos blicke ich mich um und entdecke, wie Idris schnaufend gerade noch rechtzeitig auf mich zu rennt. Eigentlich sollte er an meiner Seite sein. Schließlich hilft Idris bei der Übersetzung.

»Ich stamme nicht von hier, bin von der Nachbarinsel Java in den siebziger Jahren eingewandert«, erklärt der Graukopf.

Ich erinnere mich, dass Ende der sechziger Jahre die damaligen Regierungen unter dem Begriff Transmigrasi das Problem der Überbevölkerung im dicht besiedelten Java mit ihren 75 Millionen Einwohnern durch Umsiedlungsaktionen nach Sumatra, Sulawesi und auf andere indonesische Inseln zu lösen versuchten. Ethnische Konflikte waren die Folge.

Ich frage ihn, ob er sich nicht vor Raubwild fürchtet, wenn er allein mit seinen Tieren durch die schattigen Wälder zieht.

»Ja!«, antwortet er. »Ich habe einen Knüppel und dieses Messer.«

Er zeigt auf den knappen Parangschaft, der an seiner Hüfte baumelt.

»Erst vor ein paar Tagen bin ich dem Sumatra-Tiger begegnet. Seine drei Jungen sind meinen Schafen zu nahe gekommen«, erklärt er, noch immer beeindruckt, und zeigt mit der Hand in die Richtung.

Ein Schafhirte im Ölpalmwald

Zurück auf staubigem Schotter beobachte ich, wie ein knatterndes Motorrad eine am Sattel befestigte meterlange Holzfracht durch die Ölpalmschneise zerrt. Immer wieder stoße ich auf nützliche Zweiräder, mit denen die Menschen hier in der Wildnis wie einst mit hochrädrigen Büffelgespannen den Alltag bestreiten.

Über Steilpisten nach Bangko

Tags darauf im Van in der sengenden Vormittagshitze folgen wir von Pekanbaru aus den atemberaubenden Bergkammstraßen. Es zieht mich zu den Bewohnern des *Kubu*waldes, in die zentralen Tieflandwälder Südsumatras.

Die Orang Rimba sind eine indigene Volksgruppe Indonesiens, die ihren Lebensraum in den Regenwäldern von Jambi beansprucht.

Um sie zu treffen, müssen wir uns ins über fünfhundert Kilometer entfernte Jambibuschland im Süden begeben, erneut den Äquator überqueren und ein Stück Wegstrecke dem Sumatra Highway nach Bangko folgen. Von dort aus werde ich schon bald den Kerinchi Nationalpark im Jambigebiet begegnen.

An endlos sich hinziehenden Ortschaften vorbei, wo zusammengeflickte Bretterhütten, Einkaufsmärkte, Garagenwerkstätten, »Futter«-Kioske und Farmen sich in Asphaltnähe drängen, findet man auch qualmende Lehmöfen. Es sind wilde Ziegelbrennereien, deren Betreiber für den Materialnachschub bewaldete Lehmhänge roden, so dass diese jeder Zeit drohen, auf die Fahrbahn ab zurutschen.

Voraus, am Rand einer einsamen Straßenpiste, steht ein Laster, befrachtet hoch aufgetürmt mit orangeblauen Ölpalmbunden, dem »Gold« der Region. Auf schmalem Asphalt zwischen dichten Ölpalmwäldern lasse ich unser Fahrzeug halten. Ein halbes Dutzend braunhäutiger Männer beladen schweißgebadet in praller Sonne den Truck mit den Baumfrüchten. Eine kräftezehrende Arbeit, denn Ölpalmbunde können ein Gewicht bis zu fünfzig Kilo erreichen, wenn diese aus der Baumkrone herabstürzen. Das Fruchtfleisch der drei bis sechs Zentimeter langen Steinfrüchte, die wie orangefarbige Pflaumen sich um das Früchtebund drängen, ist fasrig und ölhaltig. Diese Fruchtbunde der Ölpalme, von Fachleuten auch als Fruchtstände bezeichnet, werden verladen und zu den Ölmühlen geschafft. Hier, unmittelbar an der Ölpalmplantage gönnt man sich eine Verschnaufpause. Andere Plantagenarbeiter wiegen mit einer primitiven Holzbalkenwaage unter Aufsicht des Vorarbeiters die Bunde, bevor man diese mit Stangen aufs Fahrzeug wuchtet. Ein Arbeiter spießt kräftig das Bund auf eine Hartholzstange und schwenkt die enorme Last über seinem Kopf auf die hohe Ladefläche des Lasters. Seine braunen, sehnigen Arme glitzern dabei schweißnass in der prallen Sonne. Vor der Kamera lächelt man nachsichtig, wenn mit neuem Ehrgeiz die mächtigen Bunde auf dem Laster landen.

Man passiert vom letzten Regenguss schlammüberspülten Asphalt und überquert Brücken kleiner Bachläufe, an denen sich Siedler im tropischen Buschland in winzigen Bretterhütten einquartiert haben. Sattgrüne Berghänge, von dichtem Dschungelbusch bedeckt, werden nur von Silhouetten großer Vulkane überragt.

Über endlose Straßenpisten nach Westen passieren wir im Riau den Fluss Kampar. Zwischen buschigem Tropengrün eine einzigartige Stelzhütte eines einsamen Siedlers, wie ein Baumhaus. Ein rauschender Flusslauf, der Indragiri führt hier vorbei, windet sich durch das sattgrüne Tal, um im sumpfigen Riauland nach Osten nahe Ortschaft Tembilahan die Straße von Malakka, also das Meer, zu erreichen.

Hier, an seinen Flussufern überraschen mehr als drei Meter hohe Wasserräder aus Bambus. Gleich drei von ihnen versorgen mit filigranen Schöpfwerken die angrenzenden Reisfelder mit Wasser. Graubraun überflutete Reisfelder, die Sawahs, umgeben von schmalen sumpfigen Schutzdämmen, reichen bis ans nahe Dschungeldickicht. Frauen mit breiten Basthüten stehen gebückt knietief im schlammigen Wasser, stecken Setzlinge für die nächste Reisernte.

Filigrane Schöpfwerke für nahe Reisfelder

Noch immer ist unsere Route lang, bevor wir auf dem verkehrsreichen Sumatra Highway ins Flachland nach Jambi und Palembang vorstoßen. Der so benannte Highway ist nicht gleichbedeutend mit einer modern ausgebauten Autobahn. Nein, hier tobt dichter Fernverkehr auf nur zwei apokalyptisch überforderten Fahrbahnen durch Sumatras Hauptmagistrale, die lediglich ein mühsames Fortkommen durchs Land gestattet. Und erst am Abend werden wir auf das Barisan-Gebirge stoßen und unsere Unterkunft in Bangko im Südwesten erreichen.

AUF DSCHUNGELPFADEN DER
KUBUNOMADEN

Aufbruch zu den *Kubu*nomaden, den Orang Rimba

Auf unserem Weg von Bangko, einer kleinen Dschungelstadt am Fluss Meragin, geht es auf verkehrsreichem Asphalt durch Schneisen endloser Ölpalmwälder einer riesige Sumpflandschaft im Jambigebiet entgegen. Spindelbeinige Hütten, verborgen hinter Bananen, Kokos und tropischen Gärten, wechseln sich mit bewirtschaftetem Buschland und Lehmgruben ab, wo man in einfachen Modellkästen Lehmziegel formt und in der heißen Sonne zum Trocknen lagert. An den dschungelbewaldeten Straßenrändern kündigt sich eine nahende Ortschaft mit roh gezimmerten Bretterhütten, kleine Verkaufsläden und Imbissständen an, wo Marktfrauen geduldig unter schattigen, bunten Tüchern zur einfachen Mahlzeit einladen. Nicht enden wollende Kolonnen orangegelber Laster mit hoch aufgetürmten Ölpalmfrüchten ziehen hier Stoßstange an Stoßstange vorbei. Dazwischen unzählige Motorräder, die quicklebendig auf verkehrsreicher Asphaltpiste in beiden Richtungen fluten.

Deje muss aufpassen, denn wir folgen einem Führungsteam der WARSI, das uns in den Nationalpark Bukit Dua Belas, ins Gebiet der einzigartigen Waldnomaden führen wird. Ein umstrittenes Regenwaldgebiet, das von den *Kubu*, wie man sie auch nennt, seit jeher beansprucht wird.

Unterwegs habe ich per Handy Zoff, da die Community-Unterhändler der WARSI mir die Begegnung schlichtweg aufkündigen wollen. Es gibt mal wieder eskalierenden Streit zwischen den *Kubu* und den lokalen Behörden. Man teilt mir mit, dass die *Kubu*gruppe es ablehnt, sich mit uns zu treffen. Zweifel kommen mir auf, denn aus früheren Aufzeichnungen der Verhandlungsführer mit Regionalvertretern der indonesischen Behörden ist erkennbar, dass jedes Treffen mit Fremden ihnen als eine willkommene Plattform zur Erläuterung ihre Positionen diente. Und während wir dem Führungsfahrzeug folgen überdenke ich schmerzlich meine Lage, wenn wir diese beschwerliche Route über Tage nun nutzlos hier beenden müssen.

Wir sind auf der Asphaltstraße nach Südwesten. Irgendwo vor Jambi City geht es über endlose Dschungelpisten nach Südwesten, passieren wir Pauh, ehe unser klappriger Van über staubigen Schotter ein abgelegenes Nest aufstöbert. Unter endlosem Palmendach erreichen wir Bukit Suban, ein winziges Dorf im den Nationalpark Bukit Duabeles, ein Juwel seltener Flora und Fauna, letzter Lebensraum und Zufluchtsort der vom Aussterben bedrohten Tiere wie Sumatra-Tiger, Malayenbär, Mouse deer (Tragulus napu), exotischen Vögeln und Heimat der Waldmenschen.

Nach langen Reisewochen durch Sumatra sollen wir nun hier auf jene Waldnomaden stoßen, den *Kubu* (kubuhn), den Orang Rimba, den Menschen des Urwaldes. Bereits am Dorfrand der wie verlassen wirkenden Ortschaft, stöbern wir unseren einheimischen Begleiter Dahab auf. Der im Dschungelwald der Orang Rimba aufgewachsene Mittdreißiger, klein, von gedrungener Gestalt, mit wachen Augen, Lippenbart und schwarzhaarigem Rundschnitt, ist ein routinierter Guide, kennt die Sprache der *Kubu*. Er soll mich zu den Urbewohnern führen. Bevor unsere Fahrzeuge auf einen dicht bewachsenen Waldsaum einbiegen, gibt es unerwartet flüchtige Zurufe zu den Männern der WARSI. Wie zufällig hat sich hier an der Zufahrt ein mit Shorts und ausgeblichenem T-Shirt bekleideter Barfüßiger postiert. Seine Handbewegung weist ins nahe Dschungelgebiet, weckt meine Aufmerksamkeit am Fenster, lässt auf ein Treffen mit den *Kubu* hoffen. Mir ist die Anspannung ins Gesicht geschrieben, denn ich kann seine Worte nicht enträtseln. Bedeuten die zugerufenen Worte ein zustimmendes Signal für ein Treffen mit den Waldnomaden? Plötzlich aufkeimende Zuversicht lässt jeglichen Zweifel in mir abfallen. Ich muss da rein, gebe ich mich entschlossen. Gemeint ist die Begegnung mit den Waldmenschen. Jedoch es gibt neue Schwierigkeiten.

»Neuerdings muss man sich bei der Lokalbehörde im nächsten Dschungeldorf anmelden, will man das *Kubu*gebiet betreten«, berichtet Dahab überraschend.

Das heißt beinahe zwei Stunden Zeitverlust, nur um die Lokalbehörde mit Geld ruhig zu stellen. Ich halte mich zurück, warte ungeduldig im Fahrzeug bis meine drei Begleiter und die WARSI-Leute mit guten Nachrichten auftauchen. Endlich, es geht zurück. Man trifft sich in einer einfachen Bretterhütte am Dschungelsaum, einem

Kontaktstützpunkt der Lokalbehörde WARSI zu den Waldnomaden. Eine Lichtung, ein Feuchtgebiet trennt unsichtbar einen Grenzverlauf, der von den *Kubu* energisch beansprucht wird – eine vergessene Welt. Dahinter breitet sich undurchdringlicher Regenwald aus, enden endgültig die Monokulturen der Ölpalmwälder. Fernab von hier lebt noch das Volk der *Kubu*, ein uralter Nomadenstamm, dessen Familien noch immer durch den Regenwald nahe der Grenze einer bedrängenden Zivilisation ziehen. Hier, weit abseits und isoliert inmitten von Regenwald, leben sie noch: *Kubu*nomaden in kleinen Familienclans unter dem Blätterdach des Dschungels.

Treffen am Grenzbach

Der *Kubu*stamm, in Indonesien auch bezeichnet als *Suku Anak Dalam* oder *Orang Rimba*, ist eine indigene Volksgruppe, die auf Sumatra verstreut in den Sümpfen und Regenwäldern entlang des Jambi und Riau, zwischen den Flüssen Hari und Musi lebt. Zu oft werden die *Kubu* mit einer Vielzahl von uralten Restvölkern Sumatras verwechselt. Sie leben in Wäldern, an Orten wie im Bukit Tiga Puluh Nationalpark (TNBTP) und im Bukit Duabelas Nationalpark (TNBD). Ihre traditionelle Lebensweise trifft man heute nur noch im TNBD an.

Der Name *Kubu* kommt vermutlich vom Wort *Ngumbu*, was so viel wie schwer fassbar bedeutet. Oft wurden sie als primitives Volk und als schmutzig verunglimpft. Sie gehören zur Urbevölkerung Sumatras, sind zum Teil noch heute Jäger und Sammler.

Ihre Lebensweise ist heute von vielen Vorbehalten bedrängt. Großfamilien der *Kubu* ziehen in kleinen Gruppen als Nomaden durch den Wald. Sie wechseln ihre Lager, wenn sie keine Nahrung mehr im Waldgebiet finden oder bei Streitigkeiten oder wenn jemand aus dem Clan stirbt. Andere *Kubu*familien nutzen heute enge Kontakte zu Farmern oder zu Dorfbewohnern in der nahen Umgebung. Sie siedeln jedoch an Orten, wo sie frei leben können, hausen in winzigen Stelzhütten, streifen auf der Jagd durch den Regenwald. Kleinstsiedlungen von drei und mehr Stelzhütten der *Kubu* werden am häufigsten dort angetroffen, wo man auch Waldprodukte, wie Honig findet. Ihre Hütten sind auf Bambusplattformen mit Palmenblättern als Dächer zum Schutz vor Regen errichtet.

Jägergruppe der *Kubu*

Kubu-Hütten

Man sammelt Waldprodukte, wie Honig, Nüsse und Rattan, baut aber auch essbare Wurzelknollen an. Nur dann und wann hilft man in angrenzenden Kommunen auf Ackerfeldern im Austausch gegen Reis, Tabak, Salz, Eisenprodukten, Feuerzeug, Waffen, Medikamente und Baumwolltücher.

Kompliziert ist die Situation noch immer im täglichen Zusammenleben in den von den *Kubu*stämmen beanspruchten Waldgebieten mit der immer näher rückenden Zivilisation. Die angrenzenden Dorfgemeinschaften, in der Mehrheit Muslime zeigen wenig Respekt gegenüber der Lebensweise der Nomaden, den halbnackten *Kubu*, die ihre alte, unregelmäßige Lebensweise aufrechterhalten.

Die *Kubu* hingegen beschweren sich immens wegen Waldrodungen der Logger, lehnen es ab; in Dörfern zu leben und auf freie Beweglichkeit zu verzichten. Sie stemmen sich gegen kommunale Zwänge der Lokalbehörden. Die schwere Feldarbeit, die fehlende freie Beweglichkeit und die ungewohnten Zwänge in den Dörfern, wie Bildung, freiwillige Arbeitsleistungen sowie »gotong royong« (kommunaler Austausch von Arbeitskräften) stoßen bei ihnen auf Widerstand. Man wehrt sich energisch gegen ihre Einvernahme in »unfreie« Hütten und in fremde Dorfgemeinschaften. Die traditionelle Lebensweise der Urbevölkerung im Einklang mit der Natur ist bis in unsere Zeit bewahrt. Sie ist bestimmt durch ihren Glauben an Geister, ihre animistischen Rituale, ihre freie Lebensweise außerhalb von Siedlungen in der Wildnis und durch ihre freie Kleidung. Man glaubt, dass auch der Wald, Wasser, getötete Tiere u.a. von Geistern beherrscht sind, die in zeremoniellen Ritualen vom Medizinmann (Zauberdoktor), durch den Malin zu besänftigen sind. Dies erklärt, warum *Kubu* nie akzeptieren, in Dörfern der Lokalbehörde zu bleiben, die man als Projekte »für ihre Entwicklung und Zivilisation« einst errichtete. Sie entscheiden sich für die Freiheit des Lebens in den Wäldern.

Die WARSI ihrerseits soll ausgleichen, soll vermitteln zu den Lokalbehörden und soziale Hilfe den Familien der *Kubu*, den Kindern und Frauen des Waldes anbieten.

*Kubu*stämme ziehen als Familienclans in kleinen Gruppen. Ihre Namen verbinden sie mit dem jeweiligen Fluss, in dessen Nähe sie leben. Der Clan respektiert den Ältesten, das Oberhaupt, den Malin der Gruppe, wie Tengganai, Tumenggung oder Mangku Besemen.

Stirbt ein Mitglied der Familie, wechselt oft der Stamm sein Lager. Als Zeichen, um das große Unglück schnell zu vergessen.

Nicht nur für den Wald, der für sie ihr Heim, ihre Lebenswelt bedeutet, bewahren sie eine besondere Kultur und eine traditionelle Weisheit, auch für den generellen Umgang mit der Natur. Flüsse bedeuten für sie die Quelle des Lebens. Alles Trinkwasser kommt aus den Flüssen. Aus diesem Grund achtet ein Stamm strengstens auf seinen Lebensraum. Zu oft führen Verstöße fremder Dorfbewohner aus der Umgebung deshalb zu Konflikten, denn die *Kubu* wehren sich immens dagegen, Flüsse und Bäche als Toiletten zu benutzen oder diese mit Seife oder Reinigungsmitteln zu verschmutzen. Man bestraft dies mit Geldbußen oder Stoffballen (kain). Für die *Kubu* sind die Geldbußen ein Teil ihrer Kultur geworden. Diese Strafe betrifft nicht nur sie selbst, sondern gilt auch für die Anwohner der Gemeinde zur Zahlung an den Clan. Ein Stoffballen hat einen symbolischen Wert für das Ansehen einer *Kubu*familie.

Wir sind in Sarolangun Jambi, einem von drei Subdistrikten von Air Hatam im Nationalpark, wo wir auf die Orang Rimba treffen sollen. Eine Expedition wird zusammen gestellt, Fracht und Lebensmittel für den Trekkingtransport wird verteilt und los geht es. Deje bleibt im Van zurück. Unterhalb des WARSI-Kontaktstützpunktes Bukit Suban fällt das von Ölpalmen umsäumte schattige Gelände bergab, dient zugleich als neutraler Treffpunkt zur Kontaktaufnahme, wenn *Kubu*familien in Not geraten oder deren Kinder von schweren Krankheiten betroffen sind.

Geführt von Männern der WARSI, unserem einheimischen Freund Dahab und zwei weiteren Guides verlassen wir die Wälder der Monokulturen, geht es in den Busch. Wir sollen auf die Gruppe der *Kedundung Muda* treffen. Ich folge mit der Kamera, dann klettern Idris und Ingrid, sowie ein belgischer Begleiter über einen schmalen steilen Pfad in den rasch sich schließenden, düsteren Dschungelbusch.

Undurchdringliche Dschungelwildnis, tropische Schwüle, Schweiß rinnt mir in den Nacken und über meinen Oberkörper. Ich muss aufpassen, um nicht den Anschluss im mannshohen dichten Busch zu verlieren, denn die Führungsmannschaft gibt mir hier keine Zeit für Kameraarbeit. Augenblicklich schließt sich das buschige Grün hinter mir ohne Spuren zu hinterlassen. Geschrei von Vögeln, anhaltender Zikadengesang. Äste krachen in den Baumkronen des Regenwaldes.

Ich bin hellwach, denn wir durchstreifen ein Gebiet, wo Großwild, Raubkatzen und auch Sumatra-Tiger unterwegs sind, die jedoch nur zu Angreifern werden, wenn man sie überrascht. Vor meinen Füßen ein Krabbler, ein pechschwarzer Exot, ein Tausendfüßler auf glitschigem Pfad, der mit giftigen Bissen schon mal für Unruhe sorgt, wenn man ihn übersieht. Auch orangebraune Schmetterlinge, summende Insekten und klammheimliche Blutegel, deren aufdringliche Anwesenheit mich an meine blutige Narben in den Regenwäldern Westsumatras erinnern. Noch immer bleiben uns Langurenaffen im Blätterdach verborgen, denn wir sind spät dran.

Zwischen dichtem Grün findet man erste Lager der Waldmenschen. Über dem Waldboden, neben einer ausladenden Fächerpalme eine Plattform aus aneinandergereihtem Bambus und Rattangehölz. Darüber ein Bambusgestell mit Palmenblättern zum Schutz gegen den Regen. Und nur ein Steinwurf entfernt ein weiteres *Kubulager*. Schnell ist ein neues errichtet, wenn die Jäger in kleinen Gruppen mit Speer, Parang und von Hunden begleitet durch den Busch ziehen. Ein Speer mit parangähnlicher Eisenspitze reicht aus, um die Körperfülle der oft wuchtigen Wildschweine zu durchstoßen, die von den Jagdhunden ausgemacht werden.

Kubu-Lager

77

Im düsteren Dickichtgrün müssen wir über ein schmales Bachgewässer. Glitschige Baumstämme sind zu überqueren, als plötzlich
unsere Expedition ins Stocken gerät.

Man tuschelt: »Buschnomaden, *Kubu*.«

Überraschend treffen wir hier auf eine Gruppe von ihnen, noch
bevor das verborgene Hauptlager mit Behausungen der Orang Rimba erreicht ist. Eine unscheinbare Grenze, ein Bachlauf, über den es
in eine längst vergessene Welt geht, wo man im Einklang mit der
Natur lebt. Die Orang Rimba glauben an die Kräfte ihrer Wälder,
an Zeichen der Natur und des Wassers, fürchten böse Geister und
Dämonen. Die *Kubu* sind an eine minimalistische Lebensweise angepasst. Die Männer tragen nur den Lendenschurz, der eher einem
eingetauschten Tuch ähnelt. Unverheiratete Frauen tragen einfache Sarongs, die ihren Körper bis zu den Brüsten bedecken. Verhei-
ratete Frauen hingegen tragen den Kain, einfache Rundumtücher,
die nur die Hüften bedecken.

Kubu-Waldnomaden vom Stamm der *Kedundung Muda*

Ein ganzer Clan mit Frauen, Kindern und Unsichtbaren hat sich
im dichten Dschungelbusch zwischen Rattangeflecht, Farn, buntem
Blätterteppich und Lianen eingefunden. Ihr Stammesführer, ein

eher zierlicher *Kubu* mit dschungelgegerbter Haut, spärlich grauem Moosbart am Kinn im bunten Hüfttuch und ohne Körpertätowierung begrüßt uns höflich. Martialisch mit einer uralten Waffe versperrt er uns abweisend den weiteren Zugang über einen zugewachsenen, beinahe unsichtbaren Pfad. Gerade ist man im Streit mit der Lokalbehörde, wenn es um die Erhaltung ihres Lebensraumes geht. Die muslimischen Dorfbewohner und lokalen Behörden beanstanden ihre althergebrachte Lebensweise.

Dahab stellt mir den Headman Mangku vor

»Das ist Mangku Besemen«, stellt Dahab mir den eher zierlichen *Kubu*nomaden vor. »Er ist der Führer einer Orang Rimba-Gruppe, Häuptling und Malin. Die anderen Männer sind auf der Jagd.«

Dahab stellt mich mit meinem Namen vor, erklärt ihm, dass ich ein Häuptling bin und von weither komme, um mehr über das Leben der *Kedundung* zu erfahren. Er vermeidet die Bezeichnung *Kubu*, die oftmals zu Missverständnissen führt.

»Bezeichnet man sie unter dem Namen *Kubu*, so wird es Ärger geben«, tuschelt man uns zu.

Zu oft wurden diese freien Waldbewohner unter dem Namen *Kubu*, als schmutzig von der lokalen Bevölkerung verunglimpft und verachtet. Mangkus Clan sind zwar Waldnomaden vom Stamm der Kedundung Muda, die jedoch über eine Handvoll Hütten verfügen. Sie leben in wechselnden Lagern eine weitere Stunde von hier entfernt, jagen in kleinen Männergruppen, stellen Fallen und sammeln Waldfrüchte. Dahab hockt sich zu Mangkus Füßen, symbolisiert so, das er in friedliche Absicht mit Gästen nur bis hierher kommt. Dahab informiert, dass seine Besucher auch Medizin, Tabak und Geschenke mitgebracht haben. Er bittet, dass der fremde weiße Häuptling ein paar Bilder machen darf. Erst jetzt weicht die Anspannung aus dem Gesicht des *Kubu*führers. Im finsteren Dickicht lässt sich jeder erschöpft auf eine Baumwurzel oder eine Moosflechte nieder. Ich bleibe weiterhin stehen, suche nach freier Sicht für die Kameraarbeit, nachdem mir Dahab das erlösende ok. signalisiert hat. Sichtkontakt und verborgene Zeichen reichen für eine unauffällige Verständigung mit dem routinierten Führer Dahab. Sonnenstrahlen, die fast senkrecht ins Dickicht stoßen, helfen mit Tageslicht, wo alle möglichen winzigen Flieger, aufgestöberte Insekten, Falter und Schmetterlinge unterwegs sind. Es ist heiß und unerträglich schwül, wie an jedem Tag hier. Seit neun Uhr morgens sind wir nun im buschigen Unterholz und Gestrüpp des Regenwaldes unterwegs. Über meine Stirn und hinter den Brillengläsern entlang trieft der Schweiß und meine ärmellose Weste ist klitschnass wie auch die T-Shirts meiner Begleiter.

Welch ein Bild, welch ein bewegendes Treffen inmitten des Dschungels mit den Waldnomaden. Eine weitere schwarzhaarige Frau mit gut ernährten Kleinkindern bis sieben oder acht Jahren, verlässt zaghaft, wortlos, mit aufmerksamen Augen und gespannt auf Fremde das schützende Dickicht. Sie kommen über den verdeckten Pfad zögernd auf uns zu. Man trägt bereits als Kleinkind das Lendentuch. Zwei Frauen mit brauner Hautfarbe ohne jegliche Tätowierung, nur mit einem Rundumtuch an den Hüften bedeckt, rüsten nach, ziehen eine Art Wickelbluse über. Mit kurzen gescheitelten, schwarzen Haaren ohne Schmuck und Tätowierungen treten sie uns offen gegenüber. Eine von ihnen mit hellgrünem T-Shirt trägt ein Zweijähriges im Wickeltuch, das sich mit Naturschmuck um den Hals eng an die Schulter der Mutter schmiegt.

Inzwischen ist unsere Begleitmannschaft damit beschäftigt unsere Fracht aus den verschiedenen Gepäcktaschen zu kramen und auf dem Waldboden zu verteilen. Gespräche kommen auf und bei Zigarettendampf fällt auch die letzte Anspannung um uns herum. Grillen zirpen, Zikadengesang und Gekrächze von verborgenen Vögeln über uns werden nur noch von den schimmernden Farben der vorüber gleitenden Schmetterlinge von orangebraun bis weiß mit schwarzem Strahlenmustern übertroffen. Unbeachtet bleibt die Vielzahl schwirrender Kleinstinsekten, denen ich als Laie keinen Namen geben kann.

Bei den *Kubu*-Waldnomaden

Ich spreche mit Mangku, stelle Fragen, will mehr über das Leben der Waldnomaden erfahren. Vermittels der Übersetzungskünste von Idris und Dahab versuche ich eine persönliche Verständigung mit Mangku aufzubauen. Nicht einfach für mich, denn hier ist weder Platz noch Zeit für einen Kameraaufbau. Zugleich soll das Kameraauge vor Mangku verborgen bleiben. Also verbleibt die Kamera unbeachtet auf meiner rechten Schulter, während ich das Gespräch mit dem Oberhaupt der *Kedundung Muda* Gruppe suche.

Ich frage nach der Hauptmahlzeit: »Isst die Familie Sago?«

Er versteht das Wort Sago, noch bevor übersetzt wird. Fragt selbst nach: »Sago?« Und bestätigt dies, zeigt hinter sich in den Dschungel, wo sie Sagopalmen für ihre Mahlzeit schlagen. Aber sie bereiten Sagomahlzeiten selten. Sie essen Reis und Waldfrüchte wie Yams, die nach Süßkartoffeln schmeckenden Wurzelknollen, außerdem Schoten und Honig.

»Und was trinkt der Orang Rimba?«, frage ich nach.

»Wasser aus dem Fluss« übersetzt Idris. Nochmals reagiere ich neugierig, will wissen ob *Kubu* Trinkwasser abkochen. Die Antwort »They never boil the water.« −Sie kochen niemals das Flusswasser ab.

Ich habe Mühe das einfache Wort *Kubu* im Gespräch nicht zu verwenden. Schließlich überreiche ich Mangku ein persönliches Geschenk, eine Dynamolampe, die ohne Batterie auskommt, zeige ihm die Funktion.

Zwei kleine Feuer werden direkt vor uns routiniert entfacht. Nur winzige Rauchschwaden verteilen sich im Busch. Man hat nun alle Mitbringsel ausgepackt. Das Rascheln und Knistern von Papier vermischt sich dann und wann mit leisen Stimmen aus dem undurchsichtigen Dickicht-Hintergrund. Dahab und ein paar Helfer verteilen unsere Nahrungsgeschenke für die Familie: Salz, Reis, Medikamente, Zigaretten. Man reicht Süßes für die Kinder.

Als Stammesoberhaupt ist Mangku zugleich auch Medizinmann, Schamane, der Malin. Auch wenn er dabei die Hilfe einfacher Medizingeschenke wie Schmerztabletten und Vitaminkapseln von fremden Weißen annimmt. Plastiktüten mit Süßigkeiten werden von den mehr als zehn Kindern und Frauen dankbar und diszipliniert entgegen genommen. Zanken, streiten, durcheinander Schreien − Fehlanzeige. Mangku entfacht einen neuen Stumpen und setzt die Gespräche mit unserer Begleitmannschaft zwischen Feuerknistern, Zikadengesang und Kindertuscheln fort. Einer der aufgeweckten Jungen betreut ein Feuer und sorgt dafür, dass sich aller Unrat schon bald in Rauch auflöst. Zwei graue Jagdhunde mit schwarzer Boxerschnauze umkreisen uns.

Ich berichte Mangku von den *Penan*nomaden von der Nachbarinsel Borneo im Hochland Malaysias, zeige Fotos. Erst als wir über Jagdwaffen, sprechen findet er Interesse an der Blowpipe, dem langen Blasrohr mit giftigen Pfeilen für die Tierjagd. Er blickt aufmerksam auf das Bild mit dem Blasrohr der *Penan*nomaden. Ich frage mich nur, ob er versteht, was Gift bedeutet. Er hingegen zeigt mir Speer und Parang und reicht mir eine uralte Schusswaffe aus der Kolonialzeit.

Mangku – Stammesoberhaupt, Schamane, Medizinmann

Urplötzlich wühlt er in seinem Tragetuch. Er wickelt ein totes graues, pelziges Tier aus, so groß wie ein Marder, zeigt dessen spitze Zähne. Man nennt das Tier Baumhörnchen. Ein außergewöhnliches Wildtier, wie so vieles in den Dschungelwäldern Sumatras. Sie haben es erlegt. Schließlich muss sich die Nomadenfamilie vom Regenwald ernähren.

Mangku erinnert vehement: »Wir können nur in den Wäldern leben, wir jagen, stellen Fallen und sammeln Waldfrüchte, um uns und unsere Familien zu ernähren. Wir sind hier geboren. Diese Wälder sind unsere Heimat, unser Lebensraum, sie gehören uns.«

Nur wenige Waldnomaden schaffen es noch nach uralter Lebensweise sich als Jäger und Sammler frei durch den Regenwald zu bewegen, sich von ihm zu ernähren.

Im Schutz der *Kubu*-Waldnomaden

Hinter unserem Lager führt der Buschpfad steil bergauf. Immer öfter kann ich Stimmen ausmachen, die sich unsichtbar für uns im buschigen Hinterhalt verbergen. Für Augenblicke nehme ich mir Zeit, löse mich unbeachtet aus dem Gedränge, folge ein Stück dem geheimnisvollen Pfad hinauf und stoße auf Jugendliche. Wie Mangku tragen sie das Hüfttuch. Man blickt wortlos unter zum Pony geschnittenem schwarzem Lockenhaar interessiert auf mich. Einer von ihnen klettert mal schnell ins Kronendach, pflückt schmackhafte Schotenfrüchte. Um beide Fußgelenke hat er ein Rattanband geschlungen, das ihm beim Klettern den nötigen Halt am Baumstamm verleiht. Abwechselnd, mit gefalteten Händen und den nachstemmenden Füßen, zieht er sich schnell in die dichte Baumkrone. Ein anderer junger Mann mit schwarzem Wuselbart am Kinn schaut ihm aufmerksam nach. Mit kleinem Geäst in seinen Händen steht er schon bald neben mir, zeigt längliche, grüne Blätter, in denen sich schmackhafte Schotenfrüchte deutlich abzeichnen. Seine Hände sind grob, schwielig rau von der harten Arbeit mit dem Parang, aber auch vom Graben nach Yamswurzelknollen, die man im Waldboden angepflanzt hat.

Ins Blätterdach nach Schotenfrüchten

Zurück von meinem unbemerkten Ausflug treffe ich auf noch immer große Geschäftigkeit in unserem Lager am schattigen Dschungelhang. Während die *Kubu*familien und unsere Begleitmannschaft sich zwischen Rattanranken, Farn und Buschwerk am blätterbedeckten Boden erschöpft niederlassen, verbrennen Verpackungsreste in den knisternden Flammen der Lagerfeuer. Nur wenige Sonnenstrahlen erreichen den Waldboden, treffen auf Rauchschwaden und verwandeln diese in goldene Schleier. Ich habe mir einen Baum ausgewählt, um mich anlehnen zu können, denn eine Rast gibt es für mich nicht. Mit der Kamera in der Hand an Baumgeäst gestützt, versuche ich meine erlahmten Arme zu entlasten. Noch immer kann ich nicht genug von den einmaligen Eindrücken und Bildern dieses Treffens mit den Waldbewohnern mit meinen Sinnen erfassen, mit der Kamera einfangen. Mangku inmitten der Frauen und Kinder rollt sich indes einen klobigen Stumpen.

Erneut stelle ich Fragen an Mangku, indes ich vor ihm knie. Ich frage nach Musik und Musikinstrumenten. Dahab, der neben dem paffenden Oberhaupt hockt, übersetzt. Vielleicht war meine Frage ein Fehler, denn zu dieser Zeit wusste ich noch zu wenig über die Kultur der *Kubu*. Sie kennen keine Musikinstrumente, machen keine Musik. Jedoch löst mein Wunsch unerwartet etwas Wesentliches und Bedeutendes aus.

Plötzlich wird es still. Mangku erhebt seine Stimme mit zelebrierendem, eintönigem Sprechgesang, um die Waldgeister für das Leben seines Stammes milde zu stimmen:

»Heja deja...eto mani...«[1]

Noch bevor Mangkus Stimme durch den Dschungelwald hallt, findet das Kameraauge Zeit für ein sicher einmaliges Zeitdokument, das mir die *Kubu*gruppe der *Kedundung Muda* mit auf den Weg gibt. Kinder, Frauen und unsere Begleitmannschaft blicken gebannt auf Mangku, der sich uns nun als Stammesoberhaupt und als Malin beeindruckend vorstellt. Sein Blick ist auf seine Hände gerichtet, die noch immer mit dem Formen seines klobigen Stumpen zu tun haben. Einzig und allein die knisternden Flammen, der Zikadengesang und die Vogelrufe begleiten den monotonen Singsang. Verstummt für eine winzige Sekunde seine Stimme, so setzt er sogleich mit weihevollem eintönigem Gesang als Schamane seinen Anruf an die Geister des Waldes fort. Über mehr als drei Minuten lauscht man demütig mit angehaltenem Atem. Die Faszination pur erscheint mir, wie eine Ewigkeit. Dann, wenige Augenblicke plötzlicher Stille, die nur von ewigen Geräuschen des Dschungelwaldes übertönt wird.

---

[1] Zelebrierende Laute, die zuweilen nur von Schamanen verstanden werden.

Schließlich stehe ich Mangku, dem Oberhaupt der Gruppe gegenüber, und wir reichen uns als Willkommene die Hand. Man lädt mich ein, ihnen unter ihrem Schutz ins Lager zu folgen. Jedoch müsste die gesamte Expedition hier lagern. Eine Rückkehr wäre vor Anbruch der Dämmerung nicht möglich. Für die WARSI-Männer und begleitenden Guides ein zusätzliches Risiko in der unerträglichen Hitze, das man nicht unterstützt.

Abschied. Schon bald kehrt die Einsamkeit zurück und der Busch schließt sich hinter uns. Nur geheimnisvolle Vogelrufe, Zikadengesang und die Erinnerung an die schattige Dschungelwildnis bleiben.

Ausgangs von Bukit Suban kehren wir entlang endloser Siedlungen unter den schattigen Ölpalmwäldern der Monokulturen nach Bangko zurück. Kokos, Bananenstauden unter ihren riesigen Blättern verborgen und einsame Hütten von Farmerfamilien zwischen hohen Ölpalmen wecken neues Interesse bei mir. Große, erstaunte Augen eines Vierjährigen schauen schweigsam zu mir auf, wenn ich einen Blick in die düstere Bleibe der Familie werfe, die hier nicht mehr als drei mal drei Meter unter dem Palmendach bewohnt. Man trägt Flipflops und Trinkwasser finde ich hinter dem nahen Buschwerk verborgen in einem selbst gegrabenen Wasserloch, nur von Trampelpfaden verraten.

In den Kerinchi Nationalpark

Ins Hochland des Kerinchi Nationalparks

Von Bangko aus geht es ins nahe Hochland, folgen wir über Stunden auf abwechslungsreicher Fahrt den Kammwegen nach Nordwesten über die Gebirgsketten der Barisan Range ins Vulkangebiet des Mt. Kerinchi. Und während wir über Schotterpisten auf einsamen Passstraßen das Barisan-Gebirge passieren, erwischt uns am Eingang einer Dorfidylle zwischen bewaldeten Bergen eine Reifenpanne. Für Deje jedoch kein Problem, denn er kennt sich aus. Offenbar weiß er, dass man auch in entlegenen Ortschaften an Hauptpisten Handwerker für das Reifen flicken auftreibt. Nur zweihundert Meter entfernt findet Deje ihn. Ein nur winziges Dorf, wo die Satellitenantennen beinahe größer sind als die Wohnkaten seiner Bewohner. Ein von schwarzem Pech verschmierter junger Mann blickt uns erwartungsvoll entgegen, entdeckt die defekte Stelle. Aufbohren und ein schnell härtendes Harz eingefüllt und der Reifen tut›s wieder, nachdem dieser mit Luft gefüllt ist. Dann geht es zurück, denn Ingrid und Idris warten bereits. Noch immer ist unsere Route lang, bevor wir auf den Sumatra Highway im Flachland nach Jambi und Palembang vorstoßen.

Hier in den Bergen müssen wir uns über endlose Schraglochpisten durchs morgendliche Marktreiben drängen. Inzwischen hat die Sonne Fahrt aufgenommen und sengt heiß auf die von bunten Plastikplanen abgeschatteten Marktstände, zwischen denen der Verkehr von geräuschvollen Zweirädern tobt. Einstöckige Holzgebäude entlang einer von Hunderten lautstark umdrängten staubigen Einkaufsmeilen, wo man, von einem quarrenden Lautsprecher beschallt, nach Schnäppchen sucht. Auf dem Beton ausgebreitete Angebote mit übel riechendem Trockenfisch in faden Kartons und Frischfisch sind gefragt. Flinke Hände durchwühlen hektisch Fischberge, deren Auswahl schon bald in einer Plastiktüte verschwindet. Mütter mit ungeduldig schreienden Kindern, Frauen in bunten Sarongs und mit Kopftüchern dicht verhüllt, andere in knielangen Röcken und T-Shirts bestimmen hier das Marktgeschehen. Alte Männer im lockeren Hemd, über zerschlissene Hosen getragen, ziehen gemächlich mit Tragekorb oder Plastiktüte an wuseligen Ständen geruhsam vorüber. Man überblickt kaum das reiche ländliche Angebot von Gemüse, Zuckerrohr, Bohnen, Chili, Papaya, Maracuja, Bananen, Kartoffeln, Weißkohl, Kaffee, Süßem, Kleidung und allmöglichem buntem Hausrat von Töpfen, Schüsseln und Pfannen.

Freitagsmarkt

Idris mahnt, denn wir haben Zeit verloren und schon bald geht es an herabstürzenden Bächen vorbei, die sich im Talkessel zwischen dicht bewaldeten Berghängen zum wild dahin strömenden Flusslauf sammeln. Mit Sehnsucht blicke ich auf die unter mir bewaldeten Berghänge, denn ich vermute hier Orangs und Großwild, wie den Sumatra-Tiger und Sumatratapir, die sich in die entlegenen Bergwinkel zurückgezogen haben. Kurvenreich geht es bergab über die noch einsame Piste wie auf buschig grünen Dschungelpfaden. Mit jedem weiteren Kilometer verabschiede ich mich vorerst aus der Wildnis, denn Vogelgezwitscher, Begegnungen mit neugierigen Makaken am Straßenrand werden seltener. Ein letzter freier Blick auf eine offene Berglandschaft nach Süden, wo dichter Regenwald sich vor auftürmendem Wolkendampf zeigt.

Hier, in den Bergen, fernab der quirligen Zivilisation, gibt es nur dichten Dschungelbusch, rauschende Bäche und einsame Siedler. Zuweilen begegnen wir zwischen Dschungelwald und einsamen Pisten eine verborgene Stelzhütte. Die Stämme der Minangkabau leben hier. Spektakulär sind noch immer ihre mehrgiebligen Langhäuser mit reichem Schnitzwerk, in denen Familien in ihrem mütterlichen Verband leben. An bunten Marktständen, an einem lebhaften Wochenmarkt, machen wir eine Auszeit. Ich bin von Einheimischen dicht umlagert. Gemüse und tropische Früchte aus der Umgebung, Trockenfisch von der fernen Küste, aber auch moderne Kleidung findet man hier. Minangkabaufrauen beherrschen die Marktstände.

Wieder unterwegs auf schmaler Piste zwischen dichten Ölpalmwäldern, lasse ich das Fahrzeug halten. Erneut begegne ich den Männern die bei großer Hitze einen Truck mit Baumfrüchten der Ölpalmen beladen, welche schon bald die Ölmühlen der Region erreichen werden. Palmöl ist ein genial vielfältig verwendbares Pflanzenprodukt. Wir Menschen verbrauchen es täglich und einmalige Tropenwälder müssen deshalb immer mehr den Monokulturen der Ölpalmen weichen. Heute ist sie die weltweit ertragreichste Ölpflanze. Sie nimmt in Sumatra eine etwa siebenmal größere Fläche ein, als noch vor zwanzig Jahren. Eine »Erfolgsstory« etwa?

Es geht in den spektakulären Kerinchi Seblat Nationalpark, der sich von hier aus bis ins Barisan-Gebirges erstreckt. Vom Aussterben bedrohte Tierarten wie Orang-Utan und Makiprimaten, aber auch seltene Pflanzen findet man oft nur noch in den Regenwäldern seiner steilen Hänge. Der Verlust von Lebensraum bedroht auch immer mehr die Primaten. Der Kerinchi Nationalpark ist ein exotisches Paradies, ein botanisches Garten mit unglaublicher Pflanzenvielfalt von Orchideen, betörenden Blumen und seltsamen Gewächsen. Sogar die Rafflesia, die größte Blume der Welt findet man hier.

Entlang der einsamen Straßenpiste trocknet man Kaffee auf heißem Asphalt. Abseits großer Dörfer leben junge Familien vom Kaffeepflücken oder sie schälen junge Zimtbäume, um sich halbwegs zu ernähren. Nur einen Steinwurf entfernt treffe ich auf eine heimische Kaffeerösterei. Am Wegesrand steigen blaue Dunstschwaden

Kerinchi-Seblat-Nationalpark im Hochland

Kaffee trocknen im Kerinchi-Hochland

aus einem Bretterschuppen auf. Polternder Diesellärm einer primitiven Rösterei sorgt nahe der Landstraße für Aufmerksamkeit, macht mich neugierig. Dann schaue ich lärmendem Handwerk in düsterer Enge auf die Finger, wenn Kaffee geräuschvoll über eine Schüttelrutsche in Plastikbehälter abgefüllt wird.

Ein kahler, gerodeter Berghang und Baumstümpfe mit abgeschälten Baumrinden am Straßenrand sorgen für plötzliche Aufmerksamkeit. Idres ruft mir zu: »Ein gerodeter Wald.«

Entsetzt, übersensibel gegenüber den zu oft in den Bergregionen Sumatras sichtbaren Abholzungen, blicke ich auf, beobachte erstaunt das Treiben der Forstarbeiter, lasse Deje halten. Dann Entwarnung. Idres vermutet einen Zimtwald. Jene exotische Plantage, von der ich zwar gehört, der ich jedoch noch niemals begegnet bin.

Zimtrinden nach Abholzung des Zimtwaldes

Erst das Gespräch mit dem freundlichen Vorarbeiter klärt auf. Ich erfahre mehr über dieses Geheimnis. Ein ganzer Wald, groß wie ein Fußballfeld, eine Zimtpflanzung wird gerodet. Nur noch wenige

nackte Bäume sind am Hang verblieben, indes die duftenden Zimtrinden zum Trocknen ausgebreitet werden. Dann stehe ich davor:
kostbare Baumrinde, duftender Zimt, der fein gemahlen von hier
aus in alle Welt geht.

Zwischen Teeplantagen und Feuerschloten

Um uns herum das Kerinchi Hochland mit Bergkämmen und Vul-
kanspitzen. Zwischen ausgedehnten Teeplantagen der Kayu Aro
Hochebene treffen wir auf den majestätisch aufragenden Kerinchi:
Indonesiens höchster noch aktiver Vulkan mit 3.805 Metern. Zuletzt schleuderte der 1999 Ascheregen auf umliegendes Farmland
und Dörfer.

Kersik Tuo, eine winzigen Ortschaft in etwa 1300 Meter Höhe.
Die Bewohner leben von den Ernten der Teehänge und den sich
immer mehr ausdehnenden fruchtbaren Feldern. Man entdeckt
Feldarbeiter in den weiten Teeplantagen, die sich mit bunten, breit-
randigen Reisstrohhüten vor der prallen Sonne schützen. Einheimische Touristen suchen hier in der Kühle der Berge vor den unter
uns sich ausbreitenden Tropen eine Auszeit. Man weiß auch die
Fruchtbarkeit der Vulkanböden in der Region zu schätzen. Selbst
unsere Begleiter aus dem Flachland laden sich Kartoffeln für den
Eigenverbrauch ins Fahrzeug. Hier sind diese Feldfrüchte nicht nur
preiswerter, sondern auch extrem groß gewachsen.

Hier reckt sich der höchste Vulkan Südostasien in den blauen
Himmel. Seine Gipfelregion ist üblicherweise hinter Wolkenbergen verborgen. Ich habe Glück, sichte für Augenblicke sein kahles
Plateau im Kamerablick. Am Fuß seiner bewaldeten Steilhänge
ignoriere ich die Gefahr, während über mir klammheimlich der
Vulkanschlot brodelt. Wir haben uns hier in einem Gästehaus eingenistet. Und schon Morgen soll es in die noch verbliebenen Pri-
märregenwälder der steilen Vulkanhänge gehen, eine spektakuläre
Landschaft. Pak Subandi, ein erfahrener älterer Bergführer erklärt
mir die Aufstiegsetappen, denn man benötigt zwei Tage zum Kra-
terrand. Dieser mit Lava gefüllte Krater überspannt mit vierhun-
dert Metern seinen feurigen Schlund.

Vulkan und Regenwaldfauna im Kerinchi-Nationalpark

An den Regenwaldhängen des Mt. Kerinchi

Morgens, noch vor Sonnenaufgang, geht es an der Seite unseres einheimischen Führers Subandi ins feuchte Dschungeldickicht. Zunächst über eine sandige Rüttelpiste an knallrot leuchtenden Blüten, der Cannablume vorbei, die man auch in Deutschland so schätzt, nähern wir uns im Van dem Dschungelbusch zwischen Teeplantagen und weiten Feldern, ehe wir endgültig zu Fuß unser Abenteuer im Tieflandregenwald fortsetzen. Unsere hoch geschlossene Kleidung soll die pisackenden Insekten auf Abstand halten.

Dichter Nebel verhüllt morgens die bewaldeten Steilhänge des Vulkanberges. Für Subandi eher ein Zeichen, dass sich der Nebel wie Tage zuvor mit der aufsteigenden Sonne verzieht. Zu Fuß erreichen wir schon bald auf schmalen glitschigen Pfaden den Dschungelsaum. Doch ich suche nicht den Kratergipfel. Ich will mich umschauen, wenn es in der schattigen Finsternis durch eine von Nebelschwaden verwunschene Regenwaldfauna geht. Noch immer streifen Sumatra-Tiger, Panther, Nashorn, Tapire und Primaten diese Bergregionen. Jedoch ist nicht zu erwarten, dass man hier dem seltenen Sumatra-Tiger oder dem weitgehend ausgerotteten Sumatra-Nashorn Indonesiens begegnet.

Das Dschungelgebiet an den Vulkanhängen ist erreicht. Dieses Mal muss ich einen Teil meiner Ausrüstungen zurücklassen, denn alles ist mühsam bergan zu schleppen. Rechts und links undurchdringlicher Regenwald, moosbedeckte Urwaldriesen, Lianen, Farn, bunte Blüten und wirres Rankengestrüpp wie ein Garten Eden. Die Urwaldriesen sind hoch wie Wolkenkratzer. Man lauscht auf knackendes Geäst, markante Tierlaute und verborgenes Vogelgekreisch. Ein Argusfasan flattert behäbig durch die dichten Laubkronen. Er ist fort, bevor ich nur meine Kamera auf ihn richten kann. Unter unseren Füßen tropfnasses Pflanzengeflecht, sonderbare Pilzformen, Flechten und duftend fauliges Gehölz. Und jeder Schritt vorbei an im schattigen Buschwerk sich duckenden Blüten und an den moosbärtigen Baumrinden hoch aufragender Bäume weckt in meinen Sinnen eine neue Erfahrung, deren Tropengrün mir nur unschwer entfliehen kann. Ein finsterer Hexenwald, gespenstisch, unnahbar und zugleich von seltsamen Geräuschen in tropischer Wildnis gefangen.

Im Dickicht muss ich dran bleiben, denn auch nur der kleinste Kamerastopp bringt unsere kleine Expedition ins Stocken. Subandi und Idris verharren des Öfteren regungslos, beobachten endlos das Blätterdach. Schon bald stoßen wir auf Siamangaffen, eine Art Gibbon und auf hungrige Langurenaffen, die scheu durch die Baumkronen ziehen. Zu hoch hängt mir ihre begehrte Früchtenahrung in den Baumkronen, denn immer wieder hindert mich dichtes Blattwerk diese scheuen Kletterer mit der Kamera auszumachen. Hier exotische Pflanzen, dort oben im Blätterdach einer, der sich vor uns verborgen hält. Ein Thomas-Leaf-Affe mit schwarzem Gesicht, possierlichem Haubenhaarschnitt und weißem Bauchfell ist erneut auszumachen. Von sanfter Geräuschkulisse der im Dickicht Verborgenen begleitet, setzen wir unseren Weg fort.

Languren-Affen im Blätterdach

In den gespenstig abgelegenen Hängen des Kerinchihochlands erinnere ich mich an unser Gespräch, das wir mit unserem Begleiter bei den *Kubu* vor Tagen führten. Wage Rufe von Gibbonaffen erinnerten an den geheimnisvollen Orang Pendek, den kleinen Menschen. Ich hatte bisher nie davon gehört – dem Affen mit Menschengesicht. Man berichtet von abenteuerlichsten Geschichten eines Hominiden, halb Mensch, halb Affe, der im nahen Kerinchigebiet einst gesichtet worden sei. Andere vermuten verbissen ein Cryptozoological Tier in den abgelegenen, bergigen Wäldern Sumatras, von Einheimischen als Orang Pendek bezeichnet, was übersetzt so viel bedeutet wie Kleiner Mann. Es handele sich um Primaten, die sich vor allem durch geringere Größe und aufrechten Gang auszeichnen sollen. Selbst jüngste Funde von vagen Fußspuren und Haarbüschen in den Primärwäldern des Kerinchi Seblat Nationalparks lassen die Vermutungen nicht verstummen. Beweise gibt es nicht. Kein Wunder, das man gerade in Bukit Duabelas jene kleinwüchsigen Unbekannten vergleicht. Auch unter Hantu Pendak (kurzer Geist) bekannt, beschreibt die Vorstellung der Orang Rimba am ehesten jenen sagenumwobenen Pendek. Allerdings ist dieser in ihrer Glaubenswelt ein Dämon, ein Geist, kein Tier.

Holländische Kolonisten berichteten im frühen 20. Jahrhundert detailliert über Begegnungen mit dem Orang Pendek in den Wäldern Sumatras. Für die damalige Presse war es eine Megastory, die Zeitungen füllte; für Wissenschafter war Skepsis geboten, wenn man von einem Herrn van Heerwarden über seine Begegnung beim Land vermessen im Jahr 1923 in Sumatra erfuhr:

»Ich entdeckte eine dunkle und haarige Kreatur auf einem Ast ... Das war auch desapa behaarte auf der Vorderseite des Körpers, die Farbe war etwas leichter als auf der Rückseite. Die sehr dunklen Haare auf seinen Kopf fiel bis knapp unter den Schulterblättern oder sogar fast bis zur Taille ... Wäre es gestanden, dessen Arme, um ein wenig über die Knie erreicht haben, sie waren daher lange, aber seine Beine schienen mir eher kurz. Ich habe nicht die Füße, aber ich habe ein paar Zehen, die in einem ganz normalen Weise geformt wurden sehen ... Es gab nichts, abstoßend oder häßlich zu sein Gesicht, noch war es überhaupt apelike.«[2]

Noch heute, nach beinahe 100 Jahren, halten sich die Gerüchte vom Orang Pendek hartnäckig. Und selbst Reiseveranstalter aus der Region werben noch immer mit einer ganz speziellen Primatenart, die aufrecht laufe, sich schnell von Baum zu Baum bewege und hier anzutreffen sein soll. Eine Vielzahl von Primaten mit großer Vielfalt lassen sich ausmachen, deren Körpergröße weniger als 1,5

Der Orang Pendek – Nur Phantasie früher Abenteurer?

Meter beträgt und deren haarloser Gesichtsausdruck von hell oder hellorange bis dunkel dem Menschen oft zum Verwechseln ähnlich erscheint. Der Orang Pendek – doch nur ein Phantom, eine Illusion! Nachhaltige Beweise gibt es keine. Zu oft in der Vergangenheit führten tatsächlich existierende Tierbeobachtungen und vermeintliche Sichtungen zu Fehldeutungen.

---

[2] Lit. Michael, C., Thomson, R.: Forbidden Archaeologie – The Hidden History of the Human Race, 1996 (übernommene Originalübersetzung).

ZURÜCK IN DER ZIVILISATION

Zurück in einer geplagten Küstenstadt

Padang Schiffs-Reede Mitte 19. Jahrhundert

Padang ist eine uralte Hafenstadt an der Westküste Sumatras, wo bereits die Niederländer im 16. Jahrhundert erste Handelsposten für Pfeffer gründeten, der hier angebaut wurde. Während in den Koalitionskriegen die strategisch bedeutende Stadt am Indischen Ozean zum Zankapfel durch Goldfunde 1780 aus der lokalen Bergregion aufstieg, wechselte sie in britische, dann wieder in niederländische Hände. Um 1940 entdeckte man Erdöl in Zentralsumatra. Boomendes Öl im Süden und vor der Ostküste, Kohleminen und die Öffnung des Holzmarktes fielen in den frühen Neunzigern mit massiven Rodungen der nahen Regenwälder zusammen.

Die quirlige Hafencity im Grünen mit ihren 900 000 mehrheitlich muslimischen Bewohnern ist ein wuchernder Stadtmoloch mit blitzenden Gebäudefassaden, Hotels und Einkaufzentren, wo Hochhäuser keine Zukunft haben und bescheidene Siedlungen und Slums den Stadtrand säumen. Man spricht Bahasa, aber auch große

Teile der Bevölkerung gehören dem Minangvolk an. Sie sind Muslime, sprechen Minangkabau.

Eine Küstenstadt mit Hafenterminals vor der offenen See des Indischen Ozeans. Und noch immer finden von hier aus wichtige Handelswaren wie Zement, Zimt, Steinkohle, Muskatnüsse, Palmöl, Rattan, Gummi, Kopra, Tee und Textilien ihre Abnehmer.

Padang – An der Flussmündung des Batang Aran

Eine schmale Flussmündung, der Batang Arau, beherbergt dicht gedrängt unzählige Fischerboote und Schiffswerften an den Ufern. Ruhige traumhafte Strände sind nur wenige Minuten vom Stadtzentrum entfernt. Ölpalmwälder und Dschungelgrün, das bis an die Stadtgrenzen reicht, wird nur vom nahen Gebirgsmassiv des Barisan überragt. Von hier aus zieht sich eine schmale Küstenebene nach Norden, wo bereits zu Kolonialzeiten Schienenwege die Bergkette erreichten.

Noch bevor wir von Europa aus Padang erreichten, bebte wieder einmal die Erde Sumatras. Und Erinnerungen an eine erdbebengefährdete Region am Sundagraben, wo Erdplattenverschiebungen das Sagen haben, wurden wach. Bereits 1797 und 1833 wurde die Stadt an der Küste nach schweren Erdbeben und nachfolgenden über zehn Meter hohen Tsunamifluten samt Küstenschiffen ins Meer gerissen. Das jüngste Sumatrabeben am 30. September 2009 mit einer Stärke von 7,6 erschütterte die Stadt erneut schwer. Padang und umliegende Ortschaften beklagten mehr als eintausend Tote und sanken in Schutt und Asche. Ohne Wasser und ohne Strom harrten Überlebende obdachlos aus. Doch bereits Tage danach verkündete der Leiter der Räumungsarbeiten, Ade Edward zuversichtlich: »Wir hoffen, die Trümmer binnen zwei Wochen zu beseitigen, damit wir mit dem Wiederaufbau beginnen können.«

Was wusste ich schon über die Vergangenheit der geplagten Stadt und seinen Bewohnern. Ich, der üblicherweise Reisen und Expeditionen so akribisch vorbereitet. Zwar wusste ich von Googlekarten, wo mich beste Szenenplätze für die Kameraarbeit vor der Küste erwarten, jedoch blieb ich ahnungslos in Bezug auf die tägliche Gefahr für die Küstenbewohner und die Besucher.

Früh geht es im PKW auf sonnenüberfluteter, breiter Küstenstraße, der Jalan Samudera, nach Süden, passieren wir die Strände des Padang Beach. Wir überqueren eine erste Flusseinmündung, wo Fischerboote eine sichere Küsteneinfahrt finden. Sogar das uralte Fährschiff Sumber Rezeky lässt sich von hier ausmachen. Dann ein Ankerplatz, wo ein beladenes Fährschiff nur bei Flut einlaufen kann. Elvis, mein einheimischer Begleiter, führt mich über eine weitere schmale Stahlbrücke, die den Fluss Arau überquert zum Fuß des Padangberges, einem ins Meer vorgeschobenen bewaldeten Inselfelsen. Elvis bleibt zurück, indes ich den Strandkies überquere und meinen Weg an die Küste suche. Vor den an den Bergfuß gehefteten Hütten und einfachen Touristenbleiben treffe ich nur auf wenige Bewohner. An den steilen Hängen begleitet mich ein Stück schattiger Asphaltpfad, begegne ich uralten Befestigungen, deren Kanonen sich noch immer auf die Bucht richten. Und bevor ich mich der außergewöhnlichen Küstenaussicht widme, kreuzt überraschend ein schuppiger graugrüner Waran, groß wie ein Krokodil, meinen einsamen Weg. Dann ist der Blick frei auf die sonnige Küstenbucht, wo voraus kleine weiße korallenumsäumte grüne Inseln einsam im azurblauen Meer nur wenige Schiffsstunden entfernt grell leuchten. Schmale Fischerkanus mit weiten Bambusauslegern ziehen unter mir vorüber, lenken meine Aufmerksamkeit auf eine traumhafte tropisch grüne Küstenlandschaft vor der wolkenverhangenen Bergkette des Barisan-Gebirges. Gedankenverloren blicke ich hinüber: Welche widersprüchliche Nähe von verträumter Inselidylle an den weiten Küstenstränden und den Gefahren, die täglich am Meeresgrund lauern. Und hinter dem grünen Bergkegel erstreckt sich Padangs Seehafen Teluk. Morgen schon wird es von hieraus mit dem Ambu Ambu-Fährschiff auf die *Mentawai*insel Siberut über einhundert Meilen vor Sumatras Küste inmitten des Indischen Ozeans gehen.

Begegnungen an Padangs Küste

Zurückgekehrt durchqueren wir ein winziges Stück Altstadt nahe Jl. Hiligoo und passieren Chinatown mit Straßen traditionell chinesischstämmiger Händler. Unter dem schattigen Blätterdach an einer verkehrsreichen Straße führt mich mein Weg an niedrigen Gehöften, Schnellrestaurants, modernen Autosalons, kleinen Läden, Shops und Essbuden vorbei, aus denen gegarte Speisen mit Reis, Chili und Bohnen an eilige Kunden gereicht werden.

Einmal jedoch stoße ich auf Stadtbesucher, die es mit der Eile nicht so ernst nehmen. Quirliges Damenvolk in modischen Jeans und Überkleid in Weiß und Ocker lockt im Takt rhythmischer Beatklänge und mit freundlichen Gesten vorübergehende Laufkundschaft auf eine Betonfläche vor ihrem lärmigen Bareingang. Auf einfachen Plastikstühlen haben sich Frauen mit geknoteten schulterlangen Kopftüchern, schwarz oder weiß, und einige Männer im Oberhemd niedergelassen, die mit Basecup oder weißer Kopfbedeckung, der Takije, nach Animatoren und Tanzenden Ausschau halten. Man trägt moderne Sportschuhe, als sei hier ein Sportwettbewerb ausgeschrieben. Beatklänge dringen lautstark aus dröhnenden Tonboxen einer Getränkebar auf die Straße hinaus, wo der Verkehrslärm tobt.

Eine geöffnete Tanzbar in der Vormittagszeit erblicke ich verblüfft und lasse mal vorsorglich die Filmkamera laufen. Man entdeckt die Kamera, lädt mich ein. Ein fröhliches Bewegungsspektakel mit Hüftschwüngen und Armbewegungen und klatschenden Händen tanzender Besucher im Takt. Wie eine gesundheitsfördernde Gymnastik für Jung und Alt. Junge und weniger junge Frauen und Mädchen reihen sich in kleinen Gruppen mit bewegungsreichen Tanzübungen begeistert ein. Vermutlich sind dies einheimische Reisegruppen, die aus ländlicher Umgebung die Stadt zum Wochenende ausgelassen besuchen.

Abends erwische ich gerade noch den glutroten Sonnenuntergang vor der weiten Küste. Vom Hotelfenster im oberen Stockwerk habe ich einen weiten Blick aufs Meer, wenn bei Dunkelheit schimmernde Lichter von Verkaufsständen, Kerzen und blinkenden Werbeleuchten nahe dem Küstensaum aufflammen. Über glatten Asphalt heranbrausende Karossen und knatternde Zweiräder mit blinkenden Scheinwerfern entladen im Minutentakt junge Gäste oder parken am finsteren Küstenstrand. Während irgendwo der Muezzin zum Gebet ruft, umlagern Ausflügler bei Dunkelheit hell aufflammende Grillstände und offene Feuerstellen flackern am Küstenstrand.

Morgens lade ich mich klammheimlich in eine Slumsiedlung unter mir ein, direkt vor einem Fünfsternehotel. Erst spät begreife ich, dass weite Landstriche hier an der Küste noch von den verheerenden Geschehnissen des letzten Erdbebens vor gerade einmal drei Jahren betroffen sind. Kaputte Straßen, vom Trümmerschutt geräumte, leere Grundstücke, wie Zahnlücken und fehlendes Grün bemerke ich spät. Ich vermisse schattige Palmenhaine bis an die weiten Strände, die von wild durcheinander liegenden Auslegerbooten und Bretterbuden der Fischer verstellt sind. Schwimmer und andere badefreudige Gäste bleiben Fehlanzeige.

Flache Hütten, mit rostigem Wellblech gedeckt und mit wenig Grün, ducken sich im Schatten von protzigem Hotelbeton, nur durch einen verrotteten Abwasserkanal getrennt. Einige Bewohner sind bereits unterwegs. Ein stürmischer Regenguss überrascht mit rasch von der Küste heranziehenden Wolkenbergen, fegt die wenigen Frühaufsteher unter ihr Wellblech. Ich kann in eine der karg eingerichteten Unterkünfte schauen. Man sitzt an niedrigen Tischen und lauert geduldig auf das Ende der Regenflut, die aus den Wolken stürzt, Straßen in Sturzbäche verwandelt und im Nu ist eine Flutwelle im Abwasserkanal auslöst. Ein hilfreicher Begleitumstand für die Bewohner, denn zugleich schwemmt Abfall, Plastiktüten und sonstiger Unrat über diesen Weg dem Meer entgegen. Nur ein dürrer schwarzer Hund, einem Terrier ähnlich sucht zwischen den umzäunten Hüttenburgen nach Fressbarem. Eine Regenpause nutzt eine erste Bewohnerin im Hüfttuch und ärmelloser Bluse, um mit buntem Regenschirm barfuß durchs kümmerliche Grün zu flanieren. Eine mit Kopftuch vermummte Frau kommt bepackt vom Einkauf. Man nutzt die noch harmlosen Regenschnüre, um schnell die rettende Unterkunft zu erreichen und dem nächsten Regenguss zu entgehen. Und dabei fällt mir ein, dass auch wir heute mit Awang verabredet sind, um Einkäufe für unsere Ernährung auf der Insel Siberut zu besorgen.

Nach wenigen Minuten versinkt die Hüttenlandschaft erneut hinter trübdunklen Regenschleiern vor dem sonst so sonnenverwöhnten Strand. Verwaist liegt jetzt die zweispurige Küstenstraße entlang der weiß schäumenden Meeresbrandung. Mit den dichten Regenschauern ziehen auch heftige Winde heran, zerren am kargen Buschwerk und den wenigen Palmenkronen, die sich wie ehrfürchtig verneigen. An unzähligen Essbuden und Getränkeshops, wo am Vorabend der Asphalt tobte, bleibt es heute einsam. Kein Auto, keine hungrige Motorradmeute. Und auch quirlig lärmende Familienclans sind nicht in Sicht.

Schließlich ziehen Ingrid und ich durch die Hotelanlagen mit ihren zwei stilvoll verbundenen Parallelgebäuden, wo man auf das Innenhofdach verzichtete. Man hat mit üppig großflächigen Dielen aus witterungsbeständigem Teak geklotzt und mit Topfpalmen für Tropennähe in Grün gesorgt. Welch ein Desaster, wenn man hier massenhaft Teak-Holz verbaut, welches zu oft klammheimlich aus den Regenwäldern verschwindet und nur noch triste Monokulturen hinterlässt.

RÜCKKEHR IN DEN REGENWALD

Landung an der Mangrovenküste Siberuts

V on Sumatras Hafenstadt Padang geht es im Fährschiff über die Küstengewässer zum 150 Kilometer entfernten Siberut, einer verträumten *Mentawai*insel im Indischen Ozean. Dort werden meine Frau Ingrid und ich die exotische Pflanzen- und Tierwelt erkunden und Buschbewohnern in den immergrünen Dschungelwäldern begegnen. Ich will eines der letzten noch ursprünglichen Völker der Erde aufsuchen, die *Mentawai*, eine indigene Volksgruppe. Auf Siberut Island, dem Juwel Indonesiens, Heimat einer artenreichen Naturvielfalt, wo Biotope aus der Vergangenheit überdauert haben.

Siberuts Inselidylle

Während der Abenddämmerung gehen wir vor Padangs bewaldeter Küstenbucht an Bord des Fährschiffes Ambu, eines Blechpotts, der Reisende und Einheimische nach Siberut bringt. Erst spät, kurz vor dem Signal zum Ablegen, füllt sich das Schiff und nimmt auch ein paar Klein-Lkw an Bord. Awang ist an unseren sandigen Küstentreffpunkt mit wenig guten Nachrichten zurück gekommen. Keine Schlafkabinen, nur Klappsitze im vorderen klimatisierten Oberdeck. Wir werden zehn Stunden unterwegs sein und mit der Flut morgens die Insel erreichen. Nun heißt es, nachts auf Plastik ausharren bis einfache Flechtmatten uns ein Lager auf den Eisenplanken des Schiffsbodens zwischen den Gepäckstücken ermöglichen. Schlafen, ausruhen – hier nach Expeditionswochen durch Sumatra?

Die *Mentawai*inseln, welch eine traumhafte Inselgruppe! Siberut, Sipora, Nord- und Südpagai sind nur vier der mehr als 18.000 Inseln des malaiischen Archipels. Die 4.000 Quadratkilometer große Insel Siberut ist recht dünn besiedelt mit etwa drei Bewohnern pro Quadratkilometer. Heutzutage leben schätzungsweise 20.000 *Mentawai* auf der Insel und 5.000 Angehörige anderer ethnischer Herkunft.

Die Furcht vor Erdbeben, Tsunamis oder Vulkanausbrüchen gehören bei den Bewohnern Sumatras zum Alltag. Doch man verdrängt die Gedanken daran. Hier auf Siberut bleiben solche Phänomene den *Mentawai* verborgen. Einsam ist es am bewaldeten Küstensaum Siberuts vor dem mächtigen Ozean. Schwemmsand und Korallenbänke umschließen die Küsten. Es gibt weder Straßen noch Wege. Einzige Verbindungen ins Innere der immer feuchten Regenwälder der Insel sind die Flüsse. Nur eine Handvoll Ortschaften an den Ufern der Ostküste werden wegen ihrer extrem hohen Küstenwellen von Surfern aus aller Welt begehrt.

An der Flussmündung von Muara Siberut haben sich immer häufiger *Mentawai*familien aus dem Dschungelbusch in traditionelle Holzhütten angesiedelt, wie fremde Geschäftemacher und indonesische Zuwanderer auch. Nicht weit von hier ein kleiner, vom offenen Ozean geschützter Anlegeplatz, wo das Fährboot von der Inselküste Sumatras zweimal wöchentlich anlegt. Schon seit mehr als fünfzig Jahren lauern *Mentawai* wöchentlich auf fremde Geschäftemacher, die den begehrten Tabak bringen. Auch bunte Glasperlen für Kleidungsschmuck, Parangschneiden aus Eisen, Töpfe, Spiegel, Salz und Benzin finden auf dem nahen Markt Abnehmer. Und immer öfter steht ihre traditionell gewohnte Kultur im Fokus von einheimischen Festlandbewohnern, die mit fremden Besuchern über die schmalen Küstenflüsse ins Buschland eindringen oder die einsamen Küstenstrände im südlichen Siberut nach extremen Surfgelegenheiten absuchen. Grund genug für die Urbevölkerung, sich immer mehr ins entlegene Hinterland zurück zu ziehen.

Noch Mitte des letzten Jahrhunderts fanden Fremde die traditionelle Lebensweise der *Mentawai* im Einklang mit der Natur bewahrt. Ihr Glaube an Geister, ihre Rituale, ihre Lebensweise außerhalb von Siedlungen in der Wildnis, ihre freie Kleidung, Tätowierungen, Langhaar und das Lendentuch, der Stolz des *Mentawai*mannes, der Stolz der Kerei, das Schamanenritual standen immer öfter im Widerspruch zur traditionell islamischen Kultur Indonesiens. Lediglich gekleidet mit Rindenbastschürze und Hüfttuch, tätowiert von Kopf bis Fuß und bewaffnet mit Pfeil und Bogen, erinnert die Lebensweise der Buschfamilien noch heute an eine längst vergangene Zeitepoche. Ungebrochen ist noch heute der Einfluss der Medizinmänner, der Schamanen, des geistigen Oberhauptes eines jeden Stammes. Die *Mentawai* glauben, dass alles eine Seele hat. Entnimmt man etwas aus dem Dschungel (Baumfrüchte, Wurzeln, Pflanzen u.a.) oder tötet man ein Tier, sind vorher die Geister der Ahnen vom Schamanen um Erlaubnis zu fragen. Krankheit bedeutet, dass ein böser Geist Besitz ergriffen hat. Nur der Medizinmann, der Schamane, hat die Fähigkeit, mit Geistern in Verbindung zu treten, um Kranke zu heilen. Inbrünstig bittet man um ihre Gunst, wenn es zur Jagd geht oder eine neue Giftmischung für die tödliche Pfeilspitze zubereitet wird.

Hier, an der Flussmündung hört man auch den Ruf des Muezzins. Der jedoch ruft vornehmlich die von Westsumatra Zugereisten, die Minangkabaus.

Ingrid und ich haben uns mit Awang für einige Tage am Ufer der Siberutmündung in eine bescheidene Bretterhütte einquartiert. Man schläft auf Matten, genießt den Ausblick auf die Küstenbucht, wenn Ebbe die versandete Flussmündung freigibt, blickt auf die mit Einbaumkanus ankommenden Buschfamilien. Direkt neben unserer Hütte, eine einfache benzintriefende Tankstelle, wo noch Sprit aus Kübeln, Fässern mit Ansaugschläuchen und Plastikbehältern verteilt wird.

Awang ist unser einheimischer Guide, versteht es auch, uns Mahlzeiten zuzubereiten. Der erfahrene Endvierziger wird uns schon bald über den Fluss ins Dschungeldickicht zu den entlegenen *Mentawai*stämmen begleiten. Er spricht ihre Sprache, die kein Alphabet kennt, hat viele Monate bei den Waldbewohnern gelebt, mit ihnen gejagt. Und obwohl er aus den Bergen von Bukittinggi im Norden Sumatras stammt, genießt er mein volles Vertrauen.

Erstmals erfahre ich mehr von meinem indonesischen Freund Awang, der mir von seinen tropischen Freunden auf der Insel Siberut berichtete. Awang, ein schlanker drahtiger Typ, ein erfahrener Dschungelführer, stammt aus dem nördlichen Minangkabauhochland der Insel Sumatra. Schon früh musste er als Siebenjähriger seine Familie am Vulkanfuß des Mount Singgalang verlassen, sollte frühzeitig Geld verdienen, um seine Familie mit zu ernähren. Nachdem er bei den Männern des Korans aufgewachsen war, verschlug es ihn zur Missionierung nach Siberut, wo man Mitte der Siebzigerjahre in drei Schulen *Mentawai*kinder unterrichtete. Hier bekam er Kontakt zum *Mentawai*volk, fand er Aufnahme in einen Clan der Buschmänner am Flusslauf des Siberuts.

Zwischen Kindern, Jugendlichen und den Männern des *Mentawai*volkes lernte er schon bald, sich der animistischen Stammeskultur des Clans, ihrer Lebensweise im Einklang mit der Natur, unterzuordnen. Er lernte ihre Sprache, während man den Kindern der Buschfamilien in Missionsschulen Indonesisch beibrachte. Awang wusste somit, was wir bei unserer Einreise für seine *Mentawai*freunde an Lebensnotwendigem mitbringen sollten.

An Siberuts Flussmündung

Morgendlicher Dunst, die Insel erwacht. Heute ist ein besonderer Tag. In der entrückten Einsamkeit Muara Siberuts, des winzigen Inseldorfes der Fischer und Händler, kommt Geschäftigkeit auf. Es ist Markttag und zugleich die wöchentliche Ankunft des Fährschiffes vom Sumatra-Festland.

Schon früh ziehen knatternde Motorräder mit überladenen Beiwagen über die enge holprige Straßenpiste, die bereits nach wenigen Kilometern abrupt im Dschungel endet. An der Flussmündung drängt man sich. Im Minutentakt tauchen motorisierte Langboote und Kanus der Händler auf. Vollgepackte Kanus einheimischer *Mentawai* aus dem fernen Dschungelbusch machen am Ufer fest.

Man ist bereits Stunden unterwegs, will Dschungelprodukte tauschen, will einkaufen, was man in der Einsamkeit benötigt. Salz,

Reis, Tabak, Süßigkeiten für die Kinder oder auch Sprit für den unentbehrlich gewordenen Bootsmotor. Der wurde bei den Urbewohnern in den letzten Jahren immer öfter zum hilfreichen Begleiter. Verkürzt dieser doch ihre beschwerliche Anreise über den oft reißenden Fluss erheblich. Wo man einst mit dem Paddelkanu am Flussufer ein bis zwei Mal übernachten musste, verkürzt sich ihre Anfahrt nun auf drei bis fünf Stunden.

Immer dichter wird der Strom der ankommenden Kanus auf dem braunen Gewässer, die man hier *Pong-Pong* nennt. Immer öfter legen Urbewohner der entlegenen modrigen Mangroven- und Dschungelwälder Siberuts hier an.

Händler, Siedler und eingeborene *Mentawai* drängen sich an Stegen, sind mit dem Entladen ihrer Kanus beschäftigt. Man füllt Sprit in Plastikbehälter und verstaut diese im Kanu, bevor man sich auf den Weg zum Markt macht. Hier gibt es sie noch, die richtigen Einbaumkanus aus leichtem Katykaholz, die man nur mit größtem Geschick besteigen kann, will man ein morgendliches Bad vermeiden.

Ein noch echtes Einbaumkanu, Pong-Pong

Ich spreche mit *Mentawai*. »Anai Lolita!«, begrüße ich sie. Mein karger Wortschatz fällt kläglich aus. Hier trifft Awang auf Papa Kerè und seine Frau. Awang kennt diese beiden alten *Mentawai*, um die sechzig. Papa Kerè, ein schlanker tätowierter *Mann*, barfüßig, mit knochigem, braunem Gesicht und mit grauem geknotetem Haarschopf, zeigt sich gesprächig. Ohrring und eine Uhr, die er zwar nur als willkommenes Besitztum versteht, findet man auch bei anderen Buschmännern wieder. Seine Zahnstummelreste sind ein einziges Ruinengebirge, wie es so häufig bei den Buschbewohnern anzutreffen ist. Seine Frau sitzt neben ihm, eine zierliche Lady, vielleicht einsfünfzig groß, mit schwarzer Bluse, orangefarbenem Kettchen um den Hals und in knielanger Männerhose im Tarnfarbenlook. Aufgeweckt, mit strähnigem Haar und leeren Zahnreihen pafft man schnell eine von Awangs Zigaretten, bereitet sich auf den Markt vor.

Man ist nach wie vor der animistischen Tradition verbunden, glaubt an Geister und Überirdisches, an die Kraft des Wassers, an Fetische, Bäume, an die Natur und die Geräusche des Waldes, achtet auf geheimnisvolle Zeichen, wie Wetter und Regen.

Awang genießt die eher zufällige Begegnung mit den beiden *Mentawai*. Er erkennt schnell die Gunst der Stunde mich frühzeitig mit Buschbewohnern vertraut zu machen. Hier, auf schattigen Brettern vor einer Holzhütte hat man Zeit. Man raucht, tauscht begehrlich Neuigkeiten aus. Awang hat ein paar Ruphia übrig. Steckt diese dem reich tätowierten Papa Kerè zu. Seine Frau beobachtet dies. Man langt gleich ungeniert herüber, denn inzwischen sind auch bunte Geldscheine den *Mentawai* vertraut. Awang grinst verlegen, doch kann er der Alten diese zudringliche Geste nicht abschlagen. Man bedankt sich nicht. Schließlich ist man ebenso Gast, wenn man in der Hütte einer *Mentawai*familie Unterschlupf findet.

Und ausgerechnet über einer Pfütze muss ich mich postieren, um Papa Kerè unbeobachtet ins Kamerabild zu bringen. Dieser hat sich bereits in einer vertrauten Umgebung niedergelassen und pafft genussvoll an einem ungewöhnlich bauchigen Stumpen. Mit einfachen Gesten kennen wir bereits unsere Namen, bevor sich Awang mit Übersetzungen ins Gespräch einmischt. Bei Zigarettendampf und ein bisschen Geld kommt gute Laune auf.

Awang trifft den *Mentawai*-Buschmann Papa Kerè

Inzwischen überschütte ich Papa Kerè mit Fragen. Einmal blickt der zierliche Buschmann erstaunt auf meinen Mund, obwohl er viel kleiner ist, als ich mit einsachtzig. Awang übersetzt seinen erstaunten Ausruf. Ich hätte so viele weiße Zähne. »Sind die alle echt?«, fragt er zweifelnd. Schließlich verraten auch meine grauweißen Haare mehr über mein Alter. Ich bestätige ihm das zu seinem Erstaunen. Verlegen blickt er zur Seite, lächelt mich dann mit offenem Gesicht ungläubig an. Ein bisschen gemogelt habe ich schon, denn wie sollte ich ihm mein winziges unsichtbares Zahnimplantat erklären. Seine weiten ausgebrochenen Zahnreihen mit schwarzen, fauligen Stellen – vielleicht vom Betelkauen – sind eine Katastrophe. Betel und Tabak haben hier voll zugeschlagen, obwohl mir Awang versichert, dass die *Mentawai* zwar Betelnuss trocknen, jedoch nicht selbst kauen. Und während wir uns über die Affenjagd unterhalten und ich ihm nach der Verwendung des Felles befrage, kommt Heiterkeit auf. Seine tätowierte Hand greift nach meinem pelzigen Unterarm, zerrt ruppig an den kurzen Haaren, als wolle er prüfen, ob die echt sind. Dann übersetzt Awang seine Worte: »Wie ein Monkey. Wie eine Makakenaffe.« Ich lächle mild, als er mich hier mit einem Makakenaffen vergleicht. Schließlich nahm bisher niemand daran Anstoß.

Und weil wir so dicht zusammmen hocken, vergleichen wir nun seinen Arm mit meinem. Sehnig, braunfarben sind seine tätowierten Arme. Von Behaarung keinen Spur. Seine harsche, trockene Haut, wie Leder von Sonne und Wetter gegerbt, unterscheidet uns. Selbst die aggressivsten Moskitos haben hier keine Chance, denke ich, während meine Finger über seinen Unterarm streichen. Na bitte, dieser *Mentawai* braucht kein Mückenspray, um Moskitos zu vertreiben.

Awang übersetzt geduldig, indes man endgültig beschließt sich zum Markt aufzumachen. Gegen die sengende Mittagssonne findet Papa Kerès Kopf unter einem breiten Hut Schutz. »Gut für den nächsten Regenguss«, meint Awang und grinst vergnügt. Gespannt erwarte ich ihre Rückkehr, denn ihr Kanu ist an unserem Steg festgemacht. Ich darf sie nicht verpassen, wenn sie ihr Pong-Pong besteigen.

Tragekorb der *Mentawai*-Frau

111

Am frühen Nachmittag entdecke ich Papa Kerè, ein Leichtgewicht, der schwer bepackt mit zwei Petrolbehältern den Steg erreicht. Inzwischen haben wir Niedrigwasser am Flussufer und der Alte muss sich tief über die Planken beugen, um die Behälter dumpf plumpsend im Kanu zu versenken. Erst dann steigt er behutsam ins wankende Kanu und macht sich am Bootmotor zu schaffen.

Ungerührt beobachtet er im Kanu, wie sich wenig später seine Frau mit vollgepacktem Tragekorb nähert. Eher behutsam tappt sie barfüßig über die lockeren Stegbretter, um zum Boot zu gelangen. Doch keine hilfreiche Hand rührt sich. Sie muss damit allein zurechtkommen. Die uralte Lebenswelt der Buschfamilien ist auch heute noch sehr rau. Schließlich hat man mich entdeckt, verabschiedet sich freundlich, während das Kanu hinter der Flussmündung dem Dschungel zustrebt.

Mentawai-Familien aus dem Dschungelbusch

Tage später, nachmittags, führt mich ein Abstecher auf den nahen Markt. Doch der ist verwaist. Nur wenige Gemüsestände, Händler und Garküchen harren aus, indes ich in tropischer Hitze den eifrigen Flickschneidern auf die Finger schaue. Ein gebräunter Zuwanderer hilft mir beim Reparieren. Nachmittags, an der Flussmündung überrascht ein Tropenguss. Nichts Ungewöhnliches, denn beinahe täglich türmen sich Wolkenberge über dem Tropenwald auf, um mit heftigen Gewitterschauern über dem sattgrünen Küstenschungel nieder zu gehen. Junge Bewohner unterbrechen nicht einmal ihr Ballspiel vor der Flussmündung, wo jetzt, bei Niedrigwasser, das Schwemmland sichtbar wird.

Ich jedoch blicke mit Sorge auf die herabstürzenden Wassermassen, denn schon bald geht es auch für uns im Kanu flussaufwärts. Schließlich gehören ja piesackende Insekten, Moskitos und die ewig stickige, unerträglich feuchte Hitze zu unseren ständigen Begleitern und Malaria droht. Meine Beine sind bereits bis sonst wohin traktiert. Unsere Durchquerung der Regenwälder in der westlichen Jambiregion Sumatras hat bereits ihre schmerzhaften Spuren hinterlassen.

Im Einbaumkanu flussaufwärts

Es ist so weit, das Einbaumkanu wird uns endgültig in die Dschungelwildnis führen. Doch zuvor geht es zu Fuß bei brütender Hitze über eine schmale, von einfachen Holzhütten und Palmengrün umsäumte Wegstrecke. Verschwitzt erreichen wir in der Mittagshitze erneut das Flussufer. Eine winzige Dschungelsiedlung im Nordosten der Insel im Mündungsgebiet des Siberut träumt vor sich hin. Mit seinen braunen Gewässern und kleinen Nebenarmen schlängelt sich der Fluss durch den Regenwald bis an die Nordostküste des Indischen Ozeans. Seine Überschwemmungsgebiete bieten einen weiten Blick auf die Urwälder, Mangroven und verborgene, seltene Tier- und Pflanzenwelt. Wir sind mit einheimischen Familien inmitten des Dschungels verabredet. Was wird mich in diesem Dschungelparadies der *Mentawai* erwarten?

Am Ufer eine Siedlung, ein abgelegenes Nest, nächster Ort für die Dschungelbewohner, um sich mit dem Notwendigsten zu versorgen. Eine Bretterbaracke am sumpfigen Ufersaum. Letzte Möglichkeit sich mit Getränken und einfachsten Lebensmitteln zu versorgen. Awang stellt mir im schattigen Winkel einer Verkaufshütte seinen mittezwanzigjährigen Freund Batu vor. Er ist ein *Mentawai*, lebt hier außerhalb der Dschungelwildnis, wird uns mit seinem Kanu flussaufwärts begleiten.

Während Awang sich noch um den Einkauf bemüht, sind Ingrid und ich mit erstem Gepäck zum Flussufer unterwegs. Nur fünfzig Meter bis zum Flussufer, jedoch die sengende Sonne in stickiger Feuchte nervt. Wir müssen ans schlammige Flussufer, wo braune Sedimente das vorbeiströmende Gewässer einfärben. Drei leere, feuchtnasse Einbaumkanus sind am Ufer festgemacht. Batu balanciert in einem, beginnt mit dem sorgsamen Beladen dieser so kippligen Boote. Nur eine falsche, unkontrollierte Bewegung und das Kanu schlägt um. Inzwischen ist Awang zu uns gestoßen und Eierkisten werden Batu ins Kanu gereicht.

Indes Ingrid und ich schweißnass das Lademanöver beobachten kommen Bedenken bei mir auf. Von Mal zu Mal sinkt das Kanu tiefer und wir müssen auch noch darin Platz finden. Am grauschlammigen Abhang, den wir zu den Booten herunterklettern, erfahren unsere Schuhe die erste Bewährungsprobe. Während unsere Begleiter barfuß unterwegs sind, müssen wir unsere empfindliche Haut vor allmöglichen Zecken, Milben und anderem unsichtbaren Kleintieren und deren Biss- und Saugverletzungen schützen. Mit verkrusteten, nassen Schuhen muss Ingrid auf blankem Kanuboden mit ihren Beinen mühevoll Platz finden. Nicht mal ein provisorischer Sitz, keine Rückenlehne ist vorbereitet. Wer einmal mit einem Kanu stundenlang unterwegs war, versteht meine Sorge, denn wir wissen nicht, wie lange wir unterwegs sein werden. Unsere Begleiter haben Mühe das Kanu am modrigen Ufer zu halten, um uns das Einsteigen zu ermöglichen. Und erst mit meinem balancierenden Einstieg sinkt das Kanu nun endgültig gefährlich nahe dem strömenden Nass. Erst jetzt entdeckt Batu seinen fatalen Irrtum. Awang und Batu verständigen sich aufgeregt. Dann ist klar, wir müssen das Kanu wechseln. Ein längeres, mit größerer Tragfläche muss her. Wer die aufwendige Prozedur des Beladens eines Einbaumes kennt, weiß um die Gefahren. Will man halbwegs trocken an Land kommen, ist Umsicht gefragt. Eher umständlich wechseln Ingrid und ich das enge Kanu, um erneut ein zweites, längeres Kanu von vier bis fünf Metern Länge zu besteigen. Dazu kommen Motor und Tankkanister, die an der niedrigen Bordwand befestigt werden. Immer bin ich

besorgt, dass meine Kameraausrüstungen nicht mit dem Flussgewässer Bekanntschaft macht.

Mit Proviant beladen

Ob es hier Krokodile gibt? Noch, ehe ich weiter darüber nachdenke,
verwerfe ich den Gedanken, denn Awang hätte mich sicher gewarnt.
Und kleine Warane nimmt man nicht ernst, denn diese sind sofort
auf und davon, wenn man nur in ihre Nähe gelangt.

Nach längerem Aufenthalt in der sengenden Sonne sind wir ins
Langboot, in ein längeres Baumkanu umgestiegen.

Unser Motorkanu bringt uns bei tropischer Schwüle und praller
Sonne flussaufwärts. Awang ist gut gelaunt, macht mal wieder seine
Witze, als ich meine Frage nach Krokodilen ihm erneut stelle.

»There's nothing here«, tönt er übermütig. Hier sind keine.

Ich bin froh über ein bisschen Ablenkung; bin mir sicher, dass
wir auch die überstürzten Ereignisse der frühen Vormittagsstunden verkraftet haben. Klammheimlich blicke ich mich genauer im

115

Kanu um. Das schmale Holzboot ist groß genug. Selbst die stabile Bordwand beruhigt mich. Vorsichtshalber werde ich jedoch darauf achten, nicht mit meinen Armen über die Bootswand zu geraten. Der breite Flusslauf macht sich gut für erste Kameraaufnahmen.

In Batus Kanu flussaufwärts

Um zu den Bewohnern des tropischen Dschungelwaldes zu gelangen, geht es im stabilen Kanu flussaufwärts. Immer dichter rücken Dschungelwald und knorrige, nackte, vom schlammigen Flussgewässer umspülte Mangrovenwurzeln vor. Tropfendes Nass benetzt die unermessliche Vielfalt der sich drängenden Pflanzen: Knorrige Stelzwurzeln der Mangroven, uralte Kokospalmen, dichte Farne, Lianen und Baumgiganten bis an den Ufersaum.

Buschmänner der *Mentawai* ziehen mit Paddeln, andere mit tuckerndem Motorkanu an uns vorüber. Ihre Einbaumkanus sind aus einem einzigen Baumstamm, dem Katykabaum mit der Axt geschält worden. Noch immer vermisse ich bei brütender Hitze die sonst so zahllos schwirrenden Tropenbewohner: Vögel, Insekten, Schmetterlinge und die zirpenden Zikaden, deren ohrenbetäubende Geräuschkulisse von den Flussufern der Regenwälder oft so unverwechselbar herüber tönt. Nur der sedimentbeladene Flusslauf lässt Erinnerungen an frühere Kanufahrten aufflackern: Losgerissene Büsche, Pflanzenreste und selbst ganze Baumstämme wuchten auch heute wie Geschosse flussabwärts. Aber auch bunte Blüteninseln, dichte Farne und Tropengewächse finden ihren Weg an uns vorbei. Awangs aufmerksamer Blick ist auf die sprudelnde braune Wasseroberfläche an der Bootsspitze gerichtet. Er signalisiert mit mahnenden Armbewegungen dem drahtige Bootsführer Batu, wenn flussabwärts unserem Kanu Treibholz oder ganze Baumstämme zu nahe kommen.

Über den Flusslauf zu den *Mentawai*

Ein Kanu taucht plötzlich neben mir auf, das wir schnell überholen. Darin eine schmächtige, gebräunte *Mentawai*frau, dunkelhaarig, nur mit hellgrünem Hüfttuch bekleidet. Bei ihr im Kanu ein junges Mädchen mit sorgfältig gebundenem Haar in verblasster Bluse. Beide stemmen sich mit ihren Stechpaddeln gegen die braunen, mit Sediment beladenen Fluten. Die *Mentawai*lady grüßt freundlich mit verfärbten Zahnreihen, lächelt herüber ohne das Vorantreiben ihres Kanus zu vernachlässigen. Welche Kraft muss in ihren zierlichen Armen stecken, an deren beiden Handgelenken messingfarbene Armreifen blinken.

Mentawai Begegnungen

Geschickt steuert Batu das Kanu zwischen den tückischen Flachwasserstufen hindurch, wenn der Fluss mal wieder seine Richtung ändert. Brackiges Wasser spritzt ins Boot. Ich muss befürchten, schon bald in einer Wasserlache zu sitzen. Und an Flussbiegungen: lästige Wasserwirbel. Unser Kanu gerät erheblich ins Wanken. Dann und wann begegnet man den Buschmännern, taucht eine dieser hölzernen Stelzhütten am Dschungelufer auf. Auf Borneo waren es die

Langhäuser, typische Mejongs, wo ein ganzes Dorf unter einem gemeinsamen Dach lebt. Hier sind es Holzbaracken auf Stelzen über dem modrigen Urwaldboden. Oft lebt ein Familienclan unter einem gemeinsamen Dach.

Eine weite Lichtung am steilen schlammig grauen Ufersaum. Eine höher gelegene Stelzhütte, taucht an der Dschungellichtung auf: das Uma, ein traditionelles Gemeinschaftshaus des Familienclans, mit Palmendach gegen den Regen geschützt inmitten des Dschungelbusches. Von einem üblichen Bretterpfad ist nichts zu entdecken. Awang gibt überraschend Zeichen zum Ausstieg. Aber wie? Das wackelige Kanu stemmt sich gegen die Strömung will abtreiben, indes Batu im Ufersumpf bis zur Hüfte einsinkt. Ich kann mich nicht sofort aus meiner sensiblen Sitzposition erheben, um nicht unser Kanu samt Ladung zu gefährden. Nur knietiefer, grauer Lehmbrei empfängt uns am Ufersaum.

Awang muss helfen, gleitet bis zur Hüfte ins sumpfige Ufernass, um eine bessere Landungsstelle zu erkunden. Endlich, einen Steinwurf flussabwärts, wagen wir den Ausstieg. »At first this camera!«, rufe ich Awang zu, zuerst die Kamera! Awangs Hände packen geschickt zu, indes Batu das Kanu am Ufer vor der Strömung hält. »Zuerst die Kamerakiste darauf!«, rufe ich erneut Awang zu, zeige mit der Hand auf den steilen, höher gelegenen Uferbusch.

Inzwischen quellen junge Männer zum Ufer, strecken uns hilfreich ihre kräftigen Hände entgegen. Mein vom Kanu aus tastender Fuß versinkt im grauen Schlamm bis über die Wade. Ein weiterer Versuch und ein Sprung lässt mich auf festen Uferboden landen. Schließlich befreien wir auch Ingrid aus der Unklammerung des schmalen Einbaumkanus und stapfen, von der prallen Sonne gequält, am schlammigen Abhang auf die drei Meter höhere Böschung. Unsere Kleidung ist nass, meine Hosenbeine und Schuhe mit grauem verklebtem Lehmbrei verschmiert. Geschafft, lasse ich schweißüberströmt wissen und sammle Ingrid bei unseren Gepäckstücken am Ufersteilhang ein. Ich bin längst noch nicht auf diese neue Situation vorbereitet, will den verkrusteten Schlamm mit vergeblichen Mühen loswerden. Aber mir bietet sich ein überwältigender Blick auf einen braunen Flusslauf, der sich hinter der Biegung in den aufragenden Dschungelbusch verliert.

Geborgen unterm Palmendach der *Mentawai*

Unsere Unterkunft – Stelzhütte der *Mentawai*

Erst jetzt habe ich Zeit, mich ein wenig genauer umzuschauen. Eine auf Stelzfüßen über dem lichten Dschungel brusthoch errichtete Hütte aus handgesägten Brettern, das Dach ist mit graubraunen Palmenblättern gedeckt. Welch ein Desaster! Ein Meer von Baumresten, so wie kreuz und quer liegenden Bretter, vermoderte Bohlen und Baumstämme im breiigen Grau, wo Krabbler und Ameisen ihre Bahn ziehen. Ich bin entsetzt, denn zumindest einen betretbaren festen Pfad in Richtung Hütte, wie ich ihn von den *Iban* aus Borneo kannte, hätte ich mir gewünscht. Augenblicklich ahne ich, was mir mit Ingrid demnächst bevorsteht. Wird sie dieses Desaster verkraften, welches höchste physische und psychische Anforderungen auch an sie stellt. Mithilfe von Videos und Trekkingberichten habe ich versucht, mich auf zu erwartende sumpfige Bedingungen der Naturvölker einzustellen, habe uns auf feuchte, stickige Hitze und Moskitos vorzubereiten versucht. Doch es sollte noch Gnadenloser kommen.

Nur über einen schmalen, von heftigen Regengüssen und Hochwasser lädierten wankendem Bretterpfad ist man mit der Uferböschung am Flussufer verbunden. Schon frühzeitig machen wir uns mit modrigen Pfaden im Dschungelbusch vertraut. Zuerst Awang, dann ich, dann Ingrid und Batu stapfen zwischen herumwühlenden riesigen Hausschweinen der Hütte zu. Ein stolzer, sehniger *Mentawai* mit zum Dutt geknüpften Haarschopf im Nacken, nur mit dem Hüfttuch bekleidet, beobachtet uns abwartend und saugt verlegen an seinem klobigen Zigarettenstumpen. Mit seiner sehnigen braunen Faust umfasst er den Paranggriff, als wolle er uns hilfreich den Weg zur Hütte durchs Unterholz bahnen. Einsinkende Stämme in den morastigen Untergrund lassen mich des Öfteren aus dem Gleichgewicht geraten, so dass mein Alukoffer ins Pendeln gerät. Erst nach und nach gebe ich meine Zurückhaltung auf und rutsche schon mal auf dem Hosenhoden aufs feuchte erste Podest, bevor ich mich über wackelige Hölzer und weitere Plattformen in die knapp zwei Meter höher gelegene Stelzhütte zerre. Schweinekot und penetranter Tiergestank vermischen sich mit stickigheißer Feuchte und treffen uns unerwartet. Ein Balanceakt auf schmalen, feuchten Holzbalken auch für Ingrid. Schon bald gibt sie auf und gerät immer öfter in den grauen Lehmbrei.

Hier, im entlegenen Dschungelwald von Malalabok, erwartet man uns, als sei die Nachricht unserer Ankunft bereits durch den Busch gedrungen. Inzwischen haben sich Frauen, zwei Männer und Kinder am Zugang zur Hütte abwartend eingefunden. Nur drei struppige Hunde toben bellend über die Bretter, ohne den grauen Sumpfboden ahnungsvoll zu berühren. Selbst sie scheinen den glitschigen Dschungelboden zu meiden. Ich begreife, der Alltagsdschungel wird noch rücksichtsloser an meiner kühnsten Vorstellungskraft rütteln.

Endlich angelangt – ich bin wirklich bei einem *Mentawai*stamm, dröhnt es dumpf in meinen Sinnen. Wir begegnen wieder einmal den Menschen des Waldes, die seit eh und je in entlegenen Gebieten des tropischen Dschungelbusches, abseits der Zivilisation leben. Tropische Schwüle. Schweiß rinnt mir über Nacken und Oberkörper.

Junge Buschmänner, Kinder und Frauen und junge Mädchen grinsen über meine ungeschickten Kletterkünste, mustern neugierig mein glänzendes Gepäck, begrüßen uns lärmend. Dann stehe ich vor ihm. Lala Ogok, ein Mittfünfziger, sehniger Buschmann im Hüfttuch, empfängt mich stolz, lächelnd.

Begrüßung des Clan-Oberhauptes Lala Ogok

»Anai Lolita!«, grüße ich, Hallo!

Erst Awangs Übersetzung bringt die Begrüßung in Gang. Dieser *Mentawai* ist das Oberhaupt, der Häuptling des Clans und zugleich der Medizinmann, erfahre ich später. Er trägt noch das Hüfttuch, das man hier Kabit nennt, indes seine zierliche Frau Mageba im traditionellen brustfreien Lendentuch uns freundlich begrüßt. Man lebt hier in einer hierarchielosen Gesellschaft, pflegt animistische Traditionen, glaubt an Naturgeister. Inzwischen lerne ich auch andere Mitglieder der Familie kennen, die Frauen und Mädchen, so wie Tanago, den ältesten Sohn, seine Schwester Dasi Lekarà und den Jüngsten, den etwa fünfjährigen Riski. Auch ein vierzigjähriger Buschmann Toto Nan aus der Nachbarschaft ist gekommen.

Eine schmale überdachte Veranda, wo sich das Kleinvieh tummelt, nimmt uns auf. Dahinter ein weiter, langgestreckter düsterer, fensterloser Raum, mehr als zwanzig Meter lang, nur mit Palmenblättern gegen den Regenguss abgedeckt.

Und über uns, an schattiger Bretterwand, martialische Erinnerungen an erfolgreiche Jagdtage. Ausgeblichene Wildknochen und skurrile Schädelknochen von Wild und getöteten Schweinsaffen und Makaken sind als Schutzgeister unter dem Dach sichtbar aufgehängt. Sie zeugen vom Geschick des Stammesoberhaupts als Jäger und schaffen Ansehen. Mystische Figuren, Fetische, Bündel zum Trocknen zieren dunkle Nischen und die Decke der Hütte. Privaträume oder eine Kammer gibt es hier nicht. Man lebt und schläft hier und kocht in einer Nische über offenem Feuer gleich nebenan in der ewigen Düsternis.

Pig-Tiled Langur

Wasser und Tee werden gereicht, als wir uns verschwitzt und geschockt unter der schattig offenen Veranda auf einer aus Holzbalken gezimmerten Bank niederlassen und uns von Hitze gequält von Kleidung und Schuhen befreien. Lala Ogok schlitzt geschickt eine Kokosnuss, deren wässrigen Inhalt ich sofort durstig hinunterstürze, als wolle ich mich ertränken. Man ist gastfreundlich, teilt das Wenige, was der Dschungelwald bietet. Nur zu oft nutzen das touristische Schnorrer aus, die in der Vergangenheit das Buschvolk aufsuchten.

Die Strapazen in tropischer Hitze sind uns ins Gesicht gezeichnet. Awang hilft mir bei der Begrüßung, denn inzwischen hat sich die ganze Familie im Vorraum versammelt, mustert uns Weiße neugierig. Lala Ogok stellt sich interessiert demonstrativ vor mich und mustert mich, bevor seine kleine schmächtige Frau Mageba ihm folgt. Er scheint einem älteren Weißen mit grauem Haar noch nicht begegnet zu sein. Eine unwirkliche Lebenswelt auch für mich.

Seltsame feine Tätowierungen mit geheimnisvollen Mustern verkünden seit alters her den Mut des Buschmannes und tapferen Jägers.

Eine einfache, rustikale Hütte schwebt auf spindeldürren Stelzen über dem Urwaldboden. Die Lichtung, die uns umgibt, ist klein und lässt wenig Raum für eigenen Gemüseanbau. Und den verbleibenden Platz teilen sich Hühner, die grauschwarzen wuchtigen Vierzentnerschweine und herumstreunende braune Hunde, die man zur Jagd benötigt. Der uns umgebende tropische Regenwald scheint unüberwindbar. Für Fremde die Hölle, für die Menschen des Dschungels ist er Lebensraum wie schon vor Urzeiten.

Lärmend toben zwei jüngere Kinder und geschäftige Bewohner eilig trottend über die losen, laut klappernden Rattanplanken des düsteren Hauptraumes. Die zwei Jugendlichen interessiert unser zahlreiches Gepäck, das ich an der Hauptwand der Veranda unter den skurrilen bleichen Schädeln aufgereiht habe. Ein struppig brauner Hund und die gackernde Hühnerschar müssen draußen bleiben. Man lädt zur kleinen Extramahlzeit ein, reicht Wasser und Tee, indes der Austausch von Neuigkeiten kein Ende findet. Awang flüstert mir zu, dass wir die Geschenke für unsere Gastfamilie erst nach der Mahlzeit verteilen.

Erstmals ist Ruhe eingekehrt und wir versammeln uns am Boden zwischen gefüllten Plastikschüsseln und Gefäßen. Es gibt als Ausnahme Reis, gebackene Bananen, Gemüse, Suppen und Fleischstücke. Awang hat Apfelsinen aus Padang mitgebracht, die man sich schmecken lässt. Lala Ogok macht sich einen dieser knolligen Zigarettenstumpen zurecht, pafft genüsslich. Immerhin haben die vielen Pakete und Päckchen uns gezwungen, unser Kanu vor unserer Abfahrt zu wechseln.

Ein Blick über die Veranda auf den uns umgebenen Dschungelbusch löst mittlere Panik aus. Von hier oben blicke ich ins Dschungelgrün mit aufragenden Bäumen, vergammelten Kokospalmen, vermoderten Baumstümpfen und unendlich buschigem Grasdickicht, in dem ein Erwachsener durchaus verschwinden kann. Nur die Schweine unter der Hütte halten das Dickicht von der Hütte fern. Ein unübersichtlicher Busch, wo Warane, Frösche, Geckos, Moskitos, Ameisen und andere Beißer ihr Unwesen treiben, aber auch allerlei Schlangen, Wildschweine und sonstiges Wild einen sicheren Unterschlupf und Insekten ihre Brutplätze finden.

Begleitet von Lala Ogok und Awang balancieren Ingrid und ich auf Brettern und Balken zwischen grunzenden Schweinen, zwischen Hunden und zwischen zum Trocknen ausgelegter Betelnuss und Bananenstauden um die Hütte. Dann müssen wir ins hüfthohe Gras. Sowohl Ingrid als auch ich suchen nach einer Waschstelle, die zumeist eine Toilettenmöglichkeit bietet. Ich frage Awang danach, zeige auf eine mit Palmenblättern errichtete Sichtwand unmittelbar am Waldsaum. Dahinter ein von Rattanschösslingen abgesteifter Schacht, wo sich Sickerwasser sammelt. Dort kann man sich waschen. Und die Toilette ist hier überall, zeigt Awang mit der Hand in die von Buschwerk überwucherte Umgebung. Ingrid und ich haben den Weg zum Waschplatz bereits entdeckt. Man muss von der Veranda der Hütte (uma) aus über einen schrägen endlos langen Baumstamm ins zwei Meter tiefer liegende Moddergelände balancieren, um dorthin zu gelangen. Es ist ein glitschiger, steil angestellter Stamm mit Kerben, der auch tagsüber von den großen Hühnern benutzt wird. Diesen zu benutzen, ist tagsüber kaum möglich. Und nachts schon gar nicht, denn Unmengen nachaktiver Räuber und Kriecher, wie giftige Baumschlangen, Pitvipern, Tausendfüßler, die Python, Reptilien, Warane, Civet, Spinnen, Raubvöge, Rehwild und in Flussnähe auch manchmal Krokodile sind hier anzutreffen. Nicht nur die schnüffelnden Jagdkläffer, auch die ruppigen Hausschweine, die einem tagsüber bereits bedrohlich nahe kommen, sorgen für Abstand.

Ingrid und ich kürzen den schockierenden Rundgang ab. Wir müssen noch mit Awang reden, bevor die Dämmerung hereinbricht. Bei unserem ersten Rundgang durch den finsteren Hauptraum der Hütte, vorbei an Magebas offener Feuerstelle, entdecken wir eine kleine Pforte am anderen Ende der Hütte. Awang zeigt uns das dahinter liegenden schmale Hüttenpodest in zwei Metern Höhe, drei Meter lang, jedoch nur einen halben Meter breit. Allein die Aussicht auf eine unüberwindbare Dschungelwildnis und der Abstand zu den lästigen Krabblern lässt Schwärmen aufkommen.

Nach unserem Rundgangsschock müssen wir uns einrichten. Man kann nicht einfach dem realen Geschehen entfliehen. Ich informiere Awang von unserem Entschluss. Bis in die späte quälende Nachmittagshitze trieft man feucht nass, denn kein Lüftchen weht.

Noch rechtzeitig vor der Dämmerung machen wir uns zur Nacht zurecht, finden zwei volle Wassereimer in luftiger Höhe. Awang hat vorgesorgt. Wir wissen, wenn wir nachts raus müssen, dass wir den dunklen Raum der *Mentawai*familie zu durchqueren haben, um aufs Podest zu gelangen. Eine Alternative gibt es nicht.

Vor Anbruch der Dunkelheit beginnt Awang in unserem Reiseproviant zwischen Eierkisten, Trinkwasservorräten, kleinen Horden mit Gemüse, Kohl, Bananen und Kartons mit Brotvorrat, Tee, Kaffee, Zucker, Salz und Reis zu kramen. Natürlich findet man hier auch Nahrungsgeschenke für die Familie, Spritkanister und den so begehrten Tabak für die *Mentawai*.

»What you want for dinner?«, fragt er behutsam. – Was möchtest du zum Dinner essen? Nichts, antworte ich impulsiv, denn bei der schweißtreibenden schwülen Hitze ist eher Trinken gefragt.

»And Ingrid«, mahnt er geduldig.

Da ich mich nach Ingrid umschaue und nicht sofort antworte tönt es von Awang entschlossen »Ich koche euch Suppe mit Reis.«

Ich stimme Awang freudig zu, denn inzwischen habe ich seine Kochkünste bereits schätzen gelernt. Und ich weiß, dass er damit noch bis in die Dämmerung hinein zu tun haben wird. Längst hat sich Lala Ogok mit seinen Hühnern zur Fütterung auf die Bretterstege über dem sumpfigen Untergrund vor unserer Hütte zurückgezogen. Gleich am Hüttenzugang entfacht Batu ein offenes Holzfeuer auf dem Hüttenboden und beginnt, Wasser in einem Metallkessel für Tee zu erhitzen.

Zum Abendessen hocken wir in der Düsternis erneut im offenen, überdachten Vorraum gemeinsam mit der Familie. Grillengesang und Froschlaute tönen aus der Finsternis und Insekten schwirren heran. Erst jetzt löst sich die Anspannung und Geselligkeit kommt auf. Als Gast des *Mentawai*häuptlings muss ich an seiner Seite hocken. Schließlich gibt es viel zu berichten. Bei rußender Kerze und Gaslicht trifft man sich zur Unterhaltung auf dem Fußboden, rückt zusammen.

Im Schutz des *Mentawai*-Oberhauptes und Medizinmanns

Ich spreche mit den Jungen der Familie über ihr Leben in der Wildnis. Erst jetzt erfahre ich, dass Lala Ogoks zwanzigjähriger Sohn bereits verheiratet ist und in der Nähe am Fluss eine eigene Hütte hat. Ich befrage Tanago über sein Leben in der Wildnis: »Viele junge Leute leben in der bequemen Stadt. Warum baust du eine Hütte hier am Fluss, bleibst im Busch?«

Seine Antwort kommt mir bekannt vor. Ich hatte sie bereits von den *Ibans* im Dschungelbusch auf Borneo gehört »Hier leben wir frei und sind unabhängig, ernähren uns vom Wald und finden Hilfe in der Familie.« Welche Parallelen der Dschungelbewohner am Äquator Südostasiens!

Lautstark und erregt palavert Lala Ogok mit seinem ältesten Sohn und Awangs Helfer Batu. »Ein Streit, gleich am ersten Tag?" frage ich Ingrid besorgt. Ich befrage Awang nach dem Problem. Der beruhigt: »Lala Ogok beschwert sich endlos, dass nur so selten Fremde hier her finden. Er ist sehr stolz und leicht verletzlich.«

Noch vor Mitternacht verlöscht das restliche Gaslicht und die Familie zieht sich in den Mitteltrakt der Hütte zurück. Zwei Holztore werden geschlossen und schützen den Mitteltrakt vor ungebetenen Wildbesuchern. Hier haben auch Frauen und Kinder ihr Schlaflager. Lala Ogok und Batu haben sich rauchend auf die Eingangsplattform zurückgezogen. Noch lange, bis in die späte Nacht ist Lala Ogoks Palavern mit seinem Nachbarn zu hören, nur von nächtlichen Dschungelgeräuschen, von Grillen, Fröschen und den Schweinen unter uns übertönt.

Unruhige Nächte stehen bevor, denn unsere Schlafmatten sind unter der überdachten, freien Veranda eingerichtet. Und dass in der immerwährenden Feuchte, wo meine Kleidungsstücke kaum trocknen werden, bestätigt sich schon bald. Einzig und allein die Sonnenglut tagsüber hilft.

Man muss früh auf den Beinen sein, denn Füttern der Tiere, Jagen, Fischen, Sagomehl zubereiten oder Feldarbeiten in den verborgenen Hügeln sind noch vor der aufsteigenden Sonnenglut zu erledigen. Mit der Dunkelheit zieht schnell Ruhe ins Haus ein. Nur in diesen Tagen unseres Besuches ist vieles anders.

Wieder einmal senkt sich die mondlose Dschungelnacht. Jedes Geräusch des Regenwaldes dringt auf die offene Veranda. Schon bald belebt sich das raschelnde Blätterdach. Man lauscht gespannt nach schurrenden Geräuschen unter uns. Eines der unruhigen Hausschweine oder vielleicht nachtaktive Tiere, welche die Dunkelheit für Raubzüge nutzen.

Durch die Bodenritzen unter mir raschelt es vom Dschungelboden, indes über mir Geckos, Hörnchen und andere flinke Krabbler für allerhand Geräusche sorgen. Es gibt genug Abfälle unter der Hütte, die Wild anziehen, aber auch Schlangen, denen die streunende Hundemeute auf den Podesten aus dem Weg geht. Unter dem Moskitonetz versuche ich Tierlaute auszumachen. Wie eh und je erlebe ich wieder eine lange Nacht, in der man nur wenig Schlaf findet. Unscheinbare Geräusche rufen wie so oft wildeste Vorstellungen hervor und jede Fantasie macht daraus ein wüstes Spektakel.

Lala Ogok, morgens

Früh, noch vor Sonnenaufgang, herrschen paradiesische Stille und entlegene Einsamkeit mit andauernd sanfter Geräuschkulisse des Regenwaldes. Am Morgen ist Lala Ogok spät dran. Im morgendlich strahlenden Licht, bei wärmender Sonne kümmert er sich sorgsam um sein piependes Kleinvieh, raucht genüsslich seine klobige Zigarette. Nichts kann ihn stören. Selbst der kleine Riski hält respektvollen Abstand.

Lala Ogok morgens bei seinen Tieren

Sago-Futter für die Tiere

Sein weinrotes Tuch um die Stirn geknüpft, hockt er auf den Podestbrettern, wo auch seine Küken in Schutzkörben tagsüber ihre Stammplatz haben. Er gräbt in zwei hellen Füttersäcken, umschwärmt von quarrenden Hühnern und einem stolzen Hahn, der auf den Körben herumstolziert. Es gehört zu seinen morgendlichen Aufgaben, die Küken und mickrige Hühnerschar zu füttern. Und nur wenig später dürfen die durcheinander tobenden Küken für Augenblicke ein Stück Freiheit genießen, bevor sie wieder unter einem schützenden Bastgittergeflecht verschwinden. Wir sind vom dichten Dschungelwald umgeben. Hier lauern Wild, Bären, kleinere Reptilien und Wildkatzen, die auf Beutejagd durch den Busch ziehen.

Erst jetzt bequemt er sich, ein paar weiße Kloben des weichen Baummarks der Sagopalme den lautstark grunzenden Schweinen zuzuwerfen. Es gehört zu den Aufgaben der Männer, nicht nur als Jäger und Sammler für den Familienclan zu sorgen, sondern sich auch um die Haustiere zu kümmern. Indes die Frauen und Mädchen Früchte sammeln, Sagomahlzeiten bereiten und nach Krebstieren und kleinen Fischen den Ufersaum am Fluss durchwühlen.

Frauen beim Fischen

Erkundungen in die nahe Umgebung haben ihre Tücken. Indes die *Mentawai*familie barfuß auf modrigem Dschungelboden unterwegs ist, stellen sich uns beinahe unüberwindliche Hürden in den Weg. Man muss täglich über die verschiedenen hohen Plattformen klettern, will man nicht den schrägen, glitschnassen Baumstamm am Hüttenrand benutzen, denn der besitzt kein Geländer. Ein gefahrenreicher Balanceakt für uns Fremde über eingekerbte Stufen in einem Stamm, wie ich es bereits von anderswo kenne.

Inzwischen genießt es Lala Ogok, als Wortführer von Toto Nan, Batu und vor uns Fremden zu reden. Meine oftmals surrende Kamera findet kaum noch Beachtung. Awang hat ihm mit wortreichem Palaver verständlich gemacht, wie bedeutsam mir die Begleitung dieses Lichtes ist. Gemeint ist die Kamera.

Die beiden Jäger von heute morgen, Lala Ogok und sein Nachbar Toto Nan, machen sich vor der Hütte zu schaffen. Lala Ogok spaltet mit präzisen wuchtigen Hieben seines Parangs einige kurze Holzklötze, in denen bereits lange, wuchtige Metallklingen stecken.

Toto Nan bei Schnitzarbeiten am Parang-Griff

Ich bin überrascht, denn so eifrig habe ich die beiden *Mentawai* noch nie beieinander gesehen. Üblicherweise palavern sie eher, rauchen, wenn sie zusammen hocken. Man spaltet einige dieser Holzstücke mit präzisen Hieben, die ich der klobigen Waffe nicht zugetraut hätte. Schließlich geht es an die Feinarbeit, während ich ihm mit Kamerablick über die Schulter schaue. Nur Mageba, Lala Ogoks Frau, umkreist aufmerksam das struppige Buschland vor der Hütte.

Noch immer tappe ich im Dunkeln, vermute nur, was die Beiden dort treiben. Erst die Feinarbeit mit dem Messer vom Buschmann Toto Nan verrät es. Toto Nan ist geschickt im Umgang mit dem Messer, wenn er den Griff für einen neuen Parang schnitzt und dabei mit dem Zeigefinger für gleichmäßigen Schnitzdruck sorgt.

Eine weitere Frau treffe ich im Schatten längsseits der Hütte. Brustfrei, nur mit verwaschenem Hüfttuch bekleidet hockt sie mit sorgsam geknotetem Haar und üblichem Frauenschmuck um Hals und Handgelenke auf einer Flechtmatte. Mit ihrem Parang schlitzt sie ein großes Blatt in verbundene Streifen, wie ein grünes knie-langes Tanzkleid. Ich habe heute morgens am buschigen Mang-rovenufer zwei Frauen ausgemacht, die so gekleidet das Flussufer nach Schildkröten, Krebstieren und Fischverstecken absuchten.

Mentawai-Frau bei der Hausarbeit

Mit Parang und Geisterruf

Nachmittags ist Spannung angesagt. Mit langen Sprüngen eilt Lala Ogok mit seinem Parang voraus, wenn es mit Awang zu einem be-sonderen Baumstamm geht, der unweit der Hütte abgelegt wurde. Awang nennt ihn Baiko tree. Der Baiko Baum ist oberschenkeldick, rotbraun die Rinde, als wenn sich Rost darauf abgelagert hätte, und nicht länger als drei Meter. Im Chaos des mit Holzresten und zusammengeflickten Bretterpfaden übersäten sumpfigen Busch-landes findet dieser wenig Beachtung bei uns. Die träge Nachmittagshitze sorgt nicht gerade für Hochstimmung, denn wir müssen uns dicht kleiden, um erneut nass triefend der sengenden Sonnen zu entgehen. Geschickt setzt Lala Ogok die Parangschneide auf die Stammrinde und ritzt zweimal auf ganzer Länge die Stammrinde ein. Schließlich richtet er sich weihevoll auf, beugt sich mit beschwörenden Handbewegungen über den Stamm und beginnt mit monotonem Singsang seine Geister für das Gelingen seiner Arbeit anzurufen. Dabei werben beide Hände mit sensibel herbeirufenden Bewegungen um die Gunst der Geister.

Bei geheimnisvoller Arbeit

Erinnern wir uns, wie ich berichtete, dass Schamanen sich um den Schutz ihrer Helfer, wie Wald oder Wasser und um Harmonie mit der Natur sorgsam bemüht sind. Minuten vergehen unter monotonem Singsang, der auch schon mal Lala Ogoks Stimme flehentlich heben lässt:
»Na na mala ye, ye may jeck kayoi yoi...«[3]

---

[3]   Zelebrierende Laute, die zuweilen nur von Schamanen verstanden werden.

Schließlich richtet sich das stolze *Mentawai* Oberhaupt auf, so dass auch sein buntes Kopfband und das im Haardutt eingeflochtene weinrote Tuch vor der Regenwaldkulisse mir unvergesslich in Erinnerung bleiben werden. Unvermutet weitet er mit harten Schlägen des Paranggriffes die Rinde zu einem 20 Zentimeter breiten Streifen aus. Eine äußerst kraftvolle und ausdauernde Arbeit, während ich noch immer ahnungslos ihn beobachte. Wie ein weicher Wollschal weitet sich die faserige Rinde, wenn er diese in einem Wasserbehälter spült. Und endlich lüftet er das Geheimnis, wickelt das feuchte helle Holzfasertuch wie das traditionelle Lendentuch um seine Hüfte. Ich bin überrascht und helfe, das mehr als zwei Meter lange Tuch zum Trocknen in der Sonne auszubreiten.

Lendentuch aus Rindenbast

Die Männer der *Mentawai* verbringen den Tag gemächlich. Man raucht, palavert, versorgt das Kleinvieh oder geht Fischen. Indes die Frauen und Mädchen sich um die Zubereitung von Mahlzeiten

135

kümmern und die Kleinkinder versorgen oder Früchte sammeln. Dann und wann schlagen die Männer Holzstämme der Sagopalme, gehen zur Jagd.

Noch immer zählt Sago neben Bananenspeisen zur Hauptnahrung der *Mentawai*, die man beinahe zu allen Mahlzeiten bevorzugt. Ein Mehl, das aus dem Mark der Sagopalme gewonnen wird. Eine eiweißreiche Kost. Nachmittags bereitet Mageba, die Frau des Häuptlings, eine Sagospeise vor. In einer Nische des düsteren Gemeischaftsraumes am offenen Holzfeuer befindet sich die Küche. Der Sagobrei wird zu kleinen Teigtaschen geformt und in grüne Bananenblätter eingewickelt. Kniend verteilt Mageba die länglichen Blätterpäckchen mit einer Holzzange in der Holzglut. Sie hat zu tun, die Holzscheite und Päckchen rechtzeitig nachzuschieben und facht die Glut an. Offene Feuerglut auf rohen Holzplanken? Jedoch die Antwort ist schnell gefunden. Auf den Dielen an der offenen Feuerstelle hat man Lehmbrei ausgebreitet, der isolierend die Feuerglut übersteht.

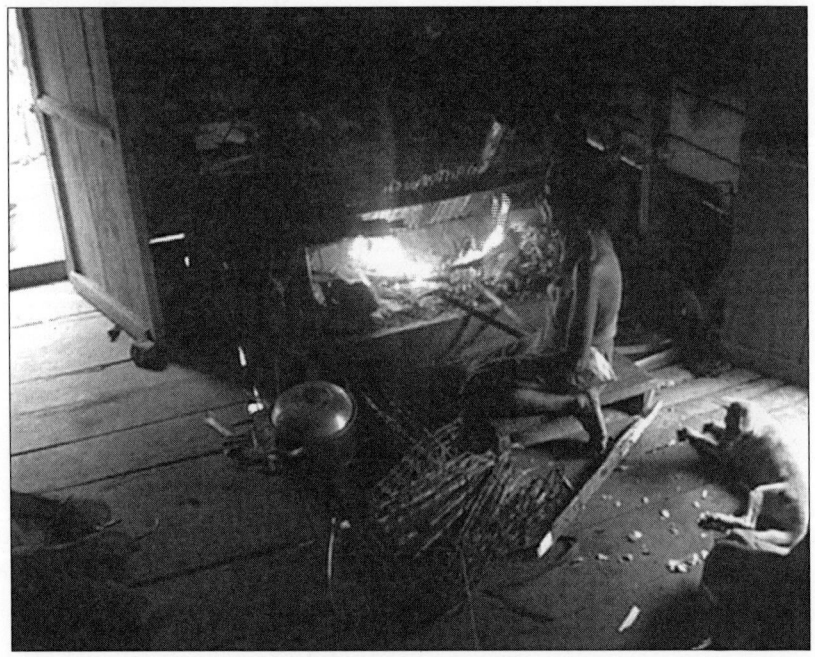

Kochstelle im Hauptraum

Einer der Hunde lauert auf Reste neben Lala Ogoks Frau. Sie übergibt mir ihren gegarten Sagostick. Awang spricht mir vor: »Masura Bagata«, danke, und ringt ihr ein dankbares Lächeln ab. Eine Öffnung im Hüttenboden, die ich gerade entdecke, lässt Unrat und Reste verschwinden. Als Futter für die Schweine

Nach der Abendmahlzeit hockt man bei Gesprächen zusammen. Erneut hilft Awang bei der Übersetzung unserer Gespräche. Wieder einmal nehme ich den Platz neben Lala Ogok ein. Vom schimmernden Glanz der trüben Kerzen umgeben, hocken wir lange in der Finsternis. Einmal frage ich Tanago, den Sohn unseres Stammesoberhauptes nach Musik, nach Musikinstrumenten. Er springt auf, holt ein ramponiertes Saiteninstrument. Lässt mich wissen, dass es kaputt ist.

Doch es gibt anderes: Großflächige Trommeln mit Schlangenhaut bespannt aus Bambus, die er mir vorstellt. Unser Gespräch nimmt eine Wende, denn Lala Ogok weiß, das ich ihn heute mit dem hellen Licht befragen möchte. Er hockt bereits aufrecht stolz auf dem Boden, als das blendende Kameralicht seinen nackten glänzend braunen Körper trifft. Vom Licht geblendet harrt er für Augenblicke ungerührt aus. Erstmals bewundere ich seine fein tätowierten Muster auf Körper und Oberschenkel aus nächster Nähe, entdecke auch sein locker geflochtenes, farbiges Hüfttuch. Ein blauweißrotes Stirnband und ein breiter, ringförmig glänzender Schmuck, wo verschiedenfarbige zierliche Pflanzenhölzer aufgefädelt wurden, zieren seinen Hals. Sein knochiges freundliches Antlitz mit kurzzeitigen Stirnfalten beweist seine Routine als Schamane. Es ist ausnahmsweise still geworden in der Hütte. Ich frage Lala Ogok:

»Du bist nicht nur Stammesoberhaupt, sondern auch Medizinmann, Schamane der *Mentawai*?« – »Si kerei lek you?«[4]

Awang neben mir übersetzt, indes Lala Ogok heftig bestätigt. Ich frage weiter, während die Kamera im Hintergrund unbeachtet mitläuft. Einmal frage ich: »I am missing music and do you have instruments for music?« Dieses Mal antwortet Awang für Lala Ogok: »The medicinman can singing.« Awang übersetzt für Lala Ogok: »Sing als Schamane.«

Ich verstehe nur das Wort Kerei, das er bei der Verständigung benutzt. Noch immer verharrt er in seiner Hockstellung. Plötzlich

---

[4] Zelebrierende Laute, die zuweilen nur von Schamanen verstanden werden.

breitet er die Arme aus und imitiert mit seinen Bewegungen die Schwingen eines Vogels, indes er seinen Gesang mit weihevoller Stimme als Schamane erhebt: »Bajo wajo kerei bajo ...«[5]

Keine Worte, sondern Vokallaute, die eindrucksvoll im Lichterschein von Kerzen und Kameralicht durch die offene Veranda ins Dunkel des Urwalddschungels hallen. Oftmals sind dies Gesänge, die keine Worte verbinden, sondern nur von Schamanen verstanden werden. Welch »liebenswürdige Wilde!« Für Augenblicke scheine ich das Tor in eine bereits vergessene Welt aufgestoßen zu haben. Gefesselt vom Augenblick finde ich keine Worte. Nur vereinzelte Lichtstrahlen vor dem düsteren Hintergrund retten meine unschätzbar einmaligen Filmaufnahmen inmitten der *Mentawaifamilie.* Erwartungsvolle Blicke sind auf mich gerichtet. Schon bald bin ich gefragt, muss mich gewaltsam besinnen.

Bereits mehr als drei Minuten sind vorüber, als Lola Ogoks eintöniger Gesang verstummt. Lautes Grillenzirpen aus der Dschungelfinsternis dringt herein, als wollten die Geister des Waldes Lala Ogoks Ruf fortsetzen. Sein Gesang hatte auch zarte Töne, die ich unserem Schamanen nicht zugetraut hätte.

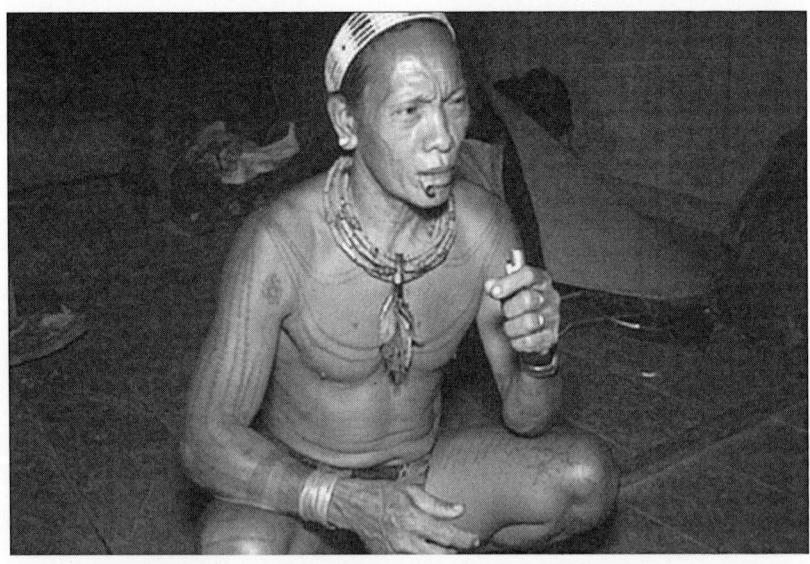

Lala Ogok – Stammeshäuptling und Schamane

Awang hilft, wenn ich Lala Ogok nach seinem Vater und Großvater befrage. Einen Stumpen neu angezündet, dann ist auch Lala Ogoks Welt wieder in Ordnung. Awang übersetzt Lalas Worte: »Wenn jemand krank ist, hilft er als Medizinmann und mit der Heilkraft seiner Dschungelpflanzen. Im Umgang mit Blättern, Zweigen, Kräutern und Wurzeln des Waldes zur Heilung kennt er sich aus.« Und ein kehliges nörgelnd bestätigendes Raunen: »En oh yoh«, lässt er noch mehrfach hören.

Ich beobachte die schattigen Gesichter der Buschfamilie. Man spürt, dass der inbrünstige Gesang eines Schamanen noch immer ihre Achtung für die Geistern wachruft. Nur der kleine Sohn Riski drängt sich unverstanden zwischen uns und quengelt. Wieder ist es spät geworden. Ich versuche, ein wenig in kühlender Dschungelluft durchzuatmen, bevor es hinter das stickige Moskitonetz geht.

Meine ursprüngliche Absicht, zwischen den *Mentawai*nachbarn umherzuziehen, gebe ich schnell auf. Zu sehr verbindet mich bereits das gewonnene Vertrauen und die unausgesprochene Freundschaft mit Lala Ogok. Awang spürt es, fragt nach, ob wir unsere Unterkunft wechseln werden. Ich entscheide zu bleiben. Schließlich genieße ich hier die Achtung des Häuptlings, stehe unter seinem Schutz. Hier gelten noch die Achtung und der Respekt dem Ältesten, der oftmals das Stammesoberhaupt stellt. Bei Lala Ogok spüre ich schon bald, dass auch ich als fremdes Oberhaupt, als Weißer akzeptiert werde.

Mit Lala Ogok auf Sagopirsch

Früh, noch vor Sonnenaufgang, ist der Regenwald mit seiner ewig andauernden Geräuschkulisse klamm, dunstig grau. Schabende Tiergeräusche unter unserer Hütte, Vogelrufe, Hennen gackern und wetteifern mit Grillengesang in der Dämmerung. Ausladende Fächerpalmen und triefnasses Dschungeldach wuchern bis ans Hüttengebäude. Eine fremde Begrüßung, zugleich ein einzigartiger Tropenzauber einer von Blütenpracht und Pflanzenvielfalt verwöhnten Dschungelwildnis.

---

[5] Zelebrierende Laute, die zuweilen nur von Schamanen verstanden werden.

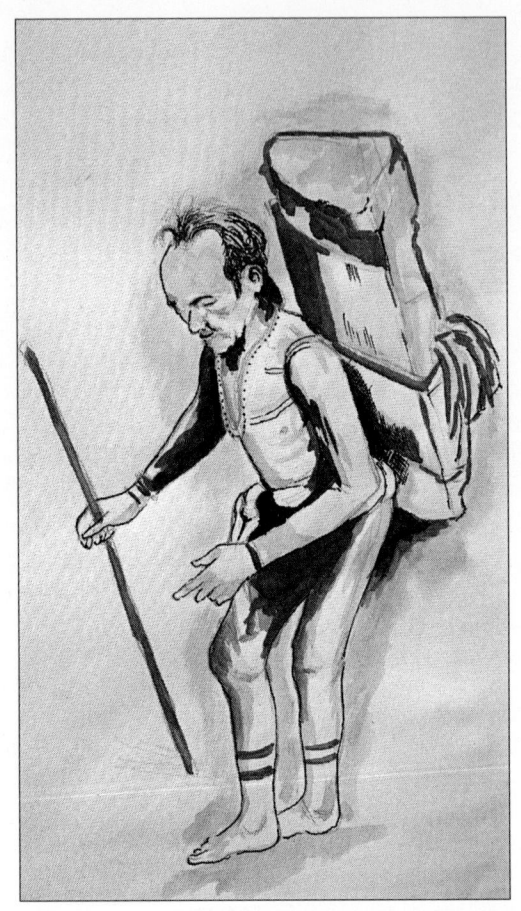

Mentawai-Buschmann transportiert Sago-Mark

Eine ältere Frau, tätowiert, mit kurzem Haar, hockt bereits auf der Plattform vor der Hütte, reinigt eiserne Töpfe, wäscht Plastikgefäße, die man bei den Mahlzeiten verwendet. Wer ist sie? Bei unseren Gesprächen nahm sie nicht teil und auch bei den Mahlzeiten fehlte sie. Ist sie eine Haushilfe oder die Mutter von Mageba? Indes findet sich auch Lala Ogoks Frau ein. Auf grünem Mattengeflecht schlägt sie ihr Lager auf zur Hausarbeit vor dem sonnigen Hütteneingang. Sie hat ein Siebgestell vor sich aufgebaut und presst mit den Händen feuchte Sagomasse auf ein grünes Bananenblatt. Erstmals kann ich von meinem Platz in der Morgensonne aus direkt durchs finstere Haus das andere Ende erblicken, erkenne den Dschungelwald auf der anderen Seite.

»Heute gehen wir mit Lala Ogok Sagomehl zubereiten«, erzählt mir Awang. »Wir müssen nur an den Dschungelrand«, schiebt er harmlos nach.

Für mich bedeutet das, dichte Bekleidung, Trinkwasser und die Kameraausrüstung um den nassen Oberkörper hängen. Lala Ogok und Schatten Toto Nan tragen das Haar zum Dutt mit weinroten Tuch im Nacken geknüpft. Man verzichtet im Dickicht schon mal aufs Stirnband.

Awangs Buschfreunde

Inzwischen steht die Sonne hoch über der Lichtung und dringt immer seltener in den dichten, morastigen Dschungelbusch. Toto Nan geht mit seinem Parang voran, dann folgen Lala Ogok, Awang und ich in den schattigen Wald, wo frische Fährten schon bald unseren Weg kreuzen. Nahe unserem Pfad im üppigen Dickicht unter schattigen Zweigen sitzen zwei Buschmänner, an denen wir vorüber ziehen. Sie haben sich entspannt an einen Baum gelehnt mit ihren braunen Oberkörpern. Ein rotweißes Kopfband und blinkendes Messing sind in dem Pflanzengewirr auszumachen. Für die Jagd sind sie wohl kaum ausgerüstet. Ihre Oberkörper und die Arme sind wie bei allen Buschmännern mit feinen Mustern tätowiert, während die Oberschenkel Tätowierungen wie Fischgräten tragen. Man kennt sich, schwatzt verhalten, pafft oder kaut irgendetwas in vollen Backen und winkt grüßend herüber.

Mehrfach bin ich hier der Betelnuss beim Trocknen vor Lala Ogoks Hütte begegnet. Jedoch die *Mentawai* kauen kein Betel, versichert mir Awang. Und der muss es wissen. Nun stolpere ich erneut darüber. Von Palmenwedel mit langen Fiederblättern sammelt man die orangegelbe, eiförmige Betelnuss. Sie enthält Wirkstoffe, die den Hunger unterdrücken, den Speichelfluss anregen, ihn rot und die Zähne schwarz färben. Jedoch nicht nur Negatives verbindet die Urwaldmedizin mit dieser Frucht, sondern auch die Unterdrückung von Malaria und Parasiten sowie narkotische Wirkungen werden ihr nachgesagt.

Schlagen von Sago-Palmen

Lala Ogok scheint beschäftigt, sucht einen bestimmten Pfad. Toto Nan schleppt ein zwei Meter langes Holzwerkzeug mit sich. Ich habe mir dies angesehen, eine Raspelfeile aus Hartholz. Die *Mentawai*fa-

142

milien haben verschiedene Methoden, um Sagomehl zu gewinnen. Dieses Mal soll es sicher schnell gehen, denn die Hartholzraspel ist ein untrügerisches Indiz dafür. Lala Ogok hat gefunden, was er so aufmerksam im dichten Unterholz des sumpfigen Dschungelwaldes sucht. Ohne abzuwarten, hackt er mit seinem Parang in eine oberschenkeldicke Palme mit buschigen Palmenblättern. Laute Hackgeräusche von wuchtigen Hieben des Parangs schallen durch den Wald. Spätestens jetzt ist auch das letzte Wild aus unserer Nähe geflohen.

Sago-Gewinnung

Es ist eine besondere Palme mit braunfleckiger Rinde wie eine Tapete, unter der sich ein weißer Schatz verbirgt, der nicht überall anzutreffen ist. Es ist so weit. Toto Nan und Lala Ogok haben die Palme gefällt. Gemeinsam zerren die beiden den vom Geäst befreiten Stamm aus dem Dickicht. Geschickt setzt Lala Ogok die Parangschneide auf die Stammrinde und ritzt diese ein. Schließlich richtet er sich weihevoll auf, beugt sich mit beschwörenden Handbewegungen über den Stamm und beginnt mit monotonem Singsang die Geister des Waldes für das Fällen der Palme um Nachsicht und für deren Nachwachsen anzurufen. Dabei bittet er mit heranwinkenden Handbewegungen um die Gunst der Geister. Ein Schnitt um den Stamm herum und die Rinde wird abgewickelt, wie von der Tapetenrolle. Darunter: weißes, stärkereiches Mark, faserig, nahrhaft, die Hauptmahlzeit der *Mentawai*. Ich kenne diesen Schatz bereits von den *Penan*. So jedoch ist es noch nicht verzehrbar. Das Mark der Sagopalme wird herausgeschabt, gesiebt, mit Wasser geknetet, wobei man die breiige Stärke heraus spühlt und auffängt. Schließlich trocknet man es als weißes Pulver. Toto Nan greift zur Raspel. Mit Lola Ogok raspelt er über das Mark und fängt mit einer Bastmatte die weißen Späne auf, so dass diese schließlich in Tragekörben verschwinden.

Jäger während einer Rast

Und weitere, vor uns aufgebaute weiße Baummarkkloben nehmen wir so mit. Wie ich es auch bei den *Penan*nomaden auf Borneo kennengelernt hatte, siedeln häufig auch die *Mentawai* in der Nähe ihrer wichtigsten Nahrungsquelle, der Sagopalme. Oft wird gleich vor Ort das Mark am kleinen Bach ausgewaschen und Sago in Blätter eingewickelt transportiert. Zurück sind wir erneut auf klatschnassen Pfaden im düsteren Regenwald unterwegs. Hier unten exotische Pflanzen, Farn. Dort oben im Blätterdach einer, der sich vor uns verborgen hält, ein Schweinsaffe. Eine Primatenart der Makaken von denen ich bisher nie gehört hatte. Ihr kleiner Unterschied, ein winziger Ringelschwanz, ist in dem Blätterdach sowieso nicht auszumachen. Planschende Schritte im sumpfigen Boden und Zikadengesang begleiten unseren Heimweg.

Pfeilgift, Mix und Todeswirkung

Lala Ogok mixt Pfeilgift

Schon früh muss Lala Ogok mit den Jägern im Dschungelwald unterwegs gewesen sein. Ich befreie mich gerade aus dem Moskitonetz, als ihre Stimmen zu hören sind. Mit Eimer und Stechpaddel balanciert er leichtfüßig über die Stämme und ist erneut zum Flussufer unterwegs.

Lala Ogok hat mir gestern überraschend den Bogen vorgestellt, der ihn auf der Jagd begleitet. Ein harter entlasteter, nur wenig gekrümmter Holzbogen mit winzigen Schnitzmustern, an deren Enden die geflochtene Rattanschnur befestigt ist. Ich versuchte mich daran, will den Bogen spannen – nichts passierte. Stolz demonstrierte er das Anlegen seines Bogens. Awang erklärte, dass erst zum Abschuss von Pfeilen der Bogen gespannt wird. Ein bereits vorgespannter Bogen sei beim Durchstreifen der Wälder hinderlich.

Der Jäger Lala Ogok

Sie hätten mich auch nicht zur Jagd mitgenommen, denn dazu muss man schnell auf den Beinen sein. Die *Mentawai* versuchen sich möglichst dicht ihren Beutetieren zu nähern, um mit ihren Giftpfeilen treffsicher einen Makaken, den Bilou – einen Gibbonwinzling oder den Schlankaffen aus dem dichten Blätterdach zu schießen. Mit Parang, umgehängtem Pfeilköcher und bepackt mit Affenbeute im Tragetuch verschwinden sie nun am Waschplatz. Man raucht in einer Pause.

Jetzt hat auch Lala Ogok wieder seinen Stammplatz auf dem luftigen Vorbau neben seinem Federvieh eingenommen. Die jedoch müssen erst einmal weichen. Wärmende Sonnenstrahlen über den Dschungelgipfeln haben die hölzerne Plattform unsere Hütte bereits erreicht. Ich komme gerade noch zurecht, denn ungeduldig erwartet unser Oberhaupt heute meine Ankunft. Lala Ogok ist festlich gekleidet, denn schließlich sind heute die Geister besonders gefragt. Sein mit feinen Mustern tätowierter, brauner Oberkörper über dem lockeren Hüfttuch glänzt in der Sonne, was nur dann und wann vom Messingschmuck an seinem Handgelenk übertroffen wird. Mit bunt gemustertem Stirnband, geknotetem Haarschopf im Nacken und reifenförmigem Halsschmuck hockt er aufrecht stolz mit angewinkelten Beinen.

Awang an seiner Seite ist aufgeregt. Er scheint zu wissen, welches Geheimnis Lala Ogok mir heute anvertrauen wird. Sorgsam geordnet liegen Blätter, Zweige und Wurzeln neben ihm, die jedoch wenig Interesse bei mir finden. Erst ein langer schlanker Bambusköcher macht mich neugierig. Ich hatte Ähnliches, wenn auch kürzer, bei den Buschmännern auf Borneo kennengelernt. Man hatte darin die tödlichen Giftpfeile der Waffe der Jäger des Regenwaldes aufbewahrt, des oft mehr als zwei Meter langen Blasrohres.

Und auch dieses Mal vermute ich richtig. Lala Ogok greift nach einem Behälter aus Bambusrohr, nicht länger als sein Parang. Flink öffnet er den Verschluss, stößt dabei kurz an das Behältnis, so dass ein Bund schlanker hölzerner Pfeile zum Vorschein gelangt. Die *Mentawai* tragen diesen Bambusköcher sorgsam geschlossen, wenn sie auf Jagd gehen. Behutsam entnimmt er schlanke Holzpfeile, einen halben Meter lang, und breitet sie, einen nach dem anderen, in der prallen Sonne aus. Nicht nur Holzpfeile, auch wuchtige Pfeile mit Spitzen aus blinkendem Metall. Nun scheint sein Vorhaben klar. Wird er mir auch das Geheimnis der Herstellung der tödlich wirkenden Giftpaste verraten? Ich hatte ihn gestern nach Pfeil und Bogen und dem tödlich wirkenden Giftes befragt und ihm ein Bild eines Häuptlings des Saibokoloclans gezeigt. Völlig überraschend erkannte er darauf seinen Onkel Papa Simanis beim Mixen der Giftpfeilpaste. Ein dumpfes Raunen und fremdes Wortpalaver erfüllte den Raum im Nu. Man blickte mich erstaunt und achtungsvoll an, obwohl ich Papa Simanis nie persönlich begegnet bin. Dieses Foto wurde mir von Reisenden zugespielt, die vor Jahren sich bei den Buschmännern aufhielten. Aber auch ich bin überrascht nun den Namen von Lala Ogoks Stamm zu erfahren. Awang erklärt: »Hier im Haus stehst du und Ingrid unter Lala Ogoks Schutz.«

Lala Ogok's Clan-Verwandter beim Pfeilgift-Mix

Erstmals soll ich mehr über das tödliche Pfeilgift der Dschungelbewohner erfahren. Meine letzte Begegnung mit einem *Penan* in
den malaysischen Bergen Borneos, den ich beim Bestreichen seiner
Pfeile mit Giftpaste flüchtig über die Schulter beobachtete, lag lange zurück. Doch nun sollte ich beim Gift mixen dabei sein. Curare,
Ipoh, Upas – welch klangvolle, martialische Namen, die man schon
über Jahrhunderte mit tödlichen Giften der Naturvölker Südamerikas und Südostasiens verbindet.

***

Bereits die ersten Entdecker Südamerikas faszinierte nicht nur die fremde Kultur, neue Pflanzen und ungewöhnliche Tiere, sondern sie rätselten darüber, woran ihre spanischen Soldaten und Seeleute so plötzlich starben, obwohl diese sich nur an scheinbar harmlosen Pfeilverwundungen verletzten. Schon sehr bald wurde klar, dass ihre indianischen Angreifer Pfeilspitzen benutzten, die mit einer braunen Masse bestrichen waren. Ein aus Pflanzen stammendes Extrakt, das beim Eindringen ins Blut tödliche Lähmungen auslöste. Das liegt nun bereits mehr als 500 Jahre zurück. Einst sammelte man Proben bei der indianischen Bevölkerung und publizierte bereits im 16. Jahrhundert verschiedene Namen für Pfeilgifte, wie Ourare, Voorari, Urari und die heute noch gültige Bezeichnung Curare. Man erwarb Pfeilgiftpflanzen von den Ortsansässigen, darunter auch Strychnos toxifera, und schaffte sie nach Europa, um deren Giftwirkungen zu klären. Erst der englische Arzt und Naturforscher, Eduard Bancroft (1744-1821) brachte die damaligen Erkenntnisse über die Pfeilgifte ein Stück weiter, ehe C. Bernhard (1813-1887) Cuaregifte aus Strychnos und Chondrodendron endgültig enträtselte. Er war der erste, der eine genaue Beschreibung der Zutaten lieferte, aus denen die Pfeilgifte hergestellt wurden. Jedoch ein Gegengift fand man nicht. In Südamerika werden auch tierische Stoffe als Pfeilgifte verwendet. So wird die Haut eines Frosches (Phyllobates terribilis) für die Präparation von Pfeilspitzen genutzt. Es erwies sich, dass 0,17 mg der giftigen Alkaloide aus der Haut bei einem 70 Kilogramm schweren Menschen eine vollkommene Muskellähmung auslöste. Und bis heute verloren diese geheimnisvollen Gifte der südamerikanischen Indianer nicht ihre spektakuläre Bedeutung in uralten Schriften und Berichten.

Frühe Wissenschaftler, Ethnologen und Ärzte, die oft monatelang durch die Dschungelwildnis reisten, riskierten viel, wenn ihre Expeditionsroute sie durch unruhige Stammesgebiete führte. Mit dem Wissenschaftler Dr. A.W. Nieuwenhuis, Leiden [siehe Literatur] gab es einen, der durch seine Expeditionen im südostasiatischen Dschungelbusch Borneos 1894-98 auch genauere Kenntnisse über dort verwendete Pfeilgifte gewann, die von Jägern und Sammlern im Lendentuch für die Jagd verwandt wurden. Gewonnenes Gift von unbekannten Baumarten und Lianengewächsen oft an geheimen Fundplätzen im Busch geborgen, nutzen die Naturvölker für ihre Pfeilspitzen noch heute.

Während Tasemgifte aus Extrakten verschiedener Pflanzen an den Oberläufen der großer Flüsse Borneos, wie Kapuri, Barito und Mahakam gewonnen wurden, bevorzugte man jedoch eher die weit wirksamen Ipugifte aus den Flussgebieten von Kapuas und Barito. Im schwarzen Tasemextrakt fand man das Gift zweier Alkaloide: Strychnin und Brucin. Die giftige Wirkung der Tasemgifte muss den in Antiaris vorkommenden Stoffen und den Strychnosalkaloiden zugeschrieben werden. Man ritzt hierzu die Stämme, fängt den milchigen Saft auf. Um Pfeilgift zu gewinnen, vermischt man den Saft mit wässrigem Sud aus geriebenem Bast der Liane Aka kia und dampft diesen Mix über Feuer zu breiigen Sirup ein. Die Masse härtet beim Erkalten aus. Dajaks zerreiben das gewonnene Gift und vermischen es mit Blättern von Gambir utan zu einer klebrigen Paste. Die feste Masse der Tasemgifte wird erst vor Gebrauch über einer Feuerstelle zähflüssig für das Auftragen auf Pfeilspitzen durch den Buschmann zubereitet.

Die verschieden Abarten der Ipugifte aus braunem oder schwarzem Extrakt erwiesen sich als strychninreich. Die Gifte werden von gleichnamigen Bäumen gewonnen. Ipupfeilgift aus Bast und zerriebenen Spänen des Ipubaumes gemixt, wird mit Wasserzusatz zu einer schwarzbraunen Masse ausgedampft. Mit der gewonnenen Giftmasse bestreicht der Jäger seine Pfeilspitzen.

Auf Borneo, in den malaysischen Dschungelwäldern begegnete ich den *Penan*nomaden. Sie verwenden zur Jagd das Blasrohr, mit dem sie vergiftete Pfeile abschießen. Die kurze Pfeilspitze, mit giftigem Pflanzensud bestrichen, über der Flamme getrocknet, bewirkt die Lähmung der Herztätigkeit einer getroffenen Beute. Gejagt werden vor allem Vögel, Rotwild, Affen, Eidechsen und Wildschweine. Und die *Mentawai* vor der Küste Sumatras bevorzugen einen Mix aus Pflanzensud des Omaibaumes, ein Extrakt von Tubastrauch, etwas Tabak und Chili, sowie ein wenig zerquetschten Lombok.

Ich hatte zuvor in Deutschland bei meinem ergrauten Freund Dr. Werner Kup, einem bekannten Mediziner und Professor für HNO-Medizin, nachgefragt: Ich muss wissen, was mich erwartet, wenn ich diesen Giften zu nahe komme. Sicher ist, dass alle diese Gifte gleichermaßen eine verheerende tödliche Wirkung besitzen. Derar-

tige Gifte, welche bei Tieren oder Menschen in die Blutbahnen gelangen, lösen über Nervenbahnen und Muskeln verheerende Lähmungen aus. Kenntnisse über Gifte, welche bei den Buschmännern
des Regenwaldes mit vergifteten Pfeilen oder Speeren zur Jagd auf
Tiere schon lange vor unserer fortgeschrittenen Zivilisation benutzt
wurden, hat die moderne Medizin erst in den dreißiger Jahren des
20. Jahrhunderts übernommen. In dieser Zeit empfahl das ameri-
kanische Pharmaunternehmen SQUIBB den Anästhesisten Curare
auch als Muskel entspannendes Mittel. Aber wofür?

Muss ein Arzt der HNO-Heilkunde bei Heilbehandlungen dem
Patienten einen Luftschlauch in die Luftröhre (Inkubation) führen,
so bedient er sich trickreich solcher konventioneller oder anderer
ähnlicher synthetischer Giften. Er muss z.B. den Würgeffekt des
Patienten durch gezielt dosierte Injektionen mit Betäubungsgift
ausschalten.

__Wirkung des Giftes auf Nerven und Muskulatur__
*Die Kontraktion eines Muskels ist Folge eines Impulses, der vom
Zentralnervensystem ausgeht und über die peripheren Nerven
weitergeleitet wird. Jede Muskelfaser unseres Körpers verfügt
über einen Nervenanschluss, der Synapse. Von Nervenreizen
ausgelöste biochemische Botenstoffe, die vom Nervenende getrennt auf die Muskelmembranen abgegeben werden, versetzen
den Muskel in Bewegung. Sobald der Botenstoff über die Synapse an der Muskelmembrane ankommt, lagert sich die Substanz
dort an spezifische Bindungsorten an, wodurch sich der Muskel zusammenzieht. Lähmendes Pflanzengift, wie Curare lagert
sich am Nervenanschluss zu den Muskelfasern an, blockieren
die Muskeln, die zugleich ihre lähmende Wirkung auch auf Muskeln der Atmung ausüben und Erstickung ist die Folge. Solange
Curaremoleküle die Bindungsstellen besetzen, bleibt der Muskel
gelähmt. In der Medizin hingegen dauert die Muskelrelaxierung
des Patienten nur wenige Minuten. Und noch heute ist die klini-
sche Bedeutung von Curare immens.*

***

Mit respektvollem Abstand umlagern wir gespannt Lala Ogok, der
sich auf dem luftigen Podest eingerichtet hat. Nicht vergessen ist

sein ritueller Anruf als Schamane, um die gütigen Geister für eine erfolgreiche Giftmischung zu beschwören. Um sich herum hat er sorgsam eine Vielzahl einfacher Hilfsmittel verteilt. Direkt vor ihm befinden sich eine breite, flache Holzschale, Raspel und Holzzange. Ich kann auch Blätter und unbekannte Zweige in seiner Reichweite auf den inzwischen aufgeheizten Bretterplanken ausmachen. Eine winzige Schale wird hervorgekramt. Ob er wohl weiß, dass sich das fremde Kameraauge sein Geheimnis merken kann? Ich jedenfalls darf schon mal dabei sein, wenn das bedeutende Stammesoberhaupt sein tödliches Gift mischt.

Awang neben mir beginnt bedeutungsvoll, die Namen der Pflanzen zu übersetzen. Zuerst greift Lala Ogok einen Zweig mit grünen Blättern, rupft diese ab. »Dagi«, übersetzt Awang [vom Upasbaum oder dem Omaibaum], die er auf einem Brett wenig spektakulär fein zerraspelt, so das Saft heraus quillt. Und überraschend dringt sein ritueller Anruf als Schamane schallend mit geheimnisvollen Lauten über die Dschungellichtung, um die Geister gütig für eine erfolgreiche Giftmischung zu Stimmen: »Bola yoh leh oh tata layo le...«[6]

Ich erinnere mich an seinen zelebrierenden Ruf mit herbeirufenden Handbewegungen, als er so erfolgreich ein Hüfttuch, den Kabit aus Rindenbast, erzeugte. Nun sind seine Hände mit dem Zubereiten seiner Giftmischung vollauf beschäftigt.

Er unterbricht, blickt sich zu Awang um, erklärt ihm etwas mit lauten bedeutungsvollen Worten. Die kurze Pause nutzt einer seiner braunen Hunde, setzt sich brav dazu, um vielleicht etwas Futter abzufassen. Ich muss grinsen über solche Bilder, die die heimliche Kamera nun hier angeboten bekommt. Eine vertraute Runde von Mensch und Tier, denn nicht nur die unentwegt tschilpenden Kücken in ihrem Flechtkorb sind an meiner Seite, sondern auch gackernde Hühner finden sich ein. Noch immer reibt Lala Ogok kraftvoll das gefährliche Blätterkraut. Er bewegt sich geschickt, um seine Hände nicht an den scharfen Raspelzähnen zu verletzen. Vielleicht ist dieser Blätterbrei bereits die wichtigste Zutat, denn der milchige Saft von Blättern und Rinde ist hochgiftig, darf nicht in die Blutbahn gelangen. Das Gift ist lebensgefährlich. Und während

---

[6] Zelebrierende Laute, die zuweilen nur von Schamanen verstanden werden. Lautsprache nachgezeichnet.

Lala Ogok noch immer raspelt, nimmt Toto Nans Schwatzen hinter mir kein Ende.

Lala Ogok bei der Pfeilgift-Zubereitung

Lala Ogok greift zu dem kurzen Trieb einer braunen Wurzelknolle und entfernt mit dem Parang die Rinde, so dass das weiße Innere sichtbar wird. Dabei schiebt Awang ihm einen dampfenden Stumpen zwischen die Zähne, den er nun mit blasblauen Schwaden genussvoll pafft. Die grüne Gingerpflanze, die man hier Baglau nennt, wird klein gehäckselt und dem Blätterbrei in der Holzschale beigemengt.

Eine kleine Plastiktüte wird geöffnet und eine rote Schotenfrucht entnommen. »Schili«, ertönt es plötzlich, wie im Chor hinter mir. Vermutlich müssen sich hinter mir noch weitere Mitglieder der Familie eingefunden haben. »Chili?«, entgegne ich verwundert. Für mich sind das stinknormale Schotenfrüchte. Awang kommentiert: »Schili is very strong.« – Chili ist sehr scharf.

Ein dürrer Zweig vom Schlingstrauch mit giftigen Früchten (Cocculus), der Laigik, wird zerkleinert und mit der flachen Seite eines Beiles laut polternd ausgebreitet, so dass ein Saft zum Vorschein kommt. Ich bin im Zweifel, vielleicht ist es auch Tabak. Mit seinem lautstarken Pochen auf den Bretterdielen und seinen unverständlichen Rufen hat Lala Ogok unsere vertraute Gemeinschaft nun endgültig gesprengt. Hund und Hühner toben davon. Nur die Küken müssen zusammengedrängt bleiben; sind stumm.

Schließlich greift Lala Ogok zu der scharfen Paprikafrucht, die auch ich als Chili erkenne, und zerkleinert diese. Nach dem Laigik verschwindet auch der Chili im Brei. Nun muss alles schnell gehen, denn der Sanft quillt beim kraftvollen Verrühren mit dem Beil bereits aus den Schnittstellen. Lala Ogok schnappt sich einen winzigen Plastikbecher, wie eine Cremedose groß, und presst den Brei dort hinein, bevor er endgültig nach einer Holzzange langt. Sorgsam wird ein Gemisch des zerkleinerten Pflanzenbreies auf der Holzzange vor der Kamera aufgetürmt. Erwartungsvolle Spannung tritt ein, die nun auch Lala Ogok für Augenblicke stolz genießt, während er seine Hockstellung ein wenig korrigiert. Kraftvoll drückt er die Holzzange, so dass wenige Tropfen des gemixten Pflanzensuds in einen Behälter perlen. »Schoaah«, schallt es über die Dschungellichtung. Lala Ogoks Schläfenadern blasen sich dabei zusehends auf, als wollten sie zerplatzen. Und schon füllt er die wenigen Tropfen Pfeilgift in eine verschließbare, winzige Flasche, um schnelles Verdunsten zu verhindern. Nochmals wiederholt er das kraftvolle Quetschen, wobei sich die Muskelpakete seiner braun glänzenden Oberarme in der Morgensonne spannen und seine Schläfenadern sich erneut zum Zerspringen aufstellen.

Triumphierend schaut er auf. Eine Pause ist nötig, und er langt begehrlich nach seiner bauchigen Zigarette, die ihn zwischenzeitlich abhanden gekommen war. Awang reicht ihm den Pfeilköcher. Ein geübter Stups, dann öffnet sich der Bambusverschluss und ein Dutzend Giftpfeile liegen in Lala Ogoks Händen. Awang beschreibt mir inzwischen jene klobigen, harten schmalen Spitzen und jene Pfeile, die mit Metall- und Knochenspitzen versehen sind und sich besonders für die Jagd auf Rehe und Affen eignen.

Erst jetzt bestreicht er mit der siruparbtig breiigen Flüssigkeit die Spitze eines seiner Pfeile und legt ihn sorgfältig zum Trocknen in die bereits sengende Sonne. Schnell folgen weitere und Ruhe kehrt ein, so dass nun auch Küken und Hühner ihre Stimmen wiederfinden. Lala Ogok hingegen hockt noch immer wie ein Glucke bei seinen Giftpfeilen, bewacht ihre Trocknung, so das niemand diesen unscheinbaren Pfeilspitzen mit Latexgiften aus Pflanzen des Dschungels, die kein Gegenmittel kennen, zu nahe kommt.

»Und diese«, übersetzt Awang Lala Ogoks vehemente Worte und zeigt mit der Hand auf die über ihm an der Decke aufgereihten bleichen Schädel der Schweinsaffen und anderen Tiere: »Sie werden vor dem tödlichen Gift auf der Hut sein müssen, wenn junge Buschmänner mit ihren giftigen Pfeilspitzen auf der Jagd durch den Busch streifen, um Nahrung für ihre Familien zu erlegen.«

Lala Ogok scheint ein wenig erschöpft. Er blickt mich erwartungsvoll an. Ich strahle ihn bewundernd lächelnd an, denn seine klugen Handgriffe beim Mix vor der Kamera sind eine Offenbarung. »Woher kennst du diese Geheimnisse vom Gift mixen?«, frage ich ihn, »Vom Vater?« »Vom Großvater«, antwortete er von Awang übersetzt.

Noch einmal schauen wir uns gemeinsam die martialischen Zutaten des giftigen Suds an, Dagi, Baglau, Laigik und Chili, und bewundern das Wissen, welches von Generation zu Generation weitergereicht wurde, um die *Mentawai*familie ernähren zu können. Erst jetzt bemerke ich, dass in der Zwischenzeit auch sein ältester Sohn Tanago interessiert Vaters Worte verfolgt.

Heilung mit Schamanenformeln

Tage später sind wir durch den schwülwarmen Tropenwald unterwegs. In der Nachbarschaft hat man den Schamanen, den Medizinmann kommen lassen, um eine Frau von ihren Schmerzen zu heilen. »Der Schweinepfad durch das Dschungeldickicht zur Nachbarhütte ist nicht weit«, berichtet Awang. Ein sumpfiger Pfad führt uns durch schattiges Dickicht und erbarmungslose Hitze quält, wenn meine Schuhe mal wieder in den sumpfigen Untergrund einsinken. »Only one hour trekking«, mildert Awang ab. Nur eine Stunde Fußmarsch. Jedoch die quälende Feuchte im dichten Dschungelwald ist die Hölle. Je weiter wir uns vom

Flusslauf entfernen, desto mehr verliert sich unübersichtliches buschiges Grün und wird von Regenwaldstämmen mit hohem Blätterdach und Palmen im Wuselkleid abgelöst. Sogar Sagopalmen findet Awang. Heute jedoch ist nicht der Tag, denn Lala Ogok hat es eilig. Immer wieder müssen wir Anschluss halten, denn zu oft muss man auf ausgelegten Stämmen balancieren, kann nur mit Mühe Schritt halten. Nur dann und wann saust sein messerscharfer Parang mit wuchtigen Hieben durchs Geäst. Nicht einmal ein giftiger Vipernschwanz, eine Schlange, eine Ulo, wie *Mentawai* sie nennen, lässt sich blicken. Aber knackendes Geäst lässt Affen vermuten. Ein Siamangaffe scheint in den schattigen Baumkronen unterwegs zu sein, verkriecht sich. Der hat sicher Glück, denn Lala Ogok trägt kein Jagdzeug bei sich.

Eine kleine Lichtung taucht auf. Eine Stelzhütte, eine Uma, wächst aus dem Buschland, je näher wir kommen. Man erwartet uns. Lala Ogok und Toto Nan treffen auf zwei *Mentawai*, indes Awang, Ingrid und ich in gemessenem Abstand zurückbleiben. Lala Ogok spricht laut mit der Abordnung des Hauses, verteilt Tabak und Zigaretten. »Man empfängt hier einen Schamanen, der eine Frau von ihren Schmerzen heilen soll«, erzählt Awang. »Ob der Mann heilt oder nur Schmerzen lindert, kann ich nicht klar übersetzen.« Schweiß tropft über mein Gesicht und das Warten im feuchten Busch fällt schwer. Hinhocken hier? Nein, danke. Schließlich ruft Toto Nan etwas zu uns herüber. »Komm gehen wir«, lässt Awang vernehmen.

Um in diese Stelzhütte zu gelangen, geht es wieder einmal über Stämme und Holzbalken. Aus einem fensterlosen, finsteren Raum brodelt Stimmengewirr von Männern und Kindern. Ein rauchendes, offenes Feuer glüht in einer Ecke. Rauchschwaden und dunstiger Tabaksqualm quellen aus der Hütte. Es dauert, bis meine Augen mit der schlagartigen Dunkelheit fertig werden. Am Bretterboden des engen, gefüllten Raumes hocken Männer, umdrängen einen auffällig mit Stirnband, bunten Bändern und Halsketten geschmückten Schamanen. Jeweils eine rote Bommel, hinter das Kopfband an seinen Schläfen gesteckt, gehört zur festlichen Kleidung. Sein schweigendes Handzeichen fordert uns auf, Platz zu nehmen. Man hat sich bereits versammelt, während die Ankunft des geachteten Heilers von lautem Palaver begleitet wird. Die Menschen hier vertrauen auf die Heilkraft des Schamanen. Er sorgt dafür, dass das

Buschvolk in Harmonie mit der Natur, mit dem Regenwald und mit den Geistern lebt. Man glaubt an die Kraft des Waldes, der Geister und an die heilende Wirkung des Wassers.

Und wie auf Kommando, geht nach kurzer Pause das um uns tobende Palaver der Männer unvermindert weiter. Man ist bereits ungeduldig, denn erst jetzt rückt eine zierliche mittedreißigjährige Frau mit backenknochigem Antlitz und nur mit einem Hüfttuch umhüllt an die Seite des Schamanen. Dieser scheint hier sowohl der Hausherr der Uma, als auch der Heiler zu sein. Awan flüstert: »This wife has pain in the shoulder.« – Diese Frau hat Schmerzen in der Schulter.

Wie soll ich hier Kameraaufnahmen machen? In der Finsternis suche ich nach der kleinen Kamera, deren vorbereitete Kopfleuchte heute ausreichen muss. Ich hole mir Awangs Zustimmung ein, zeige ihm die Kamera im Rucksack, groß wie ein Fotoapparat. In der viel zu engen Hütte rumort ein polterndes Durcheinander von neugierig auftauchenden Kleinkindern und dem Palaver zweier *Mentawai*.

Schamane bei weihevoller Heil-Zeremonie

Und inmitten der Männergesellschaft hockt die zierliche Frau mit tätowierter, nackter, schimmernder Haut, buntem Halsschmuck und sorgsam gescheitelten Haaren auf den Bretterdielen, erwartet demütig und schweigsam den Schamanen. An ihrem Hüftgürtel trägt sie ihr Trinkgefäß, eine leere Weißblechdose.

Zunächst findet man bei sengenden Tabakstumpen reichlich Gesprächsstoff. Schließlich hockt sich ein junger Schamane nieder, geschmückt mit schmalen bunten Perlenketten, rückt einen Wassernapf und grüne Blätterzweige zurecht und widmet sich dann der Frau ihm gegenüber. Nur wir Fremden und ein paar erstaunte große, dunkle Kinderaugen starren auf die sehnigen Hände des Schamanen.

Mit beinahe unhörbaren Lauten beginnt der Medizinmann seinen rituellen Gesang, indes schwatzende Männer nun wieder mit sich zu tun haben. Weihevoll taucht der Heiler ein spitzblättriges grünes Blatt in die gefüllte Wasserschale und berührt mehrfach behutsam ihre nackte Schulter. Die Blicke der Frau verlieren sich teilnahmslos in der Ferne. Wiederholt, ohne von seinem Singsang abzulassen, berühren die geschickten Hände des Heilers sanft ihre schmerzende Schulter, als wolle er die Pein aus ihrem Körper in das nahestehende Wassergefäß leiten. Fahles Licht und verwischte Schatten fallen abwechselnd auf seine faltigen Hände und lassen seine messingfarbenen Armringe bei jeder Bewegung aufblitzen. Noch immer verharre ich unbeweglich in der unerträglichen Mittagshitze, indes der Schamane sein heilendes Ritual in Harmonie mit der Pflanzenkraft fortsetzt.

Eine düstere Hütte, in der eine flackernde Kerze nur wenig Licht auf ihren braunen Oberkörper abstrahlt. Jedoch keine gespannt ruhige Atmosphäre um mich, wie vielleicht erwartet, sondern üblicher Tumult, als wenn *Mentawai* sich über Neuigkeiten austauschen. Einen der Buschmänner kann ich unbeobachtet mit der Kamera erwischen. Zwei Hunde umkreisen auf Betteltour die am Boden Hockenden. Ein letztes Mal entnimmt der Heiler das Blatt aus der Schale, drückt das Wasser unter beschwörendem Singsang aus dem Blatt, als wolle er damit böse Geister aus dem Blatt entfernen, und berührt erneut die Schulter.

Schließlich überreicht man dem Heiler Tabak. Stolze Schamanen verlangen keine Gaben für ihre Heilprozedur. Ein dürres Huhn oder ein Stück Wild anschließend tut›s wieder einmal bei gemeinsamem Zigarettendampf. Doch Heilkräuter wird man erst morgen sammeln müssen. Auf dem Rückweg reden wir darüber und haben es eilig, unsere Hütte noch vor einem Regenschauer zu erreichen.

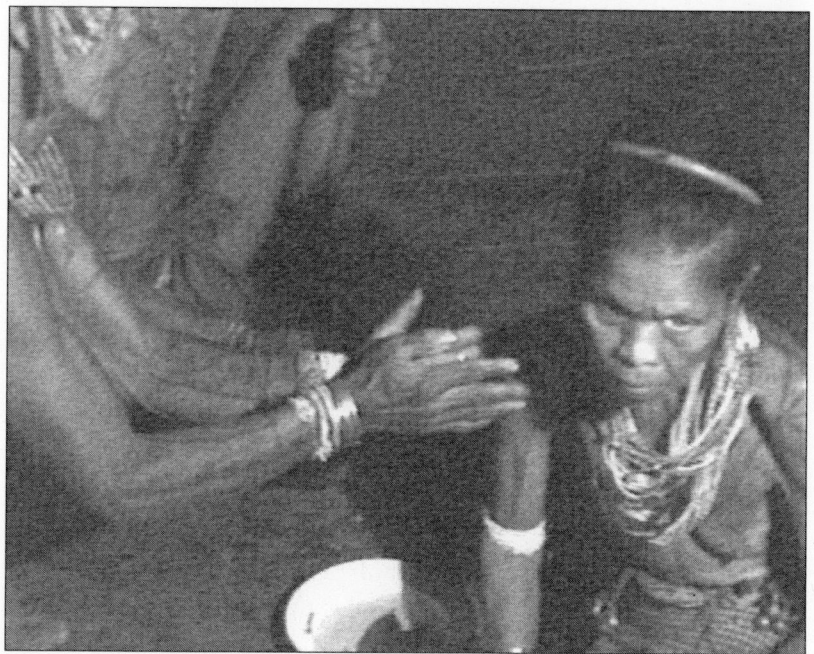

Schmerzende Schulter der *Mentawai*-Frau

Einbaumkanu auf der Dschungelwerft

»Doch es gibt auch noch Unbekanntes, Spektakuläres hier«, erzählt Awang. Man fand auf der Insel Aloebäume, die bereits vor Jahren nach Harz abgesucht worden waren. Ein wohlriechendes Harz aus deren Rinde ein gefragtes Räuchermittel gewonnen wird, das seinen Weg bis nach Saudiarabien gefunden hat.

Ich frage nach, wo man die noch so ursprünglichen Einbaumkanus baut. Awang berichtet »Ein Baumkanu, oder auch Pon Pon, wie man das hier nennt, wird aus einem einzigen Stamm des leichten Katykaholz mit der Axt geschält.«

Flussaufwärts im Norden, im hügligen Zentralland von Rarogot Siberut fällen geschickte Jäger dafür einige dieser riesigen Bäume. Und er erzählt weiter »Die Männer des *Mentawai*stammes dort sind Spezialisten, fällen den Baum und bearbeiten diesen zu einem Einbaumkanu gleich vor Ort im Dschungelbusch.«

In kleinen Gruppen von vier bis fünf Buschmännern zieht man in den Dschungelwald, wo Bäume aus Katykaholz sich in den Himmel recken. Im dichten Unterholz, von mannshohen Farn und Lianensträngen umgeben, wird der Baum mit der Axt unter viel Palaver gefällt. Sie müssen auf vermodertes Holz achten. Dann kracht Geäst unter den Schneiden der Parangs. Man muss Baumstämme gekreuzt in den Boden rammen, um mit biegsamen Lianensträngen diese zu einer Gabel zu verbinden, auf die ein Stamm gehoben wird. Diese Gabel muss den Einbaumstamm tragen, wenn dieser auf Kanulänge geschnitten wird. Eine schwere, kraftraubende Arbeit der Männer, die auch gefährlich ist und mit viel Getöse durch den Wald schallt. Dann ist es soweit und der abgetrennte Kanubaum poltert zu Boden. Zikadengesang begleitet die Arbeit der *Mentawai*. Mit krachendem Beil macht man sich daran, die obere Hälfte des Katykastammes mühsam zu schälen. In der stickigen, schwülen Hitze rinnt selbst dem geübten Buschmann der Schweiß. Man löst sich ab. Ein junger Mann hockt auf dem Stamm und pafft erschöpft, während seine Hände noch immer die Schälhacke umklammern. Eine Schälhacke, ähnlich dem Parangknauf, wo ein geschliffenes Metallstück den geschnitzten Stiel mit festen Rindenschnüren zur Hacke verbindet. Ich habe so etwas auch beim Ausgraben von Wurzelknollen der *Kubu* gesehen. Und am rechten Armgelenk entdecke ich nun das traditionelle Flechtband der *Mentawai*, das Awang auch bei mir und Ingrid angelegt hatte. Die Männer haben ihr Lager auf Knüppelrosten über dem wuchernden Gestrüpp. Sie jagen Beutetiere für ihre Ernährung und sammeln Waldfrüchte, wie Durian und Schoten, graben nach essbaren Wurzeln, die in runden Flechtkörben aus Bast verschwinden. Die *Mentawai* werden hier mehr als drei Wochen verbringen, bevor sie ein fertiges Baumkanu aus dem Dickicht schleppen.

Mentawai-Hochzeit in der Nachbarschaft

Eine Nachricht überrascht: Hochzeit in der Nachbarschaft Tete Beruk. Doch es bleibt nur wenig Zeit. In der Dämmerung geht es in Batus Kanu ein Stück flussaufwärts. In der Nachbarschaft bereitet man sich auf die Festlichkeit vor.

Zum Empfang der Gäste gehört die traditionelle Begrüßung. Gleich zwei Schamanen mit prächtigem Kopfschmuck sind auszumachen. Wir sind spät dran. Bereits aus der Ferne schallt gleichförmiges Trommelgetöse durch den Dschungelwald und Hölzer schlagen rhythmisch auf heller klingenden Bambusrohren. Ein ausgiebiges Festmahl scheint gerade beendet zu sein. Awang erzählt später:

»Die Gäste und Nachbarn haben sich zur Vorbereitung des Festmahls bereits mittags eingefunden. Männer schlachten mit Parangs ein Schwein und einige Hühner. Oft wird ein Wildschein mit wuchtigen Hauern auf festgezurrter Tragestange herangeschafft. Ein anwesender Schamane singt dann mit kehliger Stimme für das getötete Tier und helle Messingglocken ertönen im Rhythmus. Mit dem Gesang bittet man das Tier um Vergebung, bitte die Geisterwelt ihnen die beste Zeit zum Jagen zu verraten. Mit gleichförmigem Singsang schwenkt der Schamane bedeutungsvoll ein Büschel grüner Blätterspitzen.

Nach dem Festessen wird der Schädel des Wildschweins oder eines Affen unter dem Dach sichtbar aufgehängt. So bleiben die Geister im Schädel und sorgen dafür, dass die lebenden Tiere der Wildnis sich wohl fühlen. Ein Huhn schlachtet man ohne Zeremonie, was nicht heißt, das man deren Geister nicht achtet.

Jedes bedeutendes Ereignis der Familie, zum Beispiel der Besitz eines neuen Kanus oder der Bau einer neuen Hütte bis zu einer Hochzeit erfordert die Zustimmung der Ahnen, könnte sie erzürnen. Damit kein böser Geist über die Familie und in das Haus eindringt muss der Schamane die Geister besänftigen; sie um Erlaubnis bitten.«

Und zum Festmahl zurückkehrend setzt Awang fort:

»Frauen und junge Mädchen holen für die Zubereitung des Festessens Wasser vom Fluss. Ihre schwarzen Haare sind glatt in den Nacken geknüpft und mit einem grünen Zweig geschmückt. Und ihre Ellenbogen werden geziert von bunten Bändern und buschigem Grün, wie bei den Männern.

Klein gehackte Schweinestücken, Hühnerfleisch und Sago bedeuten für die Frauen viel Arbeit. Bis in den Nachmittag kann sich die Zubereitung der Festmahlzeit vor der Hütte über offenen Feuern in dampfenden Kesseln hinziehen. Und Kinder streunen dann oft lärmend umher, wie die braunen Jagdhunde der Familie, die auf Reste lauern. Riesige Palmenblätter werden auf den blanken Holzdielen der offenen Veranda als Festtafel ausgelegt und Essenportionen für jeden Gast und jedes Kind verteilt. Kräftige Männerhände helfen beim Zerteilen von Fleischstücken. Dann ist es soweit, wenn Familienclans am Boden, bei gemeinsamer Mahlzeit mit viel Palaver und Tabakdampf eng zusammenhocken.«

In der Hütte bereitet man sich inzwischen mit dumpfen Trommel- und hellen Bambusklängen auf den Tanz der Schamanen vor. Allmählich kommt Feierlaune auf. Junge *Mentawai* üben sich mit donnernden Tanzschritten, bevor die Schamanen an der Reihe sind. Dazwischen Frauen mit aufwendigem Kopfschmuck, wie sie einst die Indianer im amerikanischen Westen trugen.

Lala Ogok wie auch die Schamanen sind festlich gekleidet. Sein mit feinen Mustern tätowierter brauner Oberkörper über dem lockeren Hüfttuch glänzt heute besonders. Er trägt farbige Bänder mit aufgefädelten feinen Plastikperlen um beide Handgelenke und ein schwarzweißes Stirnband, welches heute zusätzlich von einem grünen spitzblättrigen Blatt geschmückt wird. Bunte Schleifenbänder an den Ellenbogen werden mit grünem Farn verziert, wie es auch ein Blütenzweig an der linken Schläfenseite tut. Den Hals verziert ein reifenförmiger Schmuck, wo verschiedenfarbige, zierliche Pflanzenhölzer auf einen Faden aufgefädelt wurden. Nur Awang und Batu sind im T-Shirt unterwegs.

Drei Schamanen mit aufwendigem Kopfschmuck über ihrem bunten Stirnband lassen Handglocken im Rhythmus von Trommeln und Bambus erschallen. Es dröhnt die Hütte, wenn Männer mit stampfenden Füßen tanzen, sich kreisend bewegen und mit grünen Blattspitzen in den ausgestreckten Händen für magische Aufmerksamkeit sorgen. Mystische Gräser. Nur dann und wann stimmen die Schamanen mit eintönigem Ruf ein »Eh, je, je, je, je,....«[7]

---

[7] Zelebrierende Laute, die zuweilen nur von Schamanen verstanden werden. Lautsprache nachgezeichnet.

Tätowierte Buschmänner mit Farnzweigen, Blätterbüschel im Hüfttuch und mit buntem Stirnband, an dem man Pflanzengrün oder Federn befestigte, haben sich versammelt. Schamanen imitieren mit an die Hüften angelegten Armen bedeutungsvoll Vögel, bitten die Geister des Waldes um ihren Schutz. Ihre buschgrün geschmückten Arme sind dabei zu Flügeln angewinkelt. Man tanzt kreisend im Rhythmus von sich abwechselnden Trommeln, Bambusklang und Singsang mit nackten Füßen stampfend über polternde Holzplanken und lässt die Hütte erzittern. Immer wieder folgen rituelle Bewegungen der jungen *Mentawai* zu eintönigen Trommelrhythmen und hellen metallischen Klängen in der Düsternis. Dazwischen wechseln sich junge Frauen in bunten, auffallend blinkenden Gewändern ab. Ihre graziösen, fremdartigen Tanzbewegungen gleichen einer traditionellen Zeremonie.

Hochzeit bei den *Mentawal's*

Ein junges Paar, das Brautpaar mit bunten Gewändern aus Baumfasern, tritt in den engen, düsteren Vorraum. Der Bräutigam mit auffallend breitem Hüfttuch, einer traditionell verzierten Rindenbastschürze, führt seine Braut in den lärmenden Gästekreis der sich dicht am Boden drängenden Clangesellschaft. Der junge Bräutigam musste viele Schweine, Hühner und Geschenke der Brautfamilie überlassen, ehe man dieser Hochzeit zustimmte. Nun ist die Prozedur des Palaverns dem Feiern gewichen.

Unentwegt schallen die Trommelklänge mit lärmenden Rhythmen durch die inzwischen hereingebrochene Nacht. Abwechselnd tanzen junge stolze *Mentawai* polternd nach trommelnden Rhythmen. Spannung kommt bei den Frauen, Kindern und Gästen auf, die sich am Hüttenrand der offenen Veranda aufgereiht drängen und fasziniert das Treiben verfolgen. Plötzlich überrascht die junge Braut, die sich gebeugt an den nackten Rücken ihres Bräutigams schmiegt. Ihre Handgelenke sind umklammert, während sich beide im engen Kreis zwischen jungen Tänzern barfüßig stampfend im Rhythmus bewegen. Ihre Augen sind geschlossen. Die ganze Stelzhütte scheint ins Wanken zu geraten.

Das *Mentawai* Brautpaar

Hier, im fahlen Licht zwischen Tanzenden scheint ein *Mentawai* bereits in Trance zu geraten. Umstehende müssen ihn auffangen, während man unentwegt den Tanz fortsetzt. Über Stunden zieht sich bereits die tosende Zeremonie hin, nur dann und wann von einer Pause der Trommeln unterbrochen.

Ein junges *Mentawai*pärchen erwische ich beim nächtlichen Imbiss. Ein stolzer *Mentawai* mit traditionellem Kopfband und auffälligem Halsschmuck schaut mich herausfordernd an, langt hungrig nach weißen Sagostäbchen. An seiner Seite hockt eine junge Frau. Ihre braunen geschmückten Körper glänzen festlich im schimmernden Licht. Noch immer folgt die Braut tief gebeugt im zeremoniellen Tanz mit donnernden Schritten ihrem Bräutigam, als wären ihre Hände angekettet. Man berichtet: »Oft verlaufen Tänze der Braut in Trance im ewigen Halbdunkel ihrer Hütte.« Ich weiß es nicht, denn wir Fremde werden schon kaum noch beachtet.

Donnernde Tänze in der Dschungelfinsternis

»Der Schmetterlingstanz!«, ruft Awang mir zu. Dabei reiht sich die Braut zwischen den Männern ein. Von donnernden Rhythmen begleitet, tanzt ein Schamane gebückt vor dem jungen Brautpaar. Seine geschmückten Arme, in die Hüfte gestützt, imitieren die Flügel eines Schmetterlings, dem sich die kleine Gruppe anschließt. Es blinkt von den nackten Oberkörpern der tanzenden Buschmänner, wenn sich ihr funkelnder Halsschmuck im matten Kerzenschein und Petroleumlicht widerspiegelt. Awang rät zum Aufbruch, verständigt sich mit Lala Ogok und Batu. Irgendwie möchte die Hochzeitsgesellschaft Fremde los werden. Junge stolze Männer einer kleinen Gruppe abseits ahmen Bewegungen beim Filmen oder Fotografieren nach, was auf eine eher verachtende Herausforderung schließen lässt. Man springt aus der Finsternis ins fahle Licht, profiliert sich mit geschmeidigen Bewegungen und Grimassen vor den anderen. Ich fühle mich ertappt, will fort von hier. An bleichen Gesichtern der *Mentawai* vorbei, zwischen kläffenden Hunden hindurch, geht es in der Finsternis zum Flusslauf. Ich halte mich dicht neben Awang, denn ich muss auf den Weg achten. Mein Puls rast. Ich bin froh, als Batu ablegt und das Kanu flussabwärts treibt.

Zu groß sind die Barrieren von Kultur und Sprache zwischen uns. Und noch lange werden dumpfe Trommelrhythmen durch den Dschungel schallen. Erst jetzt begreife ich Erzählungen anderer, die von einem liebenswerten Volk mit grenzenloser Gastfreundschaft berichteten. Noch in der Nacht sind wir zurück, krabble ich mit gemischten Gefühlen unter mein Moskitonetz, lausche noch Augenblicke in die finstere Dschungelnacht.

Aus den Sumpfwäldern zurück

Vorzeitig kehren wir aus der Wildnis zurück, denn zu rüde geht die schwülheiße sumpfige Dschungelwelt mit uns um. Zu unwirklich sind die Strapazen der Wildnis. Nur Lala Ogok scheint uns Fremde zu vermissen. Seine mir oft unverständlichen Worte glichen wir mit geduldigen Gesten aus, wenn Awang wieder einmal nicht rechtzeitig am Ort war. Der Abschied fällt mir nicht leicht.

Den Sonnenuntergang erleben wir an der Mündung des Siberut. Jedoch begleiten mich meine Gedanken noch lange Zeit und erinnern mich an die traditionelle Idylle der *Mentawai* in der Dschungelwildnis, ihrer abgelegenen Inselwelt, einem Juwel im Dschungelbusch.

Fährboot als Seelenverkäufer

Schon am frühen Nachmittag holt uns Awang von unserer bescheidenden Küstenbleibe ab, obwohl unser Fährschiff erst abends ablegt. Awangs Begleiter besitzt einen winzigen Transporter, der an den beiden Fährtagen der Woche zwischen der Küstenortschaft und dem Naturhafen pendelt. Awangs Fahrer, ein junger kräftiger Mann in kurzen, löchrigen Jeans, mit knochigem Gesicht und braunem Oberkörper, macht sich an einem rostigen, blau lackierten Blechgefährt zu schaffen, einem Bemo. Der Bemo ist ein motorisiertes Dreirad mit Pritsche, von einer löchrigen ausgeblichenen Plane gegen den täglichen Regenguss geschützt. Man verstaut unser Gepäck ehe Ingrid und ich auf dem schmierigen Pritschenboden hockend Platz finden, während Awang sich zum einheimischen Fahrer in die enge Kabine gesellt und sich auf vermülltem Blechboden niederlässt. Es geht über eine schmale Sumpfpiste durch den Mangrovensaum an der Ostküste entlang, wo dann und wann Holzbalken den festen Untergrund ersetzen. Einmal soll es eine Holzbrücke sein. Jedoch muss ein schmaler Holzrost genügen, wo unser Fahrzeug auf morschen Balken balancieren muss, um nicht durchzubrechen. Doch das Bemo rollt, und ein Hauch seidiger Küstenluft zieht durch fehlende Seitenfenster, die man bei Tropenluft sowieso nicht braucht. Selbst hier in der sumpfigen, von Moskitos geplagten Uferzone hat man sich mit einfachen Bretterhütten unter schattigen Mangroven angesiedelt.

Nach einer Stunde Küstenfahrt erreichen wir eine dschungelbedeckte Bucht, vielleicht auch ein sumpfiges Mündungsgebiet. Dahinter blickt man auf die offene See des Indischen Ozeans. Unsere Fahrt endet abrupt an einem verschlafenen Naturhafen mit üppigem Grün. Aus der Ferne kann ich ein uraltes Holzschiff ausmachen, ein Fährschiff, das ich von Bildern her kenne: die Sumber Rejeki. Ihr Heimathafen ist Kota Padang. Ein von moosigem Grün überwucherter Betonweg führt bis an den viel zu kurz geratene Pier. Wir entladen an einem verwaisten Imbissgebäude, denn bis zum Ablegen der Fähre um elf Uhr abends bleibt noch Zeit. Awang schnappt einige Gepäckstücke und macht sich zu Fuß zum Schiff auf. Inzwischen treffen wir auf einen munteren Trupp junger Surfer, die mit ihren einheimischen Guides gerade die Küste erreichen. Die fünf lang aufgeschossenen Männer mit gebräunten Oberarmpaketen und luftiger Sportkleidung überragen ihre drei einheimischen Guides um nahezu einen halben Meter. Keiner der fünf Fremden ist kleiner als zwei Meter. Wir unterhalten uns, denn die jungen Männer zwischen zwanzig und dreißig interessiert meine Kamera-Ausrüstung und woher wir kommen. Sie waren zum Surfen in den kristallblauen Gewässern vor der Westküste Siberuts. Dort trifft man die mutigste Surferelite aus aller Welt. Die Männer aus der Gruppe kommen aus Brasilien und Australien. Sogar aus Kobe in Japan reiste einer, der schwarzhaarige Modellathlet mit vernarbtem Oberkörper, an. Bei gemeinsamer Sprache auf Englisch gibt es viel zu berichten. Von den jungen Riesen erfahre ich, dass unser Fährschiff erst nach Mitternacht ablegen wird. Ich will es nicht glauben, erwarte Awang vom Fährschiff zurück. Es bedeutet für uns in dieser schwülen Hitze über Stunden hier an Land oder an Bord des Schiffes zu verbringen.

Awang kommt, ist zerknirscht über meine Frage zum Ablegen des Fährschiffes. Schließlich lenkt er kleinlaut ein, zeigt auf den behäbigen Schiffspott und berichtet vom nächtlichen Ablegen. Doch stolz erzählt er, dass er eine Doppelbettkabine für uns buchen konnte. Schließlich geht es mit viel Gepäck über den Betonweg zum Fährschiff, indes unsere Surfercrew zurück bleibt und die Bierbüchsen knallen lässt.

Ich habe das Fährschiff schon auf Bildern betrachtet. Jetzt, wo wir mit jeder Minute uns dem Kai nähern, zweifle ich an der Tauglichkeit, ob damit ein Stück Küstenabschnitt im Indischen Ozean vor Sumatra zu schippern sei. Ein von der rauen See verwittertes, riesiges Holzschiff hat hier festgemacht. Vernarbte Bordplanken als Rumpf und Bretter als Decksaufbau, weiß getüncht, scheinen das Schiff schon mehr als hundert Jahre zusammenzuhalten, wenn es über die oftmals rauen tropischen Küstengewässer geht. Obenauf die winzige Brücke des Kapitäns. Als Fenster dienen in die Bordwand eingelassene Luken, wie die von einer uralten Fregatte aus dem 18. Jahrhundert, aus denen Bordkanonen im Seegefecht feuerten. Immerhin hat man mit dunkelblauer Farbe für ein wenig Design gesorgt. Ein dumpf dröhnender Diesel soll unser Schiff voranbringen. Vom Schreck des Anblickes gerade erholt, fordert mich Awang auf:

»Wir müssen aufs Boot dort«, lädt er uns freundlich ein. Für Augenblicke verschlägt es mir die Sprache.

»Darauf?«, frage ich zögernd zurück.

Männer der Schiffscrew sind bereits beim Verladen. Über eine schmale glitschige Holzrampe, breit wie eine Hausleiter, müssen wir unser Gepäck selbst an Bord schaffen. Die Männer haben das Verladen für wenige Augenblicke unterbrochen. Man schaut entspannt, grinst, wie wir uns dicht über der Wasserlinie durch die niedrige, seitlich geöffnete Bordwand in den Schiffsbauch bewegen. In der Düsternis schlägt mir fauliger Gestank entgegen und ein heilloses Durcheinander von bereits eingelagerten Bananenstauden, Kokos, Korbwaren und Sonstigem tut sich unter mir im Schiffsrumpf auf. Ich muss auf Ingrid achten, denn jetzt turnen wir auf einzelnen, schwankenden Brettern über dem düsteren Ladebauch, um die marode Holztreppe ins hintere luftige Oberdeck zu erreichen. Awang muss zurück, denn weiteres Gepäck steht noch am Pier.

Das alte Fährschiff *Sumber Rejeki*

169

Inzwischen haben Ingrid und ich die von Awang hart erstrittene Kabine inspiziert. Eng ist die Koje, eine von Kakerlaken verseuchte Kabine mit verdreckten Schlafmatten, deren zwei übereinander angeordneten Betten viel zu kurz sind. Zunächst bin ich froh über unsere Kabine, denn im extrem engen Flur bleibt kein Platz für Gepäckstücke. Erst bei näherer Betrachtung erinnere ich mich an jene spektakulären Segler der frühen Auswanderer nach Australien und Neuseeland vor 200 Jahren, die ich vor Englands Küste jüngst besichtigte.

Zwei riesige geöffnete Luken in der Bordwand sorgen für Unruhe. Nutzt man diese zur Lüftung auf See, so ist zu befürchten, das man bei unruhiger Dünung über Bord geht. Eine Klimaanlage gibt es nicht. Und den herumjagenden Kakerlaken würde das kühle Klima auch nicht behagen. Alles ist Jahrhunderte lang in der Seefahrt erprobt.

Noch ist stickige Hitze, obwohl durch die weit geöffneten Luken modrige Tropenluft eindringt. Immerhin lassen sich diese Bordfenster wenigstens durch eingeklemmte Bretter schließen. Ich winke ab, habe mich sofort entschlossen, vor der Kabinentür mein Nachtlager einzurichten. Schweißtropfen rinnen mir von der Stirn. Ingrid zerrt verschwitzt ein Handtuch aus der Tasche, blickt sich entsetzt um. Sie wird bleiben müssen. Und vorwurfsvoll an mich gerichtet, sagt sie: »Ich habe inzwischen gelernt meine Phantasien gewaltsam auszuschalten.« Das Gepäck verbleibt in der Kabine, gebe ich kleinlaut von mir, versuche abzulenken.

Rucksack, Schuhe und ein Handtuch rücke ich mir zur Nacht zurecht. Awang beobachtet mich, besorgt noch eine dünne, grüne Plastikmatte. Zäh verrinnt die Zeit, bevor sich die Dunkelheit plötzlich über der Bucht ankündigt. Bisher haben wir Stunden mit abwechselndem Publikum auf harten Bänken am luftigen Schiffsheck verbracht. Um mich herum genieße ich den modrigen Dschungelduft, der vom Ufersaum heranströmt und den ich schon bald vermissen werde. Vogelgezwitscher, aufflatternde Tiergeräusche und über der Wasserlinie springende Fische in der mondlosen Finsternis, die wie auf Kommando gemeinsam auf die Wasseroberfläche klatschen, sorgen für eine unvergessene Faszination. Nur das dumpfe, eintönige Dröhnen des Dieselgenerators schützt mich dann und wann vor dem unentwegten Palaver einiger Passagiere. Allmögliches Getier, nachtaktive Ratten und Mäuse, die unter den Bodenrosten das Deck nach Nahrungsresten der Passagiere suchen, klappern oder quietschen schrill.

Ingrid hat sich bei geschlossenen Luken in die stickige Kabine zurückgezogen. Erstmals habe ich Zeit, fühle ich mich unwohl, denn mit diesem atemberaubenden Siberut habe ich Ingrids Gesundheit aufs Gröbste riskiert. Zu krass weicht unsere Lebensweise von derjenigen der Urbewohner in den entlegenen Dschungelwäldern ab und zu brutal stellt sich ihre tropische, malariaverseuchte Umgebung uns entgegen, die auch von mir alles abverlangt. Eine entrückte Lebenswelt liegt hinter uns, die mir einst fremd und unendlich fern erschien. Nun, am nächtlichen Kai von Siberut, auf einem uralten Fährschiff mit muffiger Bananenfracht unter mir, habe ich Zeit, unendlich viel Zeit. Wir müssen die Flut abwarten, die uns mehr als zehn Stunden später in die Gewässer des Hafens von Padang einlaufen lässt.

Erst mit vorrückender Zeit beginnt sich der Schiffsbauch geräuschvoll und lärmend mit Passagieren zu füllen. Nun wechsle auch ich in den engen Schiffsflur, denn von Mal zu Mal schrumpft mein Schlafplatz vor Ingrids Kabinentür. Immer öfter drängen Einheimische ohne Ticket klammheimlich ins teure luftige Oberdeck. Ich muss drängen, um einen Rest Schlafplatz zu verteidigen. Nun liege ich auf rohen Planken, kann den vorbeiflitzenden Kakerlaken ins Antlitz schauen. Wer hier öfter zwischen den Inseln pendelt, kennt sich aus, schubst diese zigarettenlangen Tierchen grob beiseite, wenn sie dem einen oder anderen zu nahe kommen.

Bei lähmenden schwülheißen Temperaturen verrinnen die Stunden nur zäh bis zum Auslaufen des maroden Schiffspotts. Awang habe ich lange nicht mehr gesehen. Ich vermute ihn irgendwo im Unterdeck. Inzwischen munkelt man über ein verspätetes Ablegen des Fährbootes, erst nach Mitternacht. Unser Boot wird sich im Hafen von Padang verspäten, da wir auf die Flut warten müssen. Nun, ich habe Zeit, will mich persönlich über das Ablegmanöver überzeugen.

Noch einmal mache ich mich auf, um über den engen Treppenaufgang mit seinen reich gedrechselten Geländerstäben ins Untergeschoss zu gelangen. Man raucht hier ungeniert auf dem alten Holzkasten. Ingrid bemerkte bei unserem letzten Gespräch: »Es fehlt nur noch, dass man ein Grillfeuer entzündet.« Dann befinde ich mich im Unterdeck, ein roh gezimmerter Schiffsbauch, nur von wenigen Stützen verstellt, wo sich einheimische Passagiere auf Bastmatten drängen. Ich muss das gesamte Mittelschiff durchqueren, um auf die Brücke zum Kapitän zu gelangen. Man hat die Ladeluken zum Schiffsbauch mit schmierigen Planken verschlossen. Auf hellem Mattengeflecht lagern kreuz und quer Familien mit Kleinkindern, haben sich für die Nacht eingerichtet. Jugendliche toben und sogar Babys werden für die Nacht gewickelt. Anderswo hockt man in kleinen Gruppen beim Abendessen zusammen, schwatzt gedämpft.

Ich mache mich auf, um mir meinen Weg über Leiber bereits schlafender Passagiere und deren Gepäckstücke zu bahnen. Schließlich stehe ich vor einer kleinen Gruppe Hartgesottener. Männer haben bunte Spielkarten mit Figuren und Symbolen auf den Bastmatten breitgefächert ausgelegt. Es ist kein Durchkommen. Und obwohl man meinen Wunsch durchzuschlüpfen bemerkt, rührt sich keine Hand. Soll ich aufgeben, schießt es mir durch den Kopf. Ich deute mit meiner Hand auf ein paar Karten, will mir massiv Platz verschaffen. Ein schmächtiger Aggressiver im Baju Koko-Hemd mit traditioneller Kopfbedeckung, dem Pece und viel kleiner als ich, erhebt sich bedrohlich, funkelt mich grollend an. Erst sein einlenkender Partner fasst diesen beherzt am Arm, gibt mir freundlich den Weg frei. Zwei, drei bunte Karten wechseln ihren Platz und ich kann durchschlüpfen.

Eine kleine Treppe führt mich in eine dunkle Nische ins Obergeschoss. Eine winzige Tür. Hier muss es sein. Ich stoße die Tür auf und stehe plötzlich auf der engen Kommandobrücke des Schiffes. Im faden Deckenlicht erblicke ich den Kapitän in seinem Rudersessel. Durch die weite Frontscheibe kann ich in der Dunkelheit ein paar Decksleuchten vom Bug ausmachen. Ein stämmiger, weißhaariger Seemann im gelben T-Shirt mit breitem, schläfrig braunem Gesicht, blickt mir aus engen Augenwinkeln fragend entgegen. Er ist freundlich, sein bärtiges Gesicht verzieht sich breit lächelnd. Und da ich ihn auf Englisch nach der Abfahrt des Schiffes anspreche, berichtet er mir freundlich über die weitere Verspätung. Durch die im Hafen von Padang erwartete späte Flut verzögert sich unser Ablegen auf zwei Uhr. Nun ist es verbindlich. Ich werde erst mittags in Padang sein.

Zurück muss ich erneut durch die Kartenblockade. Dieses Mal lotst mich der höfliche Nachbar sofort über die Bastmatte. Während Ingrid bei unerträglicher Hitze in unserer Kabine ausharrt, nehme ich erneut mein Schlaflager vor ihrer Tür auf den Planken des Oberdecks ein. Luftiger ist es am nahen, offenen Heck, das jedoch auch eher von lästigem Ungeziefer bevorzugt wird. Die Dschungelwildnis hat mich vieles gelehrt: auch mich mit den üblichen Kreaturen der Tropen abzufinden, wenn man ihre flinken Beinchen aus nächster Nähe beobachten kann.

Eine auf die noch freien Kabinen im Oberdeck anstürmende Meute junger weißer Fremder bringt erneut lärmende Unruhe ins Schiff. Die zu lang geratenen, jungen Surfer von den Küsten Rios, Australiens und Japans mit ihren einheimischen, aufgeblasenen Guides von der Sumatraküste haben die verzögerte Abfahrt mit viel Bier verkürzt. Nun ist man im Rausch, will an frischer Luft die krakeelende Party fortsetzen. Es sind jene euphorischen Exoten, die oft um die ganze Welt jetten, um auf den höchsten Wellenkämmen ihr junges Leben zwischen den Korallenbänken zu riskieren. Von meiner Schlafplanke aus blicke ich auf, schaue in die überschäumenden Gesichter der langen Surfergarde, die uns vor Stunden begegnete. Man hat mich entdeckt, trabt mit voller Mannschaft auf mich zu, um nun auch noch einen Europäer in ihre riesigen tätowierten, langen Arme zu schließen. Bierbüchsen wandern mehrfach durch die krakeelende und lärmende Gesellschaft. Einesteils bin ich froh über jede Abwechslung, andererseits ist es weit nach Mitternacht und das findet nicht bei allen Passagieren vollen Zuspruch. Schließlich erkunden diese riesigen Kerle mit lautem Gelächter ihre winzigen Kabinen, lassen schon mal ihre langen Beine laut polternd übers Bettgestell ragen. Ich liege bereits auf harten Planken, als endlich weit nach Mitternacht das Schiffssignal zum Auslaufen mahnt.

Still ist es erneut geworden und bleierner Schlaf überfällt mich, nachdem ich endlos einem tuckernden Diesel gelauscht habe. Plötzlich schrecke ich auf. Polternd wird der Schiffsmotor angelassen. Der ganze hölzerne Schiffsrumpf bebt. Schließlich ertönt ein trompetendes Signal, der Dieselmotor dröhnt heller, während das Schiff beinahe unmerklich rückwärts vom Kai ablegt. Sicher ein erlösendes Aufatmen bei jedem Passagier, denn mit dem Erreichen der offenen Bucht hat die feuchtheiße Tortur ein jähes

Ende, fegt frische Seeluft heran. Dichter Nebeldunst liegt über der Bucht, was mir bisher in der Dunkelheit entgangen ist. Erst im tastenden Scheinwerferlicht ist eine dichte Nebelwand über dem Gewässer auszumachen. Schnell nimmt das Schiff Fahrt auf und schon bald erreichen wir die offene, finstere See. Man schnappt nach frischer Seeluft, streckt sich zur Nacht irgendwo auf Planken oder sucht sein Lager auf knochenharten Bänken. Die Dünung wird heftiger je weiter die Inselküste am finsteren Horizont endgültig untertaucht. Zwischen abgestelltem Gepäck, Beinen von Schlafenden, Frauen unter bunten Tüchern nehme ich erneut mein Nachtlager ein.

Ich muss für einige Zeit eingeschlafen sein, schrecke plötzlich vom lauten Knall ganz in meiner Nähe auf. Bei der faden Schiffbeleuchtung ist nichts auszumachen. Eine Kabinentür poltert auf und einer der Surfer tritt vor die Tür, reibt sich seine schmerzende Schulter. Kleinlaut verkündet er den verschreckt Aufschauenden: »My bed was just broken.« – Mein Bett ist zusammen gebrochen. Ich spreche ihn an »Can I help you? Do you have pain?« – Kann ich helfen? Haben Sie schmerzen? Er wehrt dankend ab und taucht in der Kabine ab.

Inzwischen fegen kühle Winde über die offene See. Die Dünung nimmt mehr und mehr zu und weiße Schaumkämme zeigen sich bedrohlich am Horizont, so dass ich es vorziehe, meine Matte auf den Planken aufzusuchen. Ein Blick in Ingrids Kabine gibt Entwarnung, denn auch hier ist die Seeluft angekommen. Dann und wann gibt es einen gewaltigen Stoß gegen die Schiffwand, wenn sich eine auftürmende Welle verirrt hat und gegen die Bordwand knallt. Ich hoffe, dass der Kapitän Recht behält, denn er berichtete mir über gutes Wetter. Die Schlagzeile »Schiffsfähre vor ... gesunken« ist nicht neu. Ob Monsterwelle, Seebeben oder Orkan ist schließlich egal.

Erst in den Morgenstunden kehrt Ruhe ins Schiff ein, denn mit der rauen Dünung beginnt man auf dem Oberdeck zu frösteln, wenn Temperaturen nur wenig unter dreißig Grad sinken.

Mit der aufgehenden Sonne gegen sechs kehrt die Zuversicht bei den Passagieren zurück – eine letzte Auszeit bei erträglichen Temperaturen. Man ist ausgedörrt, von Insekten vernarbt und des ewigen Kampfes gegen die schwülheißen Temperaturen überdrüssig.

Ein letzter Blick: Am diesigen Horizont taucht Sumatras Küste auf. Doch es werden noch Stunden vergehen, ehe wir den Hafen von Padang erreichen. Blaues Meer hier, dort eine der paradiesischen Palmeninseln vor Sumatras Küste, einsam mit traumhaft weißen Sandstränden. Ein endgültiger Abschied vom Archipel *Mentawai*.

ZWISCHEN GROSSSTADTCITY UND DSCHUNGELCAMP

Ankunft in der Hauptstadtcity Medan

Der Flughafen Minagkabau vor der Küste Padangs. Eher verwaist liegt das moderne Flughafengebäude mit seinen traditionellen zierlichen Spitzdächern in der lähmenden Mittaghitze. Wir sind zu früh dran, denn die unberechenbare Autofahrt vom Himmelsdach aus tausend Meter Höhe, aus dem kühl gelegenen Gipfelhotel zu Füßen des Vulkans Marapi hat uns morgens zur Eile aufgescheucht. Kühl, ja, denn immerhin haben wir um sechs Uhr morgens fünfundzwanzig Grad auf der Hochebene.

Awang hat uns rechtzeitig vom Hill Hotel in Bukittinggis Hochland abgeholt, wo wir von den Strapazen der Tropen eine Auszeit nahmen. Bereits früh dränge ich zum Aufbruch aus der luftigen Nachbarschaft zweier Vulkankegel. Eine durch enge Talschluchten führende Buckelpiste, die von zahllosen Fahrzeugkolonnen wahrhaft traktiert wird, führt talwärts in endlosen Serpentinen über mehr als achtzig Kilometer zur sonnenüberfluteten Küstenstadt Padang. Auf dieser einzigen Asphaltverbindung bewegt sich alles, was auf Rädern rollen kann im Schritttempo, vom wuchtigen hoch beladenem Truck bis zu einem zum LKW mutierten Motorrad, dem Helicak mit seinem einfallsreichem Turmaufbau, der von beweglichen Marktständen kaum noch zu unterscheiden ist. Selbst die Becaks, mit Muskelkraft betriebene Fahrradvehikel, mischen mit. An einen Überholvorgang auf extrem schmaler Gebirgspiste mit Haarnadelkurven ist nicht zu denken. Und in den Ortschaften staut sich alles vor den dicht umdrängten Markständen. Einer der ausschaut wie ein polizeilicher Ordnungshüter fuchtelt verwegen mit seinem Armen inmitten von quetschenden Blechkarossen und motorisierten Schnäppchenjägern. Selbst die unter Schutzhelmen blickdicht Verborgenen halten vom Sozius aus Ausschau nach günstigen Kaufangeboten der bunt gekleideten Marktfrauen. Man stützt sich mit den Beinen am Boden ab, stupst sich gemächlich voran ohne den laut knatternden Motor zur Eile zu bemühen. Wen kümmert es, ob deshalb ein Verkehrsstau droht. Frauen mit dunklen schulterlangen

Tüchern, die ihr pechschwarzes Haar verhüllen, mit langen Röcken in gedeckten Farben unterwegs sind, Männer, Schulkinder mit weißen Hemden und langen Röcken oder Hosen schlendern mit ihren Schulrucksack vorüber. Dazwischen lautes Palaver, Marktgeschrei, jedoch irgendwie schiebt man sich aneinander vorbei. Unfälle oder Verkehrsschrott begegnet man selten. Schließlich haben die Leute hier auf dem Lande ihren gewohnten Lebensrhythmus nicht aufgegeben. Abseits von der quälenden Piste gibt es noch einen Hauch blühender Gärten, fruchtbarer Felder und bizarrer Gebirgszüge, an deren steilen Flanken sich noch ein Rest unwegsamer Regenwald klammert. Man hat sich hier, wie überall auf der Tropeninsel, auf die wenigen verkehrsreichen Magistralen ins Umland und in die Anschlussregionen der benachbarten Javainsel eingestellt.

Einziger Lichtblick: der ersehnte Wasserfall, welcher nach einer erneuten Haarnadelkurve uns ins Blickfeld gerät und signalisiert, dass wir die Berge hinter uns haben und der grünen Küstenebene entgegen streben. An Siedlungen vorbei zwischen Palmengrün und stufigen Reisfeldern erreichen wir schon bald Padangs Stadtgrenze. Ungewöhnlich rasch, wesentlich schneller, als ich vermute, biegt Awang gegen elf zum Flughafen ab. Gähnende Leere im hellen Abfluggebäude mit seinen wenigen verwaisten Schaltern. Und nur eine Handvoll Airlines sind bis zu unserem vorgesehenen Abflug um 14.10 Uhr angezeigt. Also geduldig warten.

Inzwischen kommt Betrieb in die schlicht ausgestattete, jedoch relativ neue Abflughalle. Ob es hier auch eine Klimaanlage gibt, versuche ich mich abzulenken. Inzwischen hat man ein paar Inlandflüge aufgerufen, die von hier aus, den ausgedehnten Inselarchipel Indonesiens verbinden. Mehrere Maschinen nach Jakarta stehen zum Abflug bereit. Ich bin dem Dispatcher der Inlandfluglinie nach Medan auf seine Amtsstube gerückt, denn auch zehn Minuten vor unserem Abflug gibt es keine Nachricht auf der Anzeige. Unter den vornehmlich einheimischen Fluggästen ist man geduldig. Während ich dem Beamten zu entlocken versuche, ob überhaupt noch eine Maschine zu erwarten ist, gibt es die erlösende Entwarnung. Man beruhigt, die Verspätung holt der Pilot schon auf. Aber wer glaubt schon solchem Geschwätz, wenn der Flug nur eine Stunde dauert. Für mich eine ersehnte Nachricht, wo doch heute jede Minute zählt. Ich habe ein wichtiges Interview mit der Tabakprominenz Medans extra in die Abendstunden verlegt. Mehr Zeit finde ich nicht auf meiner turbulenten Wegstrecke durch Sumatra.

Die zweimotorige Propellermaschine erhebt sich dröhnend vom Flugfeld der glutroten Sonne entgegen. Inzwischen haben wir halb fünf, späten Nachmittag, und die Schatten werden bereits länger. Schon bald schwinden im dunstigen Grau die aufragenden Bergrücken, die noch Regenwald bedeckt und schattig abfallende Ölpalmwälder verlieren sich in den endlosen Weiten. Längst haben wir Sumatras Tropenperle, den Kerinchi Nationalpark erkundet, da richtet sich unser Blick erneut auf dichten Dschungelbusch, ein Tropenparadies, den Leuser Nationalpark im Nordwesten. Aus der Flughöhe sind unübersehbare Forstgebiete von Monokulturen mit Palmölplantagen auszumachen. Ölpalmwälder, soweit das Auge reicht, wechseln sich mit üppigem Grün des Feldanbaus ab. Von Regenwald hier keine Spur.

Neunhundert Kilometer von Padang entfernt, an Sumatras Nordostküste, nahe der Straße von Malakka, erreichen wir Sumatras Provinzhauptstadt. Medan ist ein völkerreicher Landstrich des Islams voller Kontraste mit 3,2 Millionen Einwohnern. Man begegnet in dieser Region einer einzigartigen Mischung aus verschiedenen Rassen, Sprachen und Dialekten, wo einst Batakerstämme die Kultur prägten. Seinerzeit von kolonialer Vormundschaft verwaltet, beherrschen heute Erdölförderung, Raffinerien, Bergbau und Verladeterminals die Stadt. Eine von Industriesmog geplagte moderne City mit Betonbauten, Glaspalästen, Einkaufscentern und Businesstowern, zwischen denen verwaist nur noch wenig an die Kolonialzeit erinnert. Ein wuchernder Stadtmoloch ohne Hochhaus-Skyline, wo man als Fremder nach der City sucht, mit bescheidenen Siedlungen, Slums und zwischendurch Ackerland, so weit das Auge reicht. Aber auch Dschungellandschaft im Nordwesten und ruhige traumhafte Strände sind nur wenige Kilometer vom Stadtzentrum Medans entfernt.

Doch zuvor bin ich hier mit der seltenen Pflanze Deli verabredet. Bin einem kostbaren Tabakblatt, einem Exoten unter Hunderten von Tabaksorten auf der Spur. Weltweit schätzen Zigarrenraucher und Experten dieses zartbraune Tabakblatt, wenn es als Deckblatt kostbaren Zigarren den unverwechselbaren Duft verleiht.

***

Der Flug von der atemberaubenden Küstenstadt Padang zur küstennahen Hauptstadt Medan im Nordosten endet für uns erst im Abendrot der untergehenden Sonne auf dem verwaisten Flugplatz. Gebräunte Einheimische mit Gebirgen von lockeren Bündeln, Pappkartons und sperrigen Gepäckstücken drängen sich beim Auschecken in stickig-heißer Empfangshalle des kleinen Flughafens. Fremde Weiße kann ich nicht ausmachen, und so müssen wir die Hürden der Einreiseformalitäten allein überwinden. Ingrid und ich sind die letzten in einer der Warteschlangen.

»Wir sind spät dran, denn bei mehr als einenhalb Stunden Verspätung haben wir auch keine Minute Flugzeit aufgeholt«, mahnt Ingrid mich zu mehr Eile.

Ich habe eine wichtige Verabredung in der Stadt. Um sieben Uhr abends ist ein Kamerainterview mit einer honorigen Persönlichkeit der indonesischen Tabakwelt verabredet. Ich will mehr über das berühmte Delitabakblatt erfahren, will Mr. Ferdinandus kennenlernen, will die spektakulären Deliplantagen besuchen. Wie üblich, machen mir dicke Schweißtropfen den Aufenthalt im Gedränge zur Qual. Und so verfolge ich ungeduldig die Abfertigung durch die wenigen Zollbeamten, was jedoch heute zügig voran geht. Seit zwei Stunden müssten unsere Abholer bereits auf uns warten. Jetzt ist es beinahe sechs und wir sind zu sieben Uhr im Hotel in der City verabredet.

Endlich, ich atme befreit auf, denn meine Filmkameras gehen ungeschoren durch die Kontrollen. Am Ausgang werden wir schon mit winkendem Namensschild sehnsüchtig erwartet. Unsere altbekannte Begleitcrew, die wir vor Wochen in Padang verabschiedeten, empfängt uns überraschend. Bereits von weitem erkenne ich Idris, unseren Guide.

Erinnern wir uns: Er ist zwar ein Krämertyp, der routiniertes Englisch versteht, jedoch permanent über Handykontakte mit seinem Chef vernabelt an mir vorbei kungelt und mit hinderlichen Einwänden bremsend mir auf den Füßen steht. Fähigkeiten wie Dschungelerfahrungen, kreative Initiativen und nützliche Landeskenntnisse von denen eine erfolgreiche Expedition lebt, lässt er vermissen. So muss ich auf der Hut sein, um nichts zu verpassen.

»Und Deje, siehst du ihn?« frage ich Ingrid. »Den werden wir draußen in seinem Auto antreffen«, beruhigt Ingrid.

Ich nehme mir wenig Zeit für eine ausführliche Begrüßung mit Idris, muss mich ranhalten, denn wer weiß, wie weit der Weg zum Hotel durch die Stadtcity ist. Vor dem Flugplatz treffen wir auf den erfrischend jungen Deje. Er empfängt uns freundlich mit breitem Grinsen, beginnt eifrig das zahlreiche Gepäck im Van zu verstauen. Idris will sofort ins Reiseoffice zu Mr. Hendry. Ein paar Klärungen sind noch offen. Ich entgegne ihm: »Ich muss zuerst ins Hotel, denn man erwartet uns dort um sieben. Und wir sind spät dran.«

Idris beruhigt, informiert mich, das unser Hotel nur zehn Minuten vom Flughafen entfernt ist. Ich stimme zu, denn noch immer gibt es Fahrzeugstreit. Ein Jeep war vereinbart. Ein zwar geräumiger, doch kraftloser Van für sechs Personen erwartet mich erneut hier auf dem Parkplatz. Schleppend geht es durch die Straßen der bereits lichterfunkelnden Stadtcity. Trompetende Blechkarossen stauen sich an Kreuzungen. In einer düsteren Einfahrt stoppen wir: das Travel Office, ein enger schmuckloser Raum, in dem auch Träume für Touristen verkauft werden sollen.

Mit der Zeitnot im Nacken komme ich schnell auf den Kern unseres Disputs. »Jeep, ja möglich, dann zusätzlich Geld«, lässt der geschäftige Mr. Hendry mich kaltschnäuzig abblitzen. Von seiner gedrungenen Statur ist er Idris sehr ähnlich. Seinen rüden Ton gegenüber unserer Bekanntschaft aus Berlin finde ich eher ernüchternd. Mein stures Beharren auf den vertraglich geregelten Jeep erleidet einen Dämpfer.

»Man informierte mich, dass sie morgen einen Abstecher ins Deligebiet unternehmen wollen«, entgegnet Mr. Hendry im unterkühlt routinierten Englisch. Ich habe Idris angewiesen diesem Umweg nicht zuzustimmen. Zieht er nun triumphierend seine Trumpfkarte im Pokerstreit um Bares? Ich entgegne kühn und erinnere ihn, dass ich dafür auch auf die geplante Sightseeing Tour durch Medan verzichte. Mein Widerspruch klingt einfältig. Er ahnt sofort, dass ich diesen Abstecher bereits mit der Tobacco Company vereinbarte. Und ich bin verpflichtet, ihn darüber zu informieren. Sich nun überlegend fühlend, lenkt Mr. Hendry großzügig ein, will mir mit hilfreichen Unterlagen aushelfen. Ich beende abrupt den Disput, verabschiede mich unsanft, um in der verbleibenden Zeit das nahe liegende Hotel noch vor sieben zu erreichen.

Endlich raus hier aus der engen Schachtel, grolle ich innerlich. Raus aus dem faden Licht, das auch Geschäftemacher mit den zwei Gesichtern nicht verbergen kann. Augenblicklich tobt um uns der allabendlich flutende Verkehr durch die Jalan Imam Bonjol. Idris und Deje waren bei unserem Zank dabei. Man hält sich raus. Schließlich ist Mr. Hendry ihr Chef. Erneut zwängt sich Dejes Van durch den stockenden Verkehr. Jeder starrt wortlos durch die Seitenfenster, ist geknickt, bevor Idris mutig das Schweigen bricht, das auch Ingrid bekümmert:

»Mr. Roland, hier rechts, das ist der prächtige Maimunpalast. Er wurde 1888 unter dem Sultanat von Deli errichtet. Man verfügte damals bereits über endlos sprudelnde Einnahmen aus der Landverpachtung an die damaligen Kolonialherren.«

Ich reagiere nur kurz, wortkarg. Dann kurvt Deje abrupt um die nächste Straßenecke. Koffer rutschen geräuschvoll. Meine Augen starren abwechselnd auf vorübergleitende hell erleuchtete Gebäude. Meine Zeitnot meldet sich. Allmählich muss das Hotel auftauchen, ich blicke ungeduldig nach jedem Gebäude. Deje hält. Hotel Tiara Medan lese ich. Eine Hotelauffahrt lädt ein. Eilig verlasse ich unser Fahrzeug, stürze in die hell erleuchtete Empfangshalle.

Noch bevor ich beim Entladen unseres Gepäcks helfen kann, erkundige ich mich an der Rezeption nach meinem erwarteten prominenten Gast. Fehlanzeige, kein Mr. Ferdinandus bekannt. »Dort erwartet sie Mr. Kristanto«, entgegnet die Dame höflich, weist in Richtung der Hotelhalle. Mr. Kristanto von der Tobacco Company, ein Mittvierziger, ein bulliger geschäftiger Managertyp mit auffälligem Ohrenclip für ständige Handyverbindung erwartet mich bereits, begrüßt uns höflich. Ich bitte um ein wenig Geduld, um noch wichtiges Filmgepäck ins Foyer zu räumen. Auch Idris muss warten, denn zuerst muss ich erfahren, was Mr. Kristanto für Nachrichten von Mr. Ferdinandus mitbringt.

»Kein Treffen heute?«, lautet meine brennende Frage. »Herr Ferdinandus entschuldigt sich, ist verhindert«, antwortet Mr. Kristanto höflich. »Und morgen Vormittag?«, dränge ich weiter. Kristanto antwortet verlegen »Ich werde sie über einen weiteren Termin bei ihrer Rückkehr aus *Aras Napal* informieren.«

Einesteils macht sich bei mir Erleichterung breit, andererseits befürchte ich ein endgültiges Platzen des Interviews. Ich lege enorm großen Wert darauf, wenn ich in Filmszenen über das traditionelle Tabakgeschäft Indonesiens berichte.

Enttäuscht winke ich Idris heran, denn nun muss ich noch schnell unseren Besuchsablauf in der Tabak-Manufaktur der PTPNII Company und den Treff auf den berühmten Delipflanzungen vor Ort verabreden. Sowohl Idris als auch Mr. Kristanto verabschieden sich eilig, denn bereits morgen sieben Uhr werden wir erneut durch die Stadtcity unterwegs sein. Noch immer steht meine Anmeldung an der Rezeption aus. Ingrid wartet geduldig, erfährt schnell, dass ein geregelter Ablauf wieder einmal eine Delle erfährt.

Welch ein unendlicher Aufwand, trösten wir uns. Nun bleibt noch Zeit für Einchecken, Empfangscocktail und Abendessen. Und da wir in einer Woche hierher zurückkehren, muss noch heute unser aufwendiges Gepäck geteilt werden.

Einstiger Sitz des Tabakhandels in Medan

Aufbruch zum spektakulären Delitabak

Medan. Von kleinen Flussläufen eingeschlossen reihen sich hier nahe der Ostküste zwischen Binjai und Medan City riesige Anbaugebiete wie Deli und Serdang, deren Felder noch jüngst der Tabak bestimmte. Und noch immer geht von hier aus Indonesiens berühmter Delitabak in alle Welt.

Morgens um sieben, zur Rushhour, geht es im Van durch die Stadtcity nach Norden. Abseits des quirligen Verkehrs stellt mir Mr. Kristanto ein traditionelles Landhaus auf Stelzen inmitten von buschigem Grün und Palmenkronen vor. Einst wurde es von den holländischen Handelsherren der VOC, der Vereinigten Ostindischen Company, als Verwaltungssitz der Helvetia Tabakplantage errichtet. Hier wählte man Tabaksorten aus, machte man Geschäfte. Ein prunkvolles, weiß getünchtes Stelzgebäude aus edlem Holz mit traditionellem Vordach, das für schattige Räume sorgt. Luftig angeordnete, verschließbare Fenster und die großzügige, hölzerne Freitreppe ins Obergeschoss laden noch immer honorige Gäste zum Verweilen ein. Bewahrtes Mobiliar auf satt grünem Bodenbelag schafft eine Atmosphäre, als seien seine Verwalter und Händler nur für Augenblicke zum Tee. Hier kleine Stehpulte, dort wuchtige Tische aus wertvollem Mahagoniholz, auf denen Rohtabak geordert wurde. Heute verwaist, atmet das Gebäude noch die zwiespältige Vergangenheit des traditionellen Tabakanbaus Indonesiens.

Ich habe es jetzt eilig, denn schon bald geht es über die Jalan Gaperta, eine endlos lange verkehrsreiche Straße, welche in die grünen Außenbezirke Medans nach Nordwesten führt. Bei milchigem Sonnenaufgang flutet beinahe gleichzeitig die gesamte Bevölkerung im chaotischen Verkehr mit lautem Getöse durch verstopfte schmale Straßen und über sandige Pisten in die brodelnde Stadtcity. Wie in einem zähen Brei bewegen wir uns Stoßstange an Stoßstange zunächst nach Westen. In breiter Front überrollt uns förmlich der Gegenverkehr von Lastern mit aufgetürmten Ladungen, Pkw mit Geschäftsleuten, Minibusse, Becaks, Bajaj, qualmenden Mopeds und Motorräder, auf denen bis zu drei oder vier Berufspendler Platz finden. Ein Händler mit einem Belicak, der seine Fracht breit wie ein Kleinlaster geladen hat, verhakt sich mal wieder in der Blechlawine, bringt vorübergehend alles zum Stehen.

An Straßeneinmündungen und Kreuzungen findet das alltägliche Ellenbogengefecht seinen Höhepunkt. Und noch immer müssen wir im Van dieser endlosen Karossenlawine entgegen, die uns auch durch Palmenalleen führt. Doch wie weiter? Plötzlich haben Entgegenkommende auch unsere Spur endgültig dicht gemacht. Und nicht nur die. Selbst wenn ein Stück Bürgersteig, eine Grasnabe, eine Hauseinfahrt oder ein Imbissplatz sich auftut – alles wird vom rollenden Verkehr belegt, so dass kein Stein zur Erde fallen kann. Ich bin entsetzt, blicke Deje ungläubig an, denn ich ahne, welche Zeit wir für diese kurze Strecke von vielleicht fünf Kilometern benötigen werden. Frauen mit bunten Kopftüchern, Männer mit geschulterten Hühnerkäfigen, Jugendliche in Schulkleidung und selbst eine ganze Familie zu fünft finden auf einem rollenden Zweirad Platz. Inzwischen sind wir von einer riesigen Gartenstadt umgeben von wohnlichen Bungalows, kleinen Farmhöfen, einfachen Stelzhütten, schattigen Palmen, Baracken, Shops für Lebensmittel, schmierigen Garagenhöfen und blitzendem Motorradangebot in dichten Reihen. Nur mühsam schieben sich die endlosen Fahrzeuglawinen gegeneinander. Doch irgendwie findet Deje unsere Route bis ein auffallend großes Barackengelände der stattlichen Rohtabakgesellschaft die Kleinsiedler ablöst. Ich bin froh, dass wir ungeschoren aus der noch immer ungebremsten Karossenflut vorerst entkommen können. Wir sind der Stadtgrenze näher gerückt hinter der ich im weiten Flachland die aufregenden Delifelder in Richtung Nordostküste Sumatras vermute.

Erst hier stoße ich erneut auf Mr. Kristanto, begegne weiteren Begleitern der PTPNII, Tabakspezialisten der einstigen traditionellen Niederlassung Holländisch-Indien, die uns zwischen den riesigen Hallen freundlich begrüßen. Man nannte diese Gebäude auch Scheunen. Für die Verarbeitung des Rohtabaks in Manufakturarbeit haben sie ihre enorme Bedeutung nicht verloren.

»Der beste Sumatratabak wächst hier in der Umgebung von Deli und wird nach der Ernte in diese Manufaktur zur Weiterverarbeitung gebracht«, erklärt Mr. Kristanto und führt mich in eine dieser über einhundert Meter langen, weiß getünchten Hallen.

Aus verglasten Oberlichten mit eisernen Konstruktionen aus dem 19. Jahrhundert überstrahlt gleißende Helligkeit den luftigen Raum, wo an langen Tischreihen Frauen und gebräunte junge Tabakarbeiterinnen in weißen T-Shirts und reich gemusterten knöchellangen Sarongs mit geschickten Händen sorgsam hellbraune Blätterbündel aufteilen und sortieren. Keine einfache Arbeit, denn mit großer Erfahrung und Geschick sind die Rohtabakblätter hier nach Qualität und bis zu achtzehn unterschiedlichen Blattsortierungen auszusondern und die Herkunft zu kennzeichnen. Dort, am anderen Hallenende, erblickt man ein strahlendes buntes Bild. Schwarzhaarige Frauen hocken am Erdboden in langen Reihen zwischen zartbraunen Tabakstapeln, Bastmatten und riesigen üppig grünen Palmenblättern und entfernen mit routinierter Fingerfertigkeit grobe Blattrippen. Die Arbeit in feuchter Hitze ist nicht einfach. Man nutzt große, grüne Palmenblätter gegen schnelles Austrocknen des Tabaks. Sorgsam verpackt verschwindet Tabakblatt um Tabakblatt, zu kleinen Päckchen von dreißig Blatt übereinander geschichtet, in riesigen Korbbehältern. Selbst die breiten Transportwagen, mit denen die Frauen flink den Rohtabak zur weiteren Verarbeitung schaffen, sind vor Beschädigung der wertvollen Blätter mit Bast umwickelt.

Delitabak-Manufaktur

Das edle Sandblatt – in Bahasa Indonesia Daun Pasir genannt – wächst zuunterst und wird sukzessiv Blatt für Blatt geerntet. An der Tabakbörse in Bremen, wo Tabake aus Sumatra und Java in Auktionen weltweit verkauft werden, wiegt man noch immer die besten Delideckblätter mit Silber auf. Für einen Ballen Delitabak muss man schon einen Kleinwagen hergeben. Aber nicht nur das spektakuläre Deliblatt, sondern auch andere Sumatra-Tabake sind begehrt, gehen von hier aus in alle Welt.

Ich will Filmaufnahmen machen, muss in triefender Hitze die Kameratechnik aufbauen, während der Anblick geballter schwarzhaariger Weiblichkeit einem Mann schon das Herz höher schlagen lässt. Zu vermuten ist, dass viele von diesen Frauen von Einwanderern aus Java abstammen. Als noch fürstliche Macht regierte und 1863 erste Tabakballen aus Deli den Hafen von Amsterdam erreichten, gehörten Fronarbeit und elendes Leben der hier beschäftigten Menschenmassen in Wohnbaracken, kargen Hütten, Spelunken, Opiumkneipen und beim Glücksspiel zu einer unrühmlichen Vergangenheit.

Feldfronarbeit – Anfang des letzten Jahrhunderts [1910]

Hier, wo sich zu Boomzeiten Ende des 19. Jahrhunderts Tabak-pflanzungen mit über sechzigtausend Hektar ausbreiteten und hundertausend Menschen beschäftigt waren, sind nur noch wenige Plantagen mit fünf- bis sechstausend Hektar übrig geblieben. Die aber liefern einige Tausend Ballen beste Deckblattqualität.

Mit Mr. Kristanto ist ein Interview vor der Kamera verabredet. Wir sprechen auch über die weltweit bedeutende Rolle des Tabakanbaus Indonesiens. Und so erfahre ich:

»Hier in Nordsumatra, in der Provinz Sumatra Utara, bestehen die besten Wachstumsvoraussetzungen mit Temperaturen um siebenundzwanzig Grad, hoher Luftfeuchte und ein oftmals bedeckter, sonnenverschleierter Himmel. Zudem findet man hier auch ideale Bedingungen für die natürliche Trocknung und Fermentierung der geernteten Tabakblätter. Es ist jener Rohtabak im seidigen Hellbraun mit vergleichsweise wenigen Blattrippen, deren edle, fein duftende Deckblätter gesuchte Kostbarkeiten weltweit sind, die viele Einlagen der besten Zigarren und Zigarillos umhüllen. Delitabak, sein gleichmäßiges Abbrennen, sein besonders würziger und aromatischer Geschmack, sind einmalig.«

Musjawarah nennen die Indonesier die vollständige Übereinstimmung – ein ungeschriebenes Gesetz der Harmonie, sanft wie die Tabake des Landes. Wenn die Pflanzer Sumatras über Anbau und Fragen der Ernte beraten, zählen nur Ergebnisse, wenn das Musjawarah erreicht ist. Doch auch auf den Nachbarfeldern von Langkat und Serdang, sowie auf Zentral- und Ostjava, produziert man exzellente Rohtabake. Und zuletzt erfahre ich von Mr. Kristanto:

»Wissen Sie, dass jedes Tabakblatt von der Auspflanzung bis zur Auslieferung bis zu vierzig Mal von unseren Mitarbeitern in die Hand genommen wird – Manufakturarbeit halt.«

Inzwischen hocke ich bei den Tabakfrauen vor der Kamera. Hier treffe ich Mrs. Lasni. Die ältere Dame kennt sich aus. Mehr als sechzig Jahre, noch in niederländischer Verwaltung, bestimmten ihre geschickten Frauenhände die Qualität des Delitabaks. Nun übermittelt sie ihre reichen Erfahrungen den jungen Frauen.

Frauenhände bei der Tabak-Bearbeitung

In riesigen Trockenscheunen aus Bambus nebenan wandelt sich zwischen Mai und August das satte Grün eines Tabakblattes in ein zartes Braun. Dazu fädelt man frisch geerntete Tabake auf Fäden, Rücken an Rücken, und lässt diese mehr als einundzwanzig Tage dort trocknen. Hundertschaften sind am Werk, um die Tabake zu sortieren, zu fermentieren und wieder zu sortieren.

Ich stehe mit meinen Begleitern in der Finsternis einer dieser riesigen Trockenscheunen, so dass meiner Kamera ohne Zusatzscheinwerfer die Puste ausgeht. Obwohl die Fermentation der Blätter in großen Stapeln bis zu fünf Tonnen stufenweise und kontrolliert vor sich geht, dürfen die darin entstehenden Temperaturen nie über 52 Grad steigen. Die Monate September bis Februar sind damit ausgefüllt – und so schließt der Jahreskreislauf mit Verpackung und Versand in Ballen zu fünfundsiebzig Kilogramm in Bastmatten geschützt.

Ich entfliehe schon bald der feuchten Hitze. Noch in den Vormittagsstunden ziehen wir mit dem Kameragepäck weiter. Anstatt uns zur heißen Mittagszeit zu verkriechen, geht es in dieser Gluthitze den Tabakfeldern von Deli entgehen. In der schattigen Tropennatur Nordsumatras, an dichten Palmölwäldern vorbei, erreicht unser Van auf schmalen holprigen Feldwegen das weite Ackerland. Immer öfter sind provisorische Balken zu nehmen, um Bewässerungsgräben und Sumpfland im Schritttempo zu überwinden. An dichten Zuckerrohrplantagen und üppig grünen Pflanzungen vorbei führt unser Weg nach Norden. Wir müssen ins Gebiet von Klumpang, eine endlose Weite, wo sich Felder wie bunte Karomuster abheben und nur kleine Siedlungen mit winzigen Hütten uns begegnen. Erneut passieren wir eine einsame Ortschaft. Dann heißt es fragen, denn wir suchen die berühmten Deliplantagen der Staatlichen Indonesischen Tobacco-Company der PTPNII. Hier noch hindurch, dann stoßen wir auf eine üppig grüne Tabakpflanzung. Bereits aus der Ferne hat man unseren über verschlammte Feldwege hüpfenden Van gesichtet. Es dauert, ehe die wartenden Feldarbeiter uns an einem Geräteschuppen endlich begrüßen können. Mr. Kristanto ist in seinem Jeep bereits zuverlässig vor Ort, lächelt, stellt mir den etwa gleichgroßen Assistenten Mr. Tobing vor. Wir sind auf der berühmten Tabakplantage von Deli. Ein endloses Grün bis zum Horizont unter schattigem Tropendunst.

Mr. Tobing, der erfahrene Tabakpflanzer, begrüßt mich freundlich im Kreis seiner Mitarbeiter. Schon bald schwärmen wir aus, denn jeder von uns will die berühmten Tabakpflanzen in Augenschein nehmen. Die Ackerfurchen sind hoch aufgeworfen, so dass ich mich nach Helfern umschaue. Ich muss eilig Mr. Tobing über unser Interview instruieren und das Kamerastativ am Feldrand für eine Totalaufnahme aufbauen, denn wir haben viel Zeit verloren. Er ist großartig, unkompliziert, weiß was zu tun ist, rückt sein weiß gestreiftes Hemd zurecht, wobei er tapfer sein Lampenfieber unterdrückt. Schließlich berichtet er über die Geheimnisse des Tabakanbaues auf Sumatra vor dem Lifemikrophon. Ich erhalte fachkundigen Einblick in eine mir fremde Pflanzenwelt, deren sukzessive blattweise Ernte nach mehr als vierzig Tagen in der spektakulären Ackerkrume ihren kostbaren Lohn hergibt.

Inmitten der spektakulären Delitabak-Pflanzung mit Mr. Tobi

Dann knie ich davor, blicke gespannt auf jene Tabakpflanze mit handtellergroßen, schmal geformten Blättern, die man als Gold leaf weltweit schätzt. Wertvoll und verborgen gedeiht dieser edelste Tabak nur hier auf besonderer Ackerkrume. Ihre Pflanzungsorte sind einmalig, wenn auch die Felder nicht mehr die Größe von vor fünfzig Jahren erreichen. Regen und bedrohliche Winde von Mai bis Oktober sorgen für Gefahr, dass diese die empfindlichen Pflanzen austrocknen. Nur das Barisan-Gebirge im Westen kann den Delipflanzungen Schutz bieten. Und schon bald beginnt wieder die Vorbereitung des Bodens, die Bestellung der Felder im Fruchtwechsel, das Anlegen von Drainagen, was Männerarbeit ist.

Noch etwas bleibt mir bisher verborgen, nämlich die Art des Ackerbodens. Ich frage nach. Die Antwort: »Der Boden ist vulkanischen Ursprungs. Hier, in einer Höhe von 120 bis 200 Metern über dem Meeresspiegel gedeiht der beste Sumatratabak, das Deliblatt.«

Es geht über holprige Feldwege zurück und kleine Bewässerungsgräben sind nur mühsam mit dem Van zu überqueren. Das dauert und so bin ich beruhigt, dass wir die Tabakpflanzungen und Zuckerrohrfelder endgültig ohne Crash hinter uns lassen und die weiten Siedlungen erreichen. Schon bald durchschneiden verkehrsreiche Asphaltpisten die sich hier einstmals ausdehnenden Wälder der Urbewohner.

Ein letztes Mal verschlägt es mich in ein Dschungelcamp nach Norden. Wir werden noch heute in einem vom WWF Indonesiens betreutes Elefantencamp des Leuser Nationalparks erwartet. Der Leuser Nationalpark ist ein einmaliges Kleinod Nordsumatras mit 800.000 Hektar, ein Rest tropischer Regenwald mit Bergkämmen und Schutzgebiet für Pflanzen und vom Aussterben bedrohter Wildtiere.

Dschungelwälder des Leuser Nationalparks

Nach Nordosten sind wir unterwegs. Die Stämme des Batakvolkes siedelten einst hier nördlich und südlich des Tobasees. Geblieben sind nur noch vereinzelt ihre bunt bemalten Häuser mit eigenwilligem weit geschwungenem Satteldach. Mit Ornamentik reich verziert, ragen nur noch wenige verbliebene Giebel ihrer von alter Religion geprägten Häuser wie Himmelsgewölbe empor. Der von Fasern der Palmenblätter bedeckte Dachstuhl öffnet sich symbolisch zur Oberwelt, dem Sitz ihrer Ahnen und Götter.

Noch einmal werde ich Station in einem entlegenen Elefantencamp machen, einem Naturschutzgebiet, wo noch Wildelefanten anzutreffen sind. Nach endloser Autofahrt über Sumatras Straßen erreicht man nahe der Meeresstraße von Malakka einen flachen Küstenstreifen, ein geschütztes Dschungelareal, den Leuser Nationalpark. Abseits von der Zivilisation stößt man hier auf Regenwald, von Urwald bewachsene Hügelketten, sumpfige Waldgebiete, ausgedehnte Ölpalmwälder, Gummibaumplantagen und einmalige Naturschutzgebiete. Aber auch spektakuläre Erdölfunde in der Jambiregion erinnern an eine verwegene Vergangenheit der indonesischen Insel. Die legendären ersten Ölfelder von Pengkalan Brandan der zwanziger und dreißiger Jahre des vorigen Jahrhunderts prägten diese Region des einstigen Sultanats Langkat in der Kolonialzeit.

Einheimische Führer aus der Region von der indonesischen Naturschutzbehörde und vom WWF begleiten uns. Nach dem Verlassen der nahen Küstenregion bei Besitang tauchen wir erneut in schattige Ölpalmwälder ein. Sandige Pisten zwischen sumpfigen Wäldern und altehrwürdige Ölpalmplantagen führen uns nach Westen. Man durchquert einsame Dörfer, passiert Siedlerhütten unter den gewaltigen Baumkronen der Ölpalmwälder. Irgendwann gibt es weder Straßen noch Wege. Einzige Verbindungen ins weitere Innere sind nur noch die Flüsse und Bäche. Ein winziges abgelegenes Nest ist Endstation für uns. Er gilt auch als ein nächster Dschungelort für die Regenwaldbewohner nahe dem Leuser Nationalpark, wo sie sich mit dem Notwendigsten versorgen.

Flussaufwärts in den Leuser Nationalpark

Nach der Autofahrt über endlosen Asphalt und beschwerliche Pisten begegne ich nun gefahrenreichen Flussläufen und modrigen Pfaden durch finsteres Urwalddickicht bei tropischer Schwüle. Wir haben unser Gepäck geteilt, müssen den Van hier zurück lassen. Schnell ein wenig trinken, bevor wir unten die dschungelbewachsenen Ufer eines reißenden Bergflusses erreichen, denn wir sind mal wieder spät dran. Aán, ein fachkundiger Wissenschaftler im dunkelgrünen Khakidress vom Naturschutzinstitut Yayassan Leuser International in Medan, wird mich durch ein abgelegenes Kleinod im Leuser Nationalpark begleiten. Der Mittvierziger mit dichtem schwarzem Haar und Brille begrüßt uns freundlich am Ufer. Er kenne sich hier aus, erzählt er bescheiden, denn er plant und koordiniert Projekte mit Partnern, die mit der Erhaltung und dem Schutz der Tier- und Pflanzenwelt als Ökosystem im Nationalpark zu tun haben.

Um zu den Campbewohnern von *Aras Napal* im tropischen Regenwald gelangen, geht es im stabilen Langboot flussaufwärts. Unsere Begleiter haben Mühe, ihr Langboot, ein Motorkanu, in den reißenden Fluten des Pantal Buayaflusses zu halten, um uns das Einsteigen zu ermöglichen. Unsere Expeditionscrew ist auf neun Leute angewachsen. Jedoch ein Absaufen im niedrigen, aufschäumenden Flusswasser scheint eher unwahrscheinlich. Einer aus der dunkelhäutigen Begleitmannschaft besetzt die Kanuspitze. Geschickt steuert der Bootsführer unser Motorkanu zwischen die tückischen Flachwasserstufen, indes Helfer die sprudelnde Wasseroberfläche nach Treibholz und Felsen im Flussbett absuchen, die unserem Kanu zu nahe kommen könnten. Erfrischendes Nass spritzt ins Kanu. Das Langboot ist extrem flach. Nur wenige Zentimeter trennen uns noch von der sprudelnden Wasseroberfläche, denn zu viel Gepäck muss im Kanu Platz finden. Immer dichter rückt der Regenwald vor. Dicht bewachsene Uferhänge, Farne, Lianen und Baumgiganten ziehen an uns vorüber, verbergen unwegsamen Dschungelbusch. Über uns zeigt sich lockere Bewölkung am strahlend blauen Himmel, der sich in den herabströmenden Fluten in bunten Farben spiegelt. Der Fluss führt Niedrigwasser, so dass die Männer immer öfter mit kräftigen Stakbewegungen nachhelfen, um das Kanu durch Kiesbarrieren zu steuern. Unsere Begleiter müssen ins sprudelnde Nass, um das schwer beladene Kanu zwischen modrigem Geäst und über knirschenden Kiesgrund zu bugsieren. Wasserpfützen sammeln sich am Kanuboden, sind eingesickert oder von aufspritzenden Wellenkämmen übergeschwappt. Einmal entdecke ich über mir ein gespanntes Drahtseil, das die beiden

Flussufer verbindet. Daran baumelt ein primitiver, mit Bast geknoteter Förderkorb, der den Einheimischen die Überquerung erleichtert. Inzwischen haben sich die Gespräche der Bootsmannschaft zur Hochform entwickelt und Zigaretten machen die Runde. Bei schrillem Motorengetöse verrinnt die Zeit schnell, denn der Flusslauf mit seinen verborgenen Tücken hält uns in Atem, wenn wieder einmal das Kanuteam ins kalte Nass steigt. Aán hat seinen Platz zu weit von mir, so dass unser abrupt unterbrochenes Gespräch noch warten muss. Seine zünftige Kluft in Grün mit breitrandigem Hut und gut sichtbarem Schriftzug C erinnert mich, das er wohl der Captain unserer Expeditionscrew ist.

An einer Flussbiegung passieren wir Sandbänke und ich entdecke einfache Stelzhütten einzelner Bataksiedler. Zwischen den steinigen Stromschnellen stehen Männer, die Fische mit Handharpunen stechen. Hier leben noch Bewohner in einem geschützten Naturreservat. Ein Kompromiss der Lokalbehörde, bei dem frühe Bataksiedler noch mit geschützten Tieren unter einem gemeinsamen Dschungeldach ihr zu Hause finden – ein Versuch zur Bewahrung des Naturschutzes und alter Siedlerrechte einer winzigen Minderheit.

An den Flussufern des Elefanten-Camps *Aras Napal*

Vorbei an dicht bewachsenen, hügligen Palmenufern rückt der Regenwald vor. Tropfendes Nass benetzt die unermessliche Vielfalt der sich drängenden Pflanzen. Eine exotische Dschungellandschaft und Baumgiganten ziehen an uns vorüber. Hinter der nächsten Flusskrümmung taucht überraschend eine Hängebrücke auf. Stahlseile verbinden hier spektakulär den breiten Fluss über mehr als fünfzig Meter. Nicht weit davon entfernt passieren wir ein höher gelegenes Ufer. Eine gerodete weite Lichtung taucht auf, nur über einen schmalen, steilen Trampelpfad mit dem Flussufer verbunden. Man erwartet uns, als sei die Nachricht unserer Ankunft bereits durch den Busch gedrungen.

Schon früh mache ich mich mit einer grandiosen Aussicht am Uferhang vertraut, blicke auf das schnell dahinfließende Gewässer vor der prächtigen bergigen Regenwaldkulisse des Leuser Nationalparks. Ich bin überrascht, denn von hier oben, vier Meter über dem Flusslauf, entdecke ich einen ausgewachsenen Elefanten, der einsam den Flusssaum durchstreift. Inzwischen kenne ich mich aus und weiß seine Schleppkette am Fuß zu werten. Das ist kein wilder. Und doch ist es gefährlich genug, ihn in seinem Streifgebiet ohne Mahutbegleitung zu begegnen. Unsere Crew ist schon weitergezogen, indes nur Ingrid noch neben mir diesen Anblick genießt. Abseits vom Flussufer stoßen wir auf drei oder vier kleine Gebäude auf einer Dschungellichtung, so groß wie ein Fußballfeld. Hier empfängt uns eine höfliche Gastfamilie im Haupthaus mit schattigen Terrassenplätzen und freiem Blick auf eine geräuschvolle Naturkulisse des tropischen Regenwaldes. Gleich nebenan bequeme Gastunterkünfte und ein wenig abseits die Unterkünfte der Mahutmänner.

Bei den Mahuts in *Aras Napal* zu Gast

Das Dschungelcamp *Aras Napal*, eine entlegene, von lichtem Dschungel umgebene Enklave im Nationalpark, ist erreicht. Hier begegnet man ihnen noch – den zu schützenden Dickhäutern in Rehacamps, aber auch den Elefanten der Wildnis, dem Sumatra-Tiger und dem Orang-Utan. Jedoch ist das Camp nicht abgelegen genug, denn immer näher ist die Zivilisation mit Feldern, Monokulturen, wie Kautschuk, Ölpalmen und Siedlungen unter dem endlosen Blätterdach gerückt, lässt den Wildtieren immer weniger Streifraum. Nur dort, in den grün verschleierten Bergen des Leuser Nationalparks, schläft noch ein Rest Dschungelherz Sumatras – eine vergessene Welt. Einzige Straßen in den Busch sind nur noch die Flüsse und Tierpfade.

Aán stellt uns in buschiger Dschungelumgebung die Mahutmannschaft vor und findet lobende Worte für das hier fest wohnende Wirtsehepaar, das für Sicherheit im Camp und tägliche Verpflegung der Wildhüter sorgt. Nachmittags führen uns Jack, ein bulliger braunhäutiger Typ mit langem, geknotetem Haarschopf, und ein weiterer Mahutmann zwei Elefanten vor. Ein riesiger alter, knochendürrer Dickhäuter mit eingefallenen Augenhöhlen und typisch abgesägten Stoßzähnen schreitet auf mich zu, indes sich sein Mahutreiter routiniert auf den Boden absetzen lässt.

Alt-Elefant in Obhut des indonesischen Nationalparks

Daneben ein ruppiges Jungtier, etwa ein Jahr alt, mit dem Jack alle Hände voll zu tun hat. Der riesige Bulle, einst vielleicht ein stolzes Leittier einer kleinen Herde, verbringt hier seine letzten Jahre, indes das Jungtier aus der nahen Wildnis stammt.

Junge Wilde – Hier geborgen und aufgezogen

Es ist ein entlegenes Elefantenreservat, in dem einst gefangene Kolosse nun in freier Wildnis mit ihren wilden Artgenossen leben. Ihr täglich beschützter Ablauf erinnert mich an Camps von *Tesso Nilo*, Bohorok und anderswo im Land.

Abends lädt mich der erfahrene Tierschützer Aán zum Gespräch ein und ich erfahre mehr über die Wildtiere hier, den Patrouillen zu ihrem Schutz und die tägliche Arbeit der Mahuts. Wieder einmal habe ich Gelegenheit routinierte Mahuts zu befragen.

»Was ist die Aufgabe des Mahuts hier in so naher Nachbarschaft der Wildelefanten?« Einer antwortet: »Ich pflege mein Tier, sorge für seinen Schutz, oft für das ungehinderte Aufwachsen von Jungtieren in freier Wildnis.«

»Ist das tägliche Zusammensein mit einem Bullen gefährlich?«

Man erzählt vom geduldigen Umgang mit den Tieren und spricht über Erfahrungen, die ich bereits von Jun Jung aus *Tesso Nilo* kenne. »Stimmt es, was der Volksmund berichtet, dass ein Elefant sich Misshandlungen merkt und später mit Angriffen auf seinen Peiniger reagiert?«

Auch das bestätigen mir die Mahuts. Man verweist nur darauf, dass sie es gelernt haben, mit den Elefanten zwar streng umzugehen, jedoch auch ihr Vertrauen zu gewinnen.

Auf den Spuren der Orang-Utan

Früh, noch vor Sonnenaufgang, geht es in den nahen nebelverhangenen Regenwald. Voran Aán, dann folge ich mit der Kamera, Ingrid, Batam und ein weiterer Guide. Feuchtnass ist es. In der Ferne sind Rufe von Orang-Utans auszumachen. Aber wo? Nichts ist in den dichten buschigen Baumkronen zu entdecken. Man lauscht, macht Geräusche aus oder vermutet schnell fliehende Affen durch die Baumkronen entdeckt zu haben. Dort oben piepsende Vogelstimmen und dann doch noch ein scheuer Siamang, eine Art Gibbonaffe, der durch die Baumkronen streift.

Tropfnasses Blättergeäst, Rattangeflecht und dichtes Buschwerk, unter denen sich bunte Pflanzenblüten ducken, finden meine Aufmerksamkeit. Ich bin so sehr mit Beobachtungen beschäftigt, dass ich die anstürmenden Blutegel vom laubbedeckten Boden erst spüre, als Blut längst von meinen Beinen rinnt. Dieser nahe Dschungelbusch ist ein wahres Eldorado dieser unentwegt lästigen Blutsauger. Durch Schuhösen, Strumpfmaschen und auf der Haut entlang heizt man uns ein. Immer öfter müssen wir pausieren, um uns von den lästigen Saugern mit kleinen Tricks zu befreien. Auch meine Begleiter wehren sich heftig.

Wir sind mit Aán unterwegs, wo Wildelefanten, der Sumatra-Tiger, der scheckige Leopard und Orang-Utans durch den Regenwald streifen. Aber auch für uns Fremde bleibt die Gefahr bestehen, unvermutet auf jenes Großwild zu stoßen. Wir sind Eindringlinge in ihren tagtäglich gefährdeten Lebensraum, doch auch Wilderer sind noch immer unterwegs.

Erst Stunden später machen wir einen ersten Orang-Utan in seinem Schlafnest aus. Wo ich es nicht vermute, stöbern wir frei lebende Orangs auf. Dieser über uns im Kronendach muss heute länger geschlafen haben.

Orang-Utan

In einigen Urwaldgebieten Sumatras und Borneos findet man sie noch, die »Waldmenschen«, als Menschenaffen perfekt an das Kletterleben angepasst. Zweimal täglich bauen sie sich ein frisches Schlafnest in Baumkronen bis zu dreißig Metern Höhe aus Zweigen und Blättern. Auch in Teilen Borneos bin ich den sanften, rotbraunen Herren des Regenwaldes in ihrer Abgeschiedenheit begegnet.

Zurück aus der feuchtheißen Wildnis, nehme ich die Blutegel und saugenden Plagegeister einmal näher unter die Lupe. Mit Rüssel wie Elefantenwinzlinge nehmen die dreisten Blutsauger mit feinstem Gespür ihre Fährte auf. Ihre Rüsselenden sind nicht nur Spürnasen, sondern zugleich Saugnäpfe, mit denen sie sich abwechselnd fortbewegen, ohne den Boden zu berühren. Vor ihrem Körper, den sie wie ein Regenwurm beinahe beliebig verlängern können, sind weder Schuhösen noch feinste Strumpfmaschen sicher.

In der Dunkelheit, beim gemeinsamen Abendessen mit den Mahuts auf der Terrasse unter dem nächtlichen Dschungeldach, verabreden wir uns zu Gesprächen. Aán mit seinem Laptop findet nun auch mehr Zeit, mir die vom Aussterben besonders bedrohten Tiere des Leuser Nationalparks, wie das Sumatrarhino, den Sumatra-Tiger, den Leoparden und die Tapire vorzustellen.

Früh morgens, noch in der Dunkelheit der fliehenden Nacht, weckt mich die von Insekten, Lurchen und tschilpenden Vögeln erfüllte Tropenwildnis. An diesem Morgen bin ich wieder einmal allein in der Finsternis unterwegs. Ich hasse es, ohne irgendwelche Bewaffnung zur Gegenwehr, nur mit der Kamera, mich allein durchs Dschungeldickicht zu bewegen. Zu oft habe ich keine Wahl. In der feuchtwarmen Dämmerung lausche ich auf einzelne Vogelrufe, die schon von heiser unterbrochenen Rufen eines Orangs zu unterscheiden sind. Es geht an den Dschungelrand. Ein vielstimmiges Vogelkonzert dringt aus dem noch finsteren Dschungelsaum. Ob irgendwo nachtaktive Jäger unterwegs sind, ist nicht auszumachen. Und wenn, so hoffe ich sie mit meiner Nähe rechtzeitig zu vertreiben. Knackendes Geräusch hier, tropfnasses Geäst dort und kniehohes Gras erfordern meine ganze Aufmerksamkeit. Aus der Ferne entdecke ich unseren Elefantenkoloss in der Düsternis. Der riesige Elefantenbulle bevorzugt scheinbar die Campnähe. Beim ersten Kamerazoom rückt er mir näher, indes ich mich langsam zurückziehe ohne ihn aus den Augen zu lassen. Noch rätsle ich, wo ich den Jungbullen aufspüren werde, um meine weitere Route zu bestimmen. Entlang dem düsteren Waldsaum entdecke ich ihn nun beruhigt zwischen brusthohen Gräsern. Ich bin beunruhigt, denn nicht nur ihn kann ich ausmachen. Ein weiterer Dickhäuter hält sich neben dem Jungtier auf. Keiner aus dem Lager. Also ein Wilder mit Schulterhöhe, die mich an Weibchen aus *Tesso Nilo* erinnern. Der Rüssel wird baumelnd bewegt, die großen Ohren klappen wie Fächer und der fast bis zur Erde reichende Schwanz bewegt sich wie eine riesige Handpumpe. Der Koloss hat mich nicht ausgemacht, blickt aber in meine Richtung herüber und bewegt dann erneut heftig seine gewaltigen Ohren, als beunruhige ihn etwas. Dabei bin ich froh, dass er sich nicht nähert und sich weiterhin dicht beim Jungtier aufhält. Denn selbst mit der Schleppkette am Fuß sind diese Dickhäuter ungewöhnlich schnell unterwegs. Insbesondere halbwüchsige Jungbullen greifen oft ohne gereizt zu sein gerne aus intuitivem Mutwillen heraus ihre vermeintlichen Feinde an, vielleicht auch nur um zu Raufen. Ich habe Attacken dieser Art in *Tesso Nilo* zu spüren bekommen. Jedoch standen dort immer hilfreiche Mahuts in meiner Nähe. Es gibt auch zahllose Berichte und Erfahrungen über unvorhergesehene Zwischenfälle darüber. Ich mache erste Filmaufnahmen. Verschwitzt, mit flauem Gefühl, verziehe mich über einen Trampelpfad ins Dickicht, indes der Vogelgesang ungebremst durch die Wildnis dringt. Um mich nicht zu verlaufen, folge ich noch eine zeitlang dem Pfad, bevor ich bei orangefarbenem Sonnenaufgang ungeschoren ins Lager zurückkehre.

Ajan – Verantwortlicher im Leuser National Park

Nachmittags bin ich erneut mit Aán, Idris, Jack und einer kleinen Begleitcrew unterwegs. Am Dschungelsaum entlang folgen wir dem Flusslauf. Doch es will sich kein Dschungelwild zeigen. Man lauscht auf knackendes Geäst, Vogelgekreisch und grelle Tierlaute. Unsichtbare Zikaden tönen so laut, als würde jemand in der Nähe Baumstämme absägen. Nur die wundersame Pflanzenwelt entgeht mir nicht. Farbenprächtige Blumen, sogar Orchideen lassen sich inmitten des geräuschvoll zirpenden Dickichts blicken. Wedelpalmen wie Sonnenschirme, bunte Blüten, Früchte und gerippte Blätter, so groß wie ein Mensch findet man hier, so dass es mir gelingt auch Aán damit abzulichten. Bäume mit außergewöhnlichen weißbraunen Rindenmustern, vom Stamm direkt ausgestülpte weiße Früchte wie schalenlose Bananen und umschlungen von zarten Ranken mit grünen kreisrunden Blättern, groß wie Euromünzen, begegne ich auf Schritt und Tritt. Welch unendliche tropische Artenvielfalt hat sich die Evolution in der Natur ausgedacht! Aán ist geduldig, denn er erklärt so gut es geht, wenn ich danach frage. Nur unsere erwarteten rotbraunen Primaten, die Menschenaffen, die Orangs und die grauen langschwänzigen Thomas-Leaf-Affen und Makaken in den Baumkronen lassen auf sich warten. Ihr Aufenthalt auf Fruchtbäumen in Flussnähe ist oft keine Seltenheit.

Dafür begegnet uns ein unerwarteter Ersatz, als wir auf eine buschige Lichtung geraten. Wir müssen hinüber, jedoch vier wuchtige Rinder mit reichlich Gehörn weiden hier frei. Einen Begleiter können wir nicht ausmachen. Zwei von den Tieren sind nicht gerade zahm, unterbrechen ihr harmloses Grasen und nehmen Kurs auf unsere verunsicherte Gruppe. Es ist nicht gerade ein prickelndes Erlebnis, mit Büroleuten auf Wildpfaden unterwegs zu sein, statt von kundigen Wildhütern mit Parang begleitet zu werden. Durchmogeln heißt es jetzt, Augen zu und durch mit Fluchtgedanken im Hinterkopf bis wir die ungebetenen Grasfresser hinter uns gelassen haben. Insgeheim beunruhigt mich oft das naive Vertrauen meiner Begleiter.

Die buschige Graslichtung endet überraschend am steilen Flussufer. Erst jetzt taucht eine abenteuerlich wankende Hängebrücke auf, über die man die quirligen Fluten überquert, um an das andere Steilufer zu gelangen. Ich bin ihr bereits im Kanu bei unserer Ankunft im Camp vor Tagen begegnet, einer an verschraubten Stahlträgern befestigte und mit Stahlseilen verzurrte Hängebrücke aus der Kolonialzeit, die von Rindern, Motorrädern und Dorfbewohnern noch immer genutzt wird. Gerade einmal eineinhalb Meter breit ist diese. Ein prächtiger Ausblick präsentiert sich von oben über die bewaldete Flussebene. Nur die rasch aufziehenden Regenwolken machen mir Sorgen, denn schließlich bin ich mit der Kamera unterwegs. Am anderen steilen Flussufer stoßen wir ein winziges Batakdorf, dann begegnen wir einer einsamen Siedlerfamilie.

Batak Siedler am Flussufer

Plötzlich Donnergetöse und ein heftiger Regenguss stürzt herab, der alles unter Wasser setzt. Nur einhundert Meter unter geschütztem Dschungeldach sind im Sprint zurück zu legen, dann nimmt uns eine Siedlerhütte rettend auf. Wir finden neben den sich abduckenden Hühnern ein trockenes Plätzchen. Zwar kann ich die Kamera vorübergehend schützen, jedoch anhaltenden Regen verträgt sie nicht. Man ist freundlich, ein Siedler mit nackter Brust nimmt uns bei Zigarettenqualm und alltäglichen Gesprächen einladend auf. Um uns herum ein winziger, bunter, tropischer Garten mit süßem abstrahlendem Duft, mit Kokospalmen, Bananen und Kakaobäumen, deren Anblick ich nun während der erzwungenen Rast ausgiebig genieße. Man trocknet hier Betelnuss und kümmert sich ums Federvieh. Wir haben Glück, denn bereits nach einer Stunde ziehen wir bei aufkommendem Sonnenschein weiter.

Zurück am Fluss treffen wir auf einen schlanken, braunhäutigen Hirten, etwa Mitte vierzig, der sich am Brückenpfeiler aufhält. Erst jetzt erfahren wir, dass in seiner Obhut eine Handvoll Rinder hier weiden. Nun erinnern wir uns, wir sind seinen Tieren vor Stunden begegnet. Ich dränge Aán, einige Fragen an den Batakmann zu stellen. Natürlich interessieren mich Erfahrungen der Einheimischen vor Ort, die täglich mit Begegnungen von Wildelefanten und den vom Aussterben bedrohten Sumatra-Tiger rechnen müssen. Schließlich erzählt der Hirte erregt: »Von hier aus sah ich kürzlich den Sumatra-Tiger am Flussufer. Der trank, hat mich nicht entdeckt«.

Dabei zeigt er auf den unter uns sich ausbreitenden Ufersaum, wo kristallklares Flusswasser aus den nahen Bergen des Gunung Leuser Nationalparks herunter rauscht. Glaubhaft? Schon, denn er ist Tag und Nacht mit seinen Tieren unterwegs. Er hat keinen Schuppen, um seine drei oder vier riesigen Rinder nachts ungeschützt gegen Raubkatzen allein zurück zu lassen.

Hirte, der dem Sumatra-Tiger begegnet

Flussaufwärts ins Dschungeldickicht

Erneut geht es mit unserer Kanucrew flussaufwärts, folgen wir dem sich windenden Flusslauf ins Schutzgebiet. Ein erfahrener Bootsmann mit seinen drei Helfern sowie Aán begleiten mich. Auf einer Trekkingtour wollen wir nach Dschungelwild Ausschau halten. Unser Mann am Bug hat sich einen langen Stecken geschnappt, um uns bei Flachwasser über Stromschnellen sicher durchs Flussbett zu dirigieren. Silbern glänzend im morgendlichen Sonnenlicht strömt gasklares Wasser aus den Bergen. Feuchtheiß bei bereits praller Sonne geht es im Kanu geräuschvoll durch die quirligen Fluten. Die Crew muss aufpassen, um nicht im felsigen Flussbett aufzusetzen oder die empfindlichen Bootplanken zu beschädigen. Bei tiefen Durchfahrten brüllt unser Motor plötzlich auf. Augenblicklich erhebt sich die Kanuspitze weit aus dem Wasser und es geht schnell vorwärts gegen das anströmende Gewässer.

Über die Stromschnellen in den Regenwald

Aufregend und abwechslungsreich gleitet die morgendliche Kulisse des tropischen Regenwaldes an mir vorüber. Rechts und links undurchdringlicher Regenwald, moosbedeckte Urwaldriesen, Lianen, Farn und wirres Wurzelwerk, aber auch Palmen und Reste von Plantagen mit Monokulturen.

Erneut passieren wir ein Tieflandgebiet mit dichten Regenwäldern, wo Zikadengesänge über das schmale Flusstal dröhnen. Zwischendurch, an Geröllufern und Sandbänken vorbei, muss die Bootsmannschaft auf den Kurs aufpassen. Unser verwegener Mann am Bug versucht, mit Zeichen an den Bootsführer und mit Lenkmanövern die Richtung und Geschwindigkeit unseres Kanus zu beeinflussen. Das Boot verhakt sich am Grund, kommt zum Stehen. Wir müssen Gewicht reduzieren, indes rote Libellen aus dem nahen Uferbusch uns umkreisen. Schließlich watet die Begleitcrew für einige Zeit durchs Wasser, um das Kanu wieder ins schiffbare Flussbett zurück zu führen. Und dies wechselt oft in den Stromschnellen. An den Ufern aufragendes Dschungeldickicht, das mir die Sicht versperrt, und gestrandete Baumstämme, die uns dann und wann gefährlich nahe entgegen treiben. Währenddessen drehe ich unentwegt, will Bilder einer ungetrübten Naturlandschaft aufzeichnen, welche die Männer des Leuser Nationalparks mit Stolz berührt. Gegen den Flusslauf zu navigieren und zugleich nach Wild Ausschau zu halten, ist unmöglich, denn direkt oder indirekt ist jeder von uns im Boot mit dem Erklimmen der tückischen Stromschnellen beschäftigt.

Wieder einmal wechselt der Fluss sein Gesicht, denn aus den Stromschnellen erreicht unser Kanu nun in einen eher harmlosen Flussabschnitt. Eine frische Brise des Fahrtwindes schafft uns ein wenig Abkühlung, wenn unser Steuermann mal wieder mit tosendem Motor über den Fluss jagt. Für wenige Augenblicke haben wir Gelegenheit, Bienennester im Geäst einer mächtigen Baumkrone am Flussufer zu beobachten. Zehn oder fünfzehn Nester, die von Bienenvölkern direkt an armdicke Zweige geklebt wurden, für Bienennesträuber eine süße Herausforderung in zwanzig Meter Höhe. Aus der Ferne verwechsele ich diese zunächst mit Affenfamilien, die an Flüssen oftmals nach schmackhaften Baumfrüchten das Blätterdach durchstreifen. Erst mit dem ruhigen Gewässerlauf erreicht uns wieder Zikadengesang und unsere Blicke sind auf der Suche nach Affen auf die hohen Baumgipfel gerichtet. »Schau dort«, ruft Aán mir zu. Bei dem Motorlärm reagiere ich nicht sofort. Einer unserer Begleiter zupft mir an der Schulter, ruft ebenfalls: »Melihat di sana!« – Schau dort!

Hinter mir überqueren zwei schwarzweiße Vögel mit gewaltigen Schwingen den Fluss. Noch bevor die Kamera bereit ist, sind diese auch hier seltenen Hornvögel mit ihrem gelben Schnabelgehörn hinter dem Dschungelwald verschwunden. Auch unser Steuermann reagiert mit abgebremstem Motor. Auf Aáns Kommando: »Lanjut!« – Los weiter!

So geht es mit aufschäumender Bugwelle weiter. Hinter der nächsten Flusswindung stehen mal wieder Männer zwischen Felsgeröll im Wasser, stechen nach Fischen. Inzwischen wird es unruhig an Bord. Ich vermute, dass wir nach mehr als einer Stunde unser Ziel erreicht haben. Und richtig, an einer ausladenden weißen Sandbank, wo schattiges Geäst über das Flussufer ragt, lässt unseren Steuermann das Kanu sanft auf das sandige Ufer auflaufen. Man entlädt Gepäck, denn bei Lagerfeuer soll noch gegrillt und Tee zubereitet werden. Die Kamera mit aufgeladenen Akkus und Rucksack mit reichlich Trinkwasser werden entladen und ein schattiger Platz muss her, denn die Sonne sengt fürchterlich. Für Augenblicke versuche ich, meine klitschnassen Sachen in der sengenden Sonne zu trocknen. Wohin mit den Klamotten? Überall heißer Sand. Krabbler am Boden finden sich schnell ein, suchen gefräßig Kontakt. Aán schlägt vor, uns für das Trekking zu trennen. Er verbleibt mit der Bootscrew im Lager, indes ich mit zwei Begleitern in den Regenwald auf die andere Flussseite wechsle. Ich will keine Zeit versäumen, so dass nach kurzer Rast die Kanumannschaft mich mit meinen Begleitern am anderen Ufer an Land absetzt.

Vom Kanu aus geht es ins geräuschvolle, schattige Uferdickicht. Doch nun herrscht erbarmungslose Hitze, so dass schon bald jeder schweißtriefend den Dschungel verflucht. Steil bergan führt unser Dschungelpfad. Noch halte ich mich keuchend hinter meinem jungen bärtigen Führer Dego, der mit seinem Parang für ein Durchkommen sorgt. Er kennt sich aus, vermutet Tierspuren zwischen modrigem Gestrüpp. Man hält Ausschau nach Urwaldhanglern im schattigen Geäst unter luftigen Baumkronen. Dicht bewaldete Hänge, riesige Bäume mit Brettwurzeln, Rattangewächse und wirres Blattchaos im schummrigen Zwielicht lassen den Garten Eden für

Fremde schon bald ganz anders aussehen. Immer öfter mache ich tief atmend Klimmzüge an Wurzelgeflecht und Baumgeäst, um dem steilen Anstieg zu folgen. Hoch aufragende Bäume und ein unwegsamer Bergpfad mit abrupt abfallendem Gelände lassen mir wenig Zeit für abschweifende Routen. Ich muss dran bleiben. Schnell werden die dicht bewaldeten Abhänge steiler und vage Trittspuren lassen den Weg oft nur vermuten. Der überwucherte Pfad ist schmal, so dass dorniges Buschwerk in mein verschwitztes Gesicht peitscht.

Dieses Mal scheint ein Treffen mit dem Orang-Utan aussichtslos. Nicht einmal Makaken im Blätterdach sind auszumachen. Meine beiden Begleiter kennen diesen überwucherten Trampelpfad, der irgendwie um einen zugewachsenen Krater herumführen muss. In der schattigen Düsternis zwischen fauligem, buntem Blätterlaub und Moosflechten stoße ich auf riesige trichterförmige, rotbraune Pilze, wie auf einer Perlenschnur aufgereiht. Sind es Pilze oder Pflanzen, die hier so spektakulär aus dem Boden schießen. Eine enorme Vielfalt von Artenspezies beherbergt der Gunung Leuser Nationalpark.

Der Leuser Nationalpark, wie auch nur noch wenige Kleinode Sumatras gehören zu jenen letzten Orten der Erde, in denen die Natur noch einen komplexen Lebensraum von Pflanzen und Tieren bewahrt. Nur wenige Dschungelgebiete hier und in Bergregionen haben noch ihre Ursprünglichkeit überdauert. Und nur mit Mühe stemmt sich die schutzbedürftige Tier- und Pflanzenwelt Sumatras gegen den drängenden Zivilisationseinfluss. Dschungelwild, wie Elefanten, Tapir, Nashorn, Wildkatzen, Sumatra-Tiger und Orang-Utans sind zu seltenen Außenseitern, zu Exoten geworden. Und die Pflanzen- und einstige Insektenvielfalt ist immer mühevoller aufzuspüren.

Für Fragen ist keine Zeit, denn noch immer versuchen wir, nach Orangnestern oder Affenhorden im Blätterdach Ausschau zu halten. Man lauscht auf knackende Geräusche, markante Tierlaute und Vogelgekreisch über uns. Nach einer Stunde ist noch immer kein Affenschwanz auszumachen. Und während ich buschiges Geäst durchstöbere faszinieren mich besonders geriffelte Blätter. Mit den Fingern über eine so auffällige Oberfläche tastend, zucke ich erschreckt zurück. Eine kleine Schlange etwa? Einen feingliedrigen, dürren Stabkörper wie ein hellgrünes Bambusrohr mit Zahnstocherbeinen kann ich nur kurz entdecken, vielleicht fünfzehn oder zwanzig Zentimeter lang. Ich muss einer Stabheuschrecke zu nahe gekommen sein, denn plötzlich bewegt sich etwas am Blatt, fällt herab. Diese im buschigen Grün wieder zu finden, ist beinahe unmöglich. Andere dieser Art besitzen winzige Flügel am Körper und so hätte ich diese sicher nicht mit einer aufgeschreckten Schlange verwechselt. Sicherlich gehören auch diese außergewöhnlichen Insekten zur täglichen Geräuschkulisse, wenn ich über den Dschungelsound in den Regenwäldern berichte.

Eine außergewöhnliche Pflanzenwelt

Ein gewaltiger Baum, mehr als dreißig Meter hoch, mit mächtigen Brettwurzeln und von Lianenranken umklammert, gewinnt mein Interesse. Und nur einen Steinwurf entfernt raschelt es bei Sprüngen im Blätterdach. Mein bärtiger Begleiter sucht unbeweglich nach dem Verborgenen. Was wird uns begegnen, ein Makake, ein Siamang oder doch ein Orang? An Letzteres glaube ich weniger, denn dazu müssten die Geräusche heftiger gewesen sein. Kurz entschlossen nimmt mich mein Begleiter am Arm und zerrt mich vorsichtig vorwärts. Dann entdecke ich ihn. Ein langschwänziger grauer Thomas-Leaf-Affe mit weißem Bauchfell, großen runden Augen, einer Nase wie eine Katze und markant gestyltem Igelhaarschnitt taucht auf, zieht allein durch die Baumkronen. Na bitte, wenigstens einen, dem wir hier begegnen, stelle ich beruhigt fest. Und es sollte der Einzige bleiben. Nach Stunden sind wir von Schweiß durchnässt am Ufersaum zurück, müssen unser Lager finden.

Am Ufer begegnen wir einer Gruppe verwegener barfüßiger Männer mit sonnengegerbter Haut, die unter einem schattigen Zeltfetzen hocken. Einige von ihnen sind noch bei der Mahlzeit mit Reis und Fisch, andere rauchen am offenen Feuer. Sie sprechen meine Begleiter an, fragen nach meiner Herkunft. Ich verstehe Degos Antwort nicht. Man grinst, ruft mir etwas zu, bevor wir unseren Weg fortsetzen. Es sind herumziehende Fremde. Stämme des Batakvolkes sind hier noch zu finden. Man sticht Fische im Fluss, streift durch die Wildnis.

Zurück an unserem Rastplatz, empfängt Aán uns mit der Kanumannschaft. Die Kanuspitze ist von unserem Bootsmann mit dem hellgrün umwickelten Stirntuch bereits besetzt. Er mahnt zum Ablegen. Entspannt geht es flussabwärts. Jedoch für die Crew ist Vorsicht geboten, denn zu schnell schiebt das herabströmende Gewässer unser Kanu unkontrolliert durch die Stromschnellen. Der flache reißende Wasserlauf zwingt uns, immer öfter das Kanu über felsiges Geröll zu bugsieren, bevor wir unsere Fahrt fortsetzen. Endlos und verworren sprudeln kleine Bäche aus dem verborgenen Dschungeldickicht. Erneut legt unser Kanu im Uferdickicht an. Eine Makakenfamilie bewegt sich durchs Blätterdach. Ein Junges im grauen Pelz sitzt im Geäst zwischen dichten Blättern wie auf einem Barhocker und knabbert wohlschmeckende Baumfrüchte. Ich kann seine spitzen Zähne zählen, blicke auf seine krallenbedeckten Pfoten, während meine Kamera für lebensnahe Aufnahmen wie von Geisterhand um ihn schwebt.

Immer wieder verhakt sich unser langes Boot zwischen Gestein, kommt zum Stehen. Man muss ins sprudelnde Nass, wenn scharfkantige Felsen gefährlich nahe unter der Wasseroberfläche erscheinen. Jedoch der Bootsrumpf bleibt heil. Scheue, blau gefiederte Eisvögel fliegen früh auf, wenn unser lärmiges Boot in ihre Nähe gerät. Zu oft habe ich mit der Kamera das Nachsehen. Nur aus der Ferne vermuten wir Makakenfamilien, die auf Futtersuche durch die Baumkronen ziehen. Meine Jagdausbeute mit der Kamera ist gering und Großwild bleibt aus.

Flussabwärts machen schroffe bewaldete Berghänge einem breiten Ufer Platz. Dann steht er plötzlich am Dschungelsaum: ein Wildelefant. Einer jener Dickhäuter, die noch immer frei durch den Regenwald streifen. Und vielleicht ist es der, den ich vor Tagen in Campnähe begegnet bin. Eine Kette am Fuß trägt dieser jedoch sicher nicht.

Wildelefant am Ufersaum

Bei Sonnenuntergang, vor einer spektakulären Regenwaldkulisse, nehmen wir während einer traditionellen Badeszene der Elefanten im *Aras Napal* Camp Abschied von unseren Dickhäutern, wenn ihre Mahuts sie stolz in tiefere Flussgewässer führen. Besonders der endgültige Abschied von einem unserer Jüngsten bewegt. Am steilen Flussufer hänge ich meinen Gedanken nach und blicke auf unser Camp zurück. Hier saßen wir tags zuvor, wenn ich mit den mutigen Mahuts und Aán von Institut zum Schutz des Leuser Nationalparks aus Medan besorgt vom Überleben der letzten Oasen einer bedrohten Tier- und Pflanzenwelt Sumatras sprachen. Die Frauen und Männer in *Aras Napal,* in *Tesso Nilo* und sonst wo auf Sumatra tun alles, setzen mit Zuversicht auf die weise Hilfe lokaler Behörden Indonesiens, die das Überleben und den Ausbau von Schutzgebieten auch weiterhin unterstützen werden.

Fluss-Bad der Elefanten

Man rechnet aber auch auf internationale Naturschutzorganisation wie den WWF, der heute weltweit der Menschheit die Augen öffnet, bevor sie eine unersetzbare Zukunft für ihre Enkel endgültig verspielt.

Interview und Dreharbeiten im letzten Augenblick

Zurück in Medan haben wir unser Lager in einem traditionellen Hotel im schattigen Grün inmitten der Stadtcity aufgeschlagen. Bereits seit den Morgenstunden erwarte ich den prominenten Geschäftsmann Indonesiens, der bereits aus holländischer Zeit den

Tabakanbau kannte und nach 1958 die Geschicke des Tabakhandels der PTPNII bestimmte. Wie wird er sich präsentieren? Wird er sich in traditioneller indonesischer Kleidung mit seidigem Sarong und Peci vorstellen? Immerhin war er einst ein bedeutender Hauptadministrator im Tabakgeschäft der indonesischen Regierung.

Mr. Ferdinandus, einst Hauptadministrator im Tabakgeschäft

Zu seiner Zeit residierte man fürstlich, mit fürstlichem Landsitz und fürstlicher Macht. Doch anstatt des erwarteten Gastes meldet sich Mr. Kristanto, der Manager der PTPNII an der Hotelrezeption, informiert mich höflich über die erneute Verschiebung des Interviews. »Mr. Ferdinandus wird um 14 Uhr erwartet«, erklärt mir Mr. Kristanto, hilflos sich entschuldigend.

Entsetzt wende ich ein: Ich muss das Hotelzimmer bis Mittag räumen, denn schließlich ist mein Abflug nach Europa noch am Nachmittag gebucht. Ohne weitere Kommentare verabschiedet sich der geschäftige Businessman, ist bereits wieder auf und davon.

Die Hotelrezeption akzeptiert die verzögerte Räumung unseres Zimmers. Und nach einem kurzen Aufenthalt unter dem sonnendurchfluteten Palmendach vor der Hotelauffahrt warten Ingrid und ich ungeduldig zwischen Bergen von Gepäck und hergerichtetem Technikequipment in der Hotellobby. Inzwischen pendele ich ungeduldig zwischen meinem Hotelzimmer in der oberen Etage und dem Vestibül nahe der Rezeption. Das Vestibül ist ein lichter, hallenartiger Saal im Erdgeschoss. Ich habe mir morgens das ziemlich leere Foyer zum Kamerainterview mit unserem erwarteten Gast ausgewählt, rücke dann Sessel und Kamera in eine ansehnliche Parkansicht zur Straße zurecht, muss mich gegen die schattigen Lichteinflüsse wehren. Aber auch dieser Termin verstreicht unbarmherzig.

Erst langsam wird mir bewusst: Heute ist Freitag. Für mich nichts Besonderes. Jedoch für die Muslime ein geruhsamer Tag, ein Andachtstag, der mittags mit dem Gebet in der Moschee der häuslichen Umgebung seinen Höhepunkt findet. Bereits in den späten Vormittagsstunden füllt sich der weite Lobbyraum zusehends. Man kommt, trifft sich in plüschigen Couchecken zum Schwatz mit Freunden, Bekannten und Geschäftsleuten bei Kaffee, Tee und Gebäck, bevor mit letzten Abendgeschäften die Woche ausklingt. Eine Hotellobby, die hier, zum Anwohnertreff umfunktioniert, ihren Stammtisch hat. Anderswo wählt man eine Stammkneipe oder ein Café. Hier muss es ein internationales Hotel sein. Mit einigen aufgetürmten Sachen vom Stativ bis Kabeltechnik versuche ich, meinen Interviewplatz vor weiteren zudringlichen Einheimischen zu verteidigen. Man unterhält sich rücksichtslos laut, palavert ungeniert. Und obwohl ich die Angestellten der Rezeption über mein Vorhaben informierte, kümmere man sich wenig um den deutschen Hotelgast und Journalisten. Hier steht das übliche Freitagsgeschäft mit Anwohnern aus der honorigen Nachbarschaft im Mittelpunkt. Hotelgäste kann ich nicht ausmachen. Endlos zieht sich das Warten hin. Ingrid und ich verlegen schließlich endgültig unseren Aufenthalt in die reservierte Ecke, während inzwischen neue Gäste aus der umliegenden Nachbarschaft den Raum mit kehliger Unterhaltung, zwanglosem Gelächter und Tabaksqualm bombardieren.

Mr. Kristanto erscheint im Eingangsbereich, indes eine Limousine an der Hotelzufahrt hält. Mr. J.A. Ferdinandus betritt leichtfüßig das Foyer. Ein schlanker, weißhaariger Indonesier läuft auf mich zu. Mr. Kristanto stellt mir den honorigen Geschäftsmann des indonesischen Tabakhandels vor. Als einer der Bedeutenden an der Seite des Bremer Seniorunternehmers Walter Köhne beeinflusste er die Erfolgsgeschichte der Deutsch-Indonesischen Tabak Handelsgesellschaft bis in die heutige Zeit.

Aus Bremen wusste ich, dass er Deutsch spricht, wenn auch ungeübt. Er soll schon um die Achtzig sein. Ein strahlender Senior mit schlichter Kleidung in sommerlich orangebraunem Hemd mit kariertem Muster begrüßt mich höflich. Sein verspätetes Eintreffen zum zwangslosen Gespräch vor der Kamera lässt meinen angestauten Frust allmählich abebben, obwohl ich extrem in Zeitnot geraten bin. Ich stelle ihm meine Frau und Begleiterin vor, richte in aller Eile die Kameratechnik her und platziere höflich meinen Gast. Der Lobbyraum hat sich inzwischen zur Hochform angefüllt, so dass auch die Verständigung mit meinem Gast extrem leidet. Mein Kameraaufbau konnte den nahen Tischnachbarn nicht entgangen sein. Erneut besuche ich zwei dieser laut palavernden Tischnachbarn, spreche einen der lauten Wortführer an:

»Maaf, bisa tolong agak pelan suaranya sebentar?« – Entschuldigung, können Sie sich bitte für einige Minuten etwas ruhiger verhalten? »Kami mau mengadakan wawancaradisini.« – Wir wollen hier ein Interview durchführen.

Es dauert nur einen Wimpernschlag und nach kurzer Pause ist der alte Lärmpegel erneut erreicht. Nur die verständnisvolle Ausstrahlung des angenehm freundlichen Weißhaarigen hält meinen angestauten Unmut gerade noch in Grenzen. In die Hotellobby haben sich hemdsärmelige, rüde Umgangsformen der Straße eingeschlichen. Auflehnung gegen die einstige frühere europäische Kolonialmacht oder nur der Beweis der neuen Macht? Dann spreche ich mit meinem Gast, stelle ihn vor, indes die Kamera läuft.

Mister Ferdinandus spricht deutsch, und ist ein sehr erfahrener Tabakpflanzer aus der Umgebung von Medan. In der Vergangenheit war er nicht nur ein bedeutender Administrator, sondern auch Kenner eines besonderen Tabaks, der überall in der Welt sehr begehrt ist, des Delitabak. Doch zunächst möchte ich Mister Ferdinandus ein paar Fragen über Sumatras Hauptstadt stellen und wie sich Medan entwickelt hat. Fragen an einen prominenten Kaufmann, der hier seit Jahrzehnten lebt und traditionell den Tabakexport Indonesiens beeinflusste.

Er entgegnet freundlich mit beinahe sanfter Stimme: »Zuerst, Herr Wuttke, es ist es mir eine große Ehre Sie kennenzulernen. Medan ist die Hauptstadt von Sumatra. Wir haben hier 3,2 Millionen Einwohner. Aber vor gerade einmal einhundert Jahren war Medan noch klein, von dichtem Dschungelwald umgeben.«

In meinen Sinnen sah ich augenblicklich die einstmals ins Land geschleusten Einwanderer, die mit verheerenden Brandrodungen für neue Pflanzungen sorgten und die man in primitiven Siedlerhütten unterbrachte. Dabei zeigt er flüchtig auf die am Hotel vorbeiführende belebte Citystraße und fährt fort:

»Aber nach 1947 hatten wir eine neue Situation, weil die Holländer nach Medan zurückkehrten und auch das Tabakgeschäft wieder übernahmen. Und seit 1958 ist die ganze Tabakwelt übernommen von der Regierung in Staatseigentum. Und dann haben wir großen Anteil gehabt an der Entwicklung. 1959 war es, dass wir als Tabakgesellschaft mit der Tabakbörse von Amsterdam nach Bremen umzogen. Wenn man über Indonesiens Tabak spricht, dann muss man auch über Herrn Walter Köhne, Seniorunternehmer aus Bremen, sprechen, der weit über fünfzig Jahre im vorigen Jahrhundert die Zigarren Tabakwelt beeinflusste.« (wörtlich zitiert)

Nach einer kurzen Pause frage ich nach:

»Was macht diesen Delitabak weltweit so berühmt? Was ist daran so aufregend, dass die Zigarren Fabrikanten der Welt diesen Tabak so begehren, den man hier nahe Medan seit Jahrzehnten traditionell anbaut?« Seine Antwort:

»Wenn man eine gute Zigarre produzieren will, muss man Sumatratabak benutzen. Das ist ein Gesetz«, fügt er heftig hinzu.

»Was ist der Grund? Ist es der besondere Boden auf dem der Delitabakpflanze wächst?«, hake ich nach:

»Man kann edlen Delitabak nur zwischen den Flussgebieten von Wampu und Ular anbauen. Ein fruchtbares Areal, von Gott gegeben. Die Qualität ist nur hier so einmalig.« Und wie kann man das Feststellen, frage ich nochmals. »Man muss das Tabakblatt anfassen und es mit speziellen Ansteckmethoden prüfen und den Duft genießen«, antwortet er überzeugend.

Dann heißt es packen, denn der Flughafentransfer wartet. Ingrid und ich haben nicht einmal Zeit, uns von der heißen Tropenstadt zu verabschieden. Bereits bei meiner Ankunft musste ich unserer umsichtigen Begleitercrew eine Abfuhr geben, denn für Traditionelles fand ich wenig Zeit. Wer außer uns ahnt schon, dass für uns in diesen Augenblick ein historisches Stück Expeditionsmarathon sein Ende findet.

AN JAVAS KÜSTEN

Landung im Stadtmoloch Jakarta

Javva[8], wie seine Bewohner ihr grünes Inselreich liebevoll nennen, besitzt noch einen kargen Rest Tropenparadies dicht am Äquator, Heimat einer exotischen Tier- und Pflanzenwelt auf dem Inselarchipel Indonesiens mit seinen drei großen Sunda-Inseln (Borneo, Sumatra, Java). Heute nahezu restlos von den mehr als 120 Millionen Bewohnern Javas beansprucht. Selbst in schützenden Nationalparks muss man in entlegene Winkel des Dschungels vordringen, will man noch auf Ursprüngliches stoßen. Wie viel Zeit verbleibt noch jenen Bewohnern, jenen Exoten eines faszinierenden Paradieses Südostasiens im Indischen Ozean?

Java – einst von Wanderstämmen aus Südchina besiedelt; die Hauptstadt Batavia – einst so genannt von Eroberern, Händlern und Kolonisten, begehrt als wichtigster Kreuzungspunkt der Seerouten der Antike im Handel mit China und Indien. Aktive Feuerberge, wie der Vulkan Merapi in Zentraljava und der spektakuläre Krakatau vor der Küste Javas bedrohen noch immer die Inselbewohner. Von zahllosen Kulturen der Hindus, Buddhisten, chinesischen Taoisten und indigenen Stämmen über Jahrhunderte geprägt, wird der Islam auf dem Inselbogen der Republik Indonesien im Indischen Ozean im 15. Jahrhundert zur vorherrschenden Religion.

Bereits vor Jahrhunderten musste sich das Gebiet des hinduistischen Reiches Pajajaran gegen die mächtigen Majapahit behaupten. Nach der Vertreibung portugiesischer Eroberer entwickelte sich Java im 17. Jahrhundert zum Knotenpunkt des frühen Handels unter den neuen niederländischen Kolonialherren, der Ostindischen Kompanie. Die einst mächtigen Kolonialherren nannten ihr neu gewonnenes Reich Niederländisch Indien, gründeten ihre Hauptstadt Batavia, das heutige Jakarta. Den Altstadtkern Batavias, einst Residenz nach holländischem Vorbild mit üppigem Grün angelegten Alleen und Plätze prägen noch immer seine zahlreichen Kanäle.

Heute ist Jakarta nicht nur Inselmetropole Javas und eigene Provinz, sondern zugleich auch die Hauptstadt der Indonesischen Republik. Auf knapp 700 Quadratkilometern in fünf Verwaltungs-

---

[8] Landestypische Aussprache.

zentren mit diversen Subbezirken und Gemeinden zählt man stadtnahe um die 18 Millionen Einwohner. Eine Megacity von Wirtschaft und Politik, ein Schmelztiegel verschiedener Nationalitäten mit ethnischer Vielfalt und verschiedenen Kulturen Südostasiens. Und noch immer haben indigene Naturvölker auf Java in der Abgeschiedenheit der Wälder überlebt. Direkt vor Jakartas Toren, in der Westregion Banten findet man sie noch, die Batuistämme.

Ein glücklicher Umstand verhalf mir kurzfristig zu einem Flug nach Java. Jedoch dieses Mal mangelt es an meinen sonst so präzisen Vorbereitungen für einen Aufenthalt in einem abgelegenen Regenwaldschutzgebiet. Ich hatte einfach nicht genügend Zeit und wollte eine einmalige Gelegenheit zur erneuten Reise nach Südostasien nicht verpassen. Noch einmal bin ich an die Küsten des indonesischen Feuergürtels zurückgekehrt, dieser bedrohlichen Vulkankette im Indischen Ozean. Auf der grünen Dschungelinsel möchte ich herausfinden, was von ihrer einst exotischen Tropenwildnis noch verblieben ist. Zu wenig wusste ich noch immer über das indonesische Inselreich, von seinen Bewohnern und seiner bedrohten Tier- und Pflanzenwelt, die so sehr von der heranrückenden Zivilisation bedrängt werden. Mein Budget ist zwar knapp, jedoch finde ich Freunde mit deren Hilfe es mir gelingt eine weitere Dschungelexpedition zu starten.

Von Europa aus an der spektakulären Küstenstadt Singapur vorbei geht es im Mai über die indonesische Nachbarinsel Sumatra, bevor Flug GA89 über die zartgrüne Insel Java einschwebt. Goldgelb glitzernd empfängt mich Javas Sonnenaufgang, gleitet Flug GA89 sanft der Inselbucht von Jakarta Bay entgegen. Aus luftiger Höhe blicke ich im morgendlichen Dunst erstmals auf die rätselhafte Megacity Jakarta unter mir. Zartbraun ziehen Nebelschwaden, die man weltweit auch Smog nennt, dem offenen Meer der Javasee entgegen. Das begreife ich erst, als der Flug bereits zur Landung ansetzt.

Jakarta, eine Millionen-Metropole auf den ersten Blick schockierend, ein hoffnungslos, unübersichtlicher Stadtmoloch. Erst später werde ich auseinanderhalten, wie man sich durch die zersiedelten Stadtteile zu bewegen hat, wenn ewiger Verkehrsstau droht. Es fällt mir leicht, diesem erschreckenden städtischen Tohuwabohu schon bald zu entfliehen, zu vergessen, obwohl ich der Stadt doch gerade erst begegnet bin.

Nach wenigen Monaten kehre ich ohne Ingrid nach Südostasien zurück, will ich erneut in den Mangrovendschungel zurückkehren. Ein Abstecher nach Javas Westküste soll mich zu den vorgelagerten Inseln des Nationalparks von Ujung Kulon bringen. Nahe der Krakatausee vor der spektakulären Vulkaninsel liegt sie, die von Mangrovendickicht und Dschungelwald bedeckte Inselgruppe Ujung Kulon, ein entlegenes Regenwaldjuwel Indonesiens vor Javas Strandküste. Dort im Nationalpark, fernab der Zivilisation, findet man sie, die Javarhinos, das Javanashorn (Rhinoceros sondaicus), die letzten noch überlebenden Exoten, nur noch wenige Dutzend.

Eisvogel

Mit einheimischen Führern geht es in ein entlegenes Inselreich, wo ich noch auf eine intakte Tier- und Pflanzenwelt in Indonesiens Tieflandregenwäldern treffen werde, wo Leoparden noch Spuren hinterlassen, Gibbonaffen auf Nahrungssuche durch die Baumkronen streichen, der prachtvolle, äußerst scheue Pfauenvogel (Green peafowl), der vom Aussterben bedrohte Hornvogel mit knallgelben Schnabelgehörn und der Eisvogel (Kingfisher) zu Hause sind. Urbewohner an der Mangrovenküste, malaiische und sundanesische Orang Asli, sollen noch an der Nordküste in kleinen Kampongs nahe den Dschungelwäldern siedeln. Ich will mir einen persönlichen Eindruck vor Ort verschaffen, bevor ich später in die Megacity Jakarta zurückkehre.

Auf verlorenem Posten

Bei strahlender Sonne verlasse ich unter den letzten Passagieren die Maschine auf dem Soekarno Hatta-Flughafen von Jakarta; versuche ich Anschluss an die Menschenschlange zu halten, um mich auf dem riesigen Flughafen zurechtzufinden. Ich muss mein empfindliches Kameragepäck am Flugsteig abfangen, bevor mich der Tumult der drängenden Reisenden überrollt. Über endlose Gänge, Rolltreppen und Hallen beginne ich mich zu orientieren, versuche ich die Einreiseabfertigung und den Zoll endgültig hinter mir zu lassen. Feuchtheiß schlägt mir die Hitze entgegen und ich habe noch nicht einmal die riesige Ausgangshalle ins Freie erreicht. Wie soll ich in diesem Tumult nur auf meinen verabredeten Abholer stoßen? Betroffen beobachte ich meine Umgebung. Alles was zum üblichen Treffen anzugeben war, wie Flugnummer, Ankunftszeit und mein Foto, habe ich meiner reservierten Gastresidenz übermittelt. Nur der exakte Treffpunkt am von Hunderten geräuschvoll umlagerten Ausgang lässt Ungemach ahnen. Mit meinen geschulterten Gepäckstücken durchschreite ich mehrfach die Ausgangshalle, trabe ich suchend an endlosen Reihen von Gästeabholern vorbei, die mich mit großen Namenschildern, Fotos und wilden Zurufen in x Sprachen belagern. Doch der mir unbekannte Abholer mit meinem Namensschild ist im Gedränge nicht auszumachen, obwohl kaum ausländische Einreisende die Sperre mit mir durchschreiten. Man muss mich doch erkennen, grollt es in mir. Und dazu noch mit auffälligem Aluminiumkoffer.

Schließlich entscheide ich mich schweißgebadet, die mehr als zweihundert Meter lange Front vor dem Flughafengebäude abzuschreiten und halte Ausschau. Taxifahrer aller Art sehen dies als willkommene Aufforderung zum Taxideal für eine Stadtfahrt. Parallel zur Hauptstraße am Flughafen stoße ich auf einen weiteren Ausgang der Flugpassagiere, der gleichfalls von Hunderten Taxis und Minibussen belagert wird. Mit Maschinenpistolen bewaffnete Soldaten werden auf mich aufmerksam, weil ich des Öfteren ins Gebäude zurückdränge, um mich nach meinem Abholer umzuschauen. Taxidriver blauer Karossen rufen in verschiedensten Sprachen mir zu, lauern auf Kundschaft. Andere Private bieten mir Fahrten in die fünfunddreißig Kilometer entfernte City an. Nur ich bleibe auf der Strecke, denn ich kann noch immer meinen Abholer nicht auftreiben. Zwar verfüge ich über die Adresse meiner Unterkunft und die Telefonnummer, jedoch besitze ich kein gültiges Handy. Und viel verheerender ist jedoch, dass ich nicht die indonesische Landessprache der Bewohner Jakartas spreche.

Einen hilfreichen jungen Geschäftsmann bitte ich, mit seinem Handy meine Telefonnummer zu erreichen. Er versteht mit einem weiteren Reisenden meine ins Englisch übersetzte Bitte, mir zu helfen. Ein erster Versuch scheitert und auch ein Zweiter:

»Gak ada yang ngangkat« – Es meldet sich keiner, entgegnet mir der Indonesier ratlos und ist enttäuscht, mir nicht helfen zu können.

Auch das noch. Ich schnaufe tief durch, bedanke mich freundlich für seine Hilfe und stehe im nächsten Augenblick wieder allein auf verlorenem Posten von vorüberziehenden Menschenmassen eingeschlossen. Mir fällt plötzlich ein: Heute ist Sonntag. Bisher ist mir dies im dichten Flughafengedränge nicht in den Sinn gekommen. Nun wird's eng. Ich muss nach einer vertanen Stunde endlich aus der sengenden Sonne. Ich entscheide mich Kontakt mit den blauen Taxifahrern von Blue Bird aufzunehmen. Vielleicht eine seriöse städtische Taxigesellschaft, die Fremde nicht bis aufs Hemd ausraubt. Der erste Anlauf scheitert, denn die von mir einem herandrängenden Fahrer vorgelegte Adresse kennt er nicht, winkt ab. Kein Wunder, denn auch mit meiner Google-Recherche in Deutschland konnte ich nur mühselig den Stadtteil Kebayoran im Südosten ausmachen. Und ich stehe hier am anderen Ende der Stadt, im Nordwesten. Schließlich findet sich ein routiniert herantretender Taxifahrer der Blauen. Muskelbepackt im grauen T-Shirt mit freundlichem Gesicht ist er bereit mich zu fahren.

»I know Kebayoran« – Ich kenne Kebayoran, verkündet er vollmundig und macht sich schon an meinem Gepäck zu schaffen.

Ich trete auf die Bremse, denn über den Preis ist noch zu reden. Er verlangt zwei Rote, also 200.000 Rupia. Wir einigen uns schnell, denn ich bin froh einen kundigen Fahrer durch die Stadt gefunden zu haben. Eine Menge Geld zusätzlich, denn ich bin zum Flughafentransfer und für kleineren Stadtfahrten von meinem Gastgeber eingeladen. Erstmals seit meiner Ankunft in der Stadt beginne ich Javaatmosphäre zu genießen, obwohl ich nicht weiß, ob ich meine Unterkunft noch heute erreiche. Schon bald sind wir unterwegs, reihen uns an Mautstellen in drängende Fahrzeugkolonnen ein, bevor die Stadtcity uns endgültig verschluckt.

Mit englischen Wortbrocken nehme ich zu dem Fahrer erste Kontakte auf. Zuerst mit Gesprächsfetzen über das sonnige Wetter, über den chaotischen Verkehr Jakartas und später über seine Bewohner, beginne ich bei höllischem Straßenlärm und Auspuffmief meine anfängliche Verunsicherung zu verlieren. An endloser Hochhausskyline vorbei drängt sich unser Taxi über mehrspurig von Karossen vollgestopften Asphalt durch Jakartas Megacity. Einmal müssen wir auf Umwegen zurück, als im Straßenstau überhaupt nichts mehr geht. Ein anderes Mal nehmen wir eine Abkürzung zwischen zugeparkten Betonwohnvierteln. Schließlich führt uns eine breite Straßenabfahrt nach Südosten in eine überraschend andere Wohnwelt.

Kebayoran Baru ist ein tropisch grüner Stadtteil, wie eine idyllische Insel unter einem schattig endlosen Blätterdach inmitten Jakartas ausufernder Stadtsiedlung. Ein- und zweistöckige Stadtvillen mit Baumalleen, Gartenanlagen zwischen abgestellten Zweirädern und blitzenden Karossen. Gärten mit bunt blühenden Pflanzen und niedrige Gebäude, oft von blickdichten Mauern umgeben, reihen sich entlang schmaler Straßen und Gassen, durch die sich heute Vormittag wenig Verkehr drängt. Im Schritt fahrend, sucht mein Chauffeur nach dem Weg. Schließlich hält er am Eckgrundstück einer traditionellen Stadtvilla mit gepflegter Gartenanlage. In einer abgelegenen, ruhigen Seitengasse, die einer Dorfstraße gleicht, wo zarte Vogelrufe aus der Nähe einzelne Motorradgeräusche noch übertönen. Eine bewegliche Schranke verschließt abweisend den unbeliebten Durchgangsverkehr zu den weiteren Nachbargebäuden.

Die breite Metallgitterpforte, die zum Eingang der ansehnlichen Stadtvilla führt, ist verschlossen. Dahinter auf gefliestem Boden verbirgt sich ein lackschwarzer Toyota unter dem ausladenden K-Port, das auf massiven Pfeilern ruht. Ein einstöckiges Gästehaus im traditionellen Stil der Kolonialzeit, umgeben von gepflegtem Tropengrün, empfängt hier seine Gäste. Schon will der Taxidriver mich ausladen, um weiterzufahren. Ich zögere, weiß weder, ob es die richtige Adresse ist, noch ob ich hier willkommen bin. Und zu befürchten ist, das ich dann, beladen mit meinem Reisegepäck, mich allein weiter durchfragen muss. Auf meine Bitte umkreisen wir das Grundstück, bis der Fahrer plötzlich stoppt und einen Nachbarn befragt. Jetzt kommt Bewegung in die Umgebung. Im Trab eilt ein Hausangestellter aus der Nachbarschaft auf den Eingang zu, spricht mit dem Taxifahrer, bevor dieser mich irritiert begrüßt und das Tor zur Geschäftsvilla einladend öffnet.

Wie auch weiter, ich bin endlich nach einer weiteren Stunde gegen Mittag in meinem Gästehaus angekommen. Der Taxifahrer grinst breit und freundlich, denn er begreift meine Erleichterung. Noch schnell das Taxi entladen und drei rote 100.000 Rupiah-Scheine wechseln den Besitzer. Mit schweißtropfender Stirn betrete ich einen schattigen, holzgetäfelten riesigen Empfangsraum mit Mahagoni-Holzvertäfelung an der Decke. Eine bequeme, mit Teppich belegte Freitreppe fällt mit traditionellen Malereien an den Wänden auf und führt in die erste Etage. Mein Gepäck finde ich bereits sorgfältig aufgereiht in der Diele nahe einem ausladenden Konferenztisch, so dass ich mich nun um das angebotene Trinkwasser hastig bemühe. Und erst jetzt scheint auch die Klimaanlage mit surrendem Geräusch ihre Arbeit aufzunehmen.

Der angestellte PKW-Fahrer Swandy empfängt mich freundlich. Ich bin in Deutschland freundlichst von einem traditionellen Tabakunternehmen Indonesiens eingeladen worden, meinen Aufenthalt in Jakarta, in ihrem Gästehaus zu verbringen. Ich bin sehr froh darüber, denn so erhoffe ich mir mehr Nähe zu indonesischen Bewohnern zu erhalten, um ihre Kulturgeschichte besser zu verstehen. Meine erste Begegnung mit dem schnurrbärtigen Endvierziger Swandy ist einsilbig. Er spricht kein Englisch und ich nur indonesische Wortbrocken der Begrüßung. Wir lächeln uns unschlüssig an, finden jedoch schnell zueinander, denn Swandys höfliche Vorstellung meines geräumigen Zimmers im Erdgeschoss und Anmeldeformulare gehören zu seiner Hausroutine. Swandy ist irritiert, dass ich mit dem Taxi hier bin. Schließlich erfahre ich, das Sukijo, ein weiterer Kraftfahrer des Hauses, mich vom Flughafen abholen sollte. Nur eine halbe Stunde später rollt ein zweiter PKW in den Vorhof. Swandy eilt ihm entgegen, informiert über das Eintreffen seines deutschen Gastes. Sukijo, ein lang aufgeschossener gebräunter Mann, Mitte dreißig, grüßt mich wortlos mit resignierender Schulterbewegung, die auf eine unglückliche Panne hindeutet. Meine Begrüßung hingegen fällt knapp aus, denn noch nie ist eine Abholung gänzlich schief gelaufen. Und gerade hier hatte ich diese am Nötigsten gehabt. Ich bin hungrig, leide noch wegen fehlenden Schlafes im Flieger und an Abholerstress und will mein durcheinander geratenes Gleichgewicht wieder herstellen. Ich bitte Swandy, mich in ein nahes Restaurant zum Mittagessen zu fahren. Swandy, ein kleinwüchsiger Indonesier und typischer Herrenkraftfahrer in sorgfältiger Uniform, ist routiniert im Umgang mit Gästen, so dass wir schnell eine Verständigung finden, um gemeinsam unser Mittagsmahlzeit in einer Gaststätte einzunehmen.

Swandy hat heute seinen großen Tag, denn er speist genüsslich, nicht wie sonst täglich bei einfacher Kost in der Küche des Gästehauses. Er bestellt redselig, indes ich erstaunt die zum sonntäglichen Lunch drängenden Gäste beobachte. Sie sind luftig und beinahe festlich gekleidet, die Frauen im farbigen Saron und mit eng geknüpftem Kopftuch, die Männer in Batik oder in besticktem weißem Oberhemd. Dort eine Familie zur Gesellschaft, die sich verhalten schwatzend bei kühlen Getränken versammelt. Javas dunkelhaarige Bewohner sind zierlicher und im Durchschnitt kleiner als ich. Jedoch mit fortschreitenden Jahren hat man sich hier, wie überall in der Welt gegen die üblichen Angriffe des faltigen Alterns zu stemmen.

Zum Nachmittag treffe ich im großen Aufenthaltsraum des Gästehauses auf Salim. Er ist ein junger, schlanker Indonesier im weißen T-Shirt und betreut mit seinen achtzehn Jahren die Telefonkontakte des Hauses, den Computer für wichtige Internetnachrichten zum Bereitstellen von Gästezimmern und von Fahrzeugen für die Geschäftsführung des weltweit agierenden Unternehmens. Er spricht

Schulenglisch, so das nunmehr offene Fragen des Tages ausgeräumt werden können. Salim ist gesprächig, kümmert sich respektvoll um mich, will mehr über Deutschland erfahren. Schon bald finde ich umsichtig Zugang zum Team der Hauswirtschaftsangestellten hier, zu denen spät nachmittags Chairyan, eine ältere Küchenangestellte dazu stößt. Eine einfache Frau, die mit Kochen, Putzen und Waschen das Gästehaus mit seinen vielleicht fünf Zimmern besorgt. Ein respektvoller Umgang gegenüber den Hausherren und der gebildeten Oberschicht so wie deren Gästen, ähnlich den Kasten, ist hier erwünscht. Ach ja, und der vermisste englisch sprechende Chef des Hausteams ist auswärts, wird vielleicht in einer Woche zurück erwartet. Vor meinem Zimmerfenster bewundere ich einen blühenden Garten, ein Biotop, einen winzigen schattigen Park mit hoch aufgeschossenen, schlanken Palmenstämmen, buschigen Blütengewächsen und orangeroten Bananenstauden.

Ich habe kleine Aufmerksamkeiten und Zigaretten besorgt, denn schon Morgen bin ich zur Stadttour mit der Kamera unterwegs. Abends zucken helle Blitze aus den Wolken und Donner lässt die offenbar sumpfige Erde unter mir erzittern wie bei einem Erdbeben. Es schüttet Regenmassen, die nunmehr für einige Zeit die betriebsamen Straßen von seinen Bewohnern leer fegen. Nur die durchs Düstere der schmalen Straßen sich tastenden Scheinwerfer von Blechkolonnen und tuckernden Zweirädern, auf denen sich vermummte Gestalten vor der Nässe verbergen, ignorieren die weit spritzenden Wasserlachen auf spiegelndem Asphalt.

Morgens auf meinem ersten Fußweg in die Nachbarschaft mache ich am Kiosk Halt, unmittelbar an der nahen Straßenecke. Unter einem ungewöhnlich weit ausladenden Beringinbaum hat man eine einfache Holzbank und bunte Plastikstühle für die Kundschaft aufgestellt. Unter dichtem Blätterdach herab neigende Wurzelranken wie feines Gespinst hüllen die zusammengeflickte Kioskhütte in schattiges Grün ein. Traditionell gilt dieser besondere Baum als behaglicher, oft auch als spiritueller Treffpunkt der Dorfbewohner seiner Umgebung. Man trifft sich in seinem Schatten, schwatzt und macht Geschäfte. Der schlanke Besitzer unterhält bereits seine Stammkundschaft. Er blickt zu mir herüber. Kaufen kann man dort nichts, stelle ich schnell fest. Nur Getränke, Imbissangebote, Zigaretten und Süßigkeiten werden von der Stammkundschaft und Vorübergehenden verlangt. Ich suche für einige Augenblicke ein wenig Kontakt, stoße auf einfache freundliche Nachbarn aus der Nähe, die sich hier niedergelassen haben. Bevor ich entlang der unruhigen Verkehrsstraße meinen Weg fortsetze, kaufe ich bei dem Kioskwirt wenigstens ein paar Zigaretten für Salim und die Kraftfahrer. Mürber Straßenasphalt geht hier übergangslos in versandeten Fußweg über, so dass ich vor dem unentwegten Fahrzeugverkehr auf der Hut sein muss, der keinen Bordstein kennt.

Ich nehme mir Zeit, will ein wenig Ruhe in tropischer Village-Atmosphäre tanken, will auf den Alltag seiner Bewohner hier achten. Links ein einfaches Hotel in der Jalan Senayan mit unauffälliger Hotelfront zur Straße. Rechts kleine Grundstücke mit blühenden Gärten bis an den Straßenrand, wo im bröckligen Asphalt sich Pfützen vom Vortag sammeln. Ein Einkaufsladen mit knallig bunten Auslagen gewinnt meine Aufmerksamkeit. Zwei junge Männer haben die wenigen Käufer morgens geschäftig im Griff. Ich hingegen schaue mich noch unschlüssig um, denn jedes Produkt ist hier in bunter Verpackung mit werbenden Bildern verschlossen. Man kauft auf Vertrauen etwas, das nur mit dem Aufdruck der Verpackungen angepriesen wird, ob Toastbrot, Reis, Sorten von Chips, Suppen, Süßigkeiten, Nüsse, Zigaretten, Getränke, Bier in Dosen usw. Leckere Angebote hinter der Theke, wie Wurstsorten, Käse, Würstchen, Milch, frische Brötchen, süßer Brotaufstrich, Marmelade, Honig, Backwaren – Fehlanzeige. Ich begnüge mich mit Getränken und erprobe abends erfolglos den fad schmeckenden Inhalt einer bunt aufgedruckten Suppentüte. Für Einkäufe auf kleinen Märkten oder Geschäften ist man mit eigenem Motorrad, Motorroller oder Auto unterwegs. Es sei denn man erwartet den fliegenden Händler oder steigt zum Fahrer in das nächste buntscheckige, dreirädrige Becak.

Smog, City Skyline und grüne Wohninseln

Nach neun bin ich mit Miamed, meinem indonesischen Begleiter, durch Jakartas Megacity unterwegs. Miamed, ein sportlicher Endvierziger mit braunem glattem Gesicht und schmalen Augenlidern hinter einer modernen Brille und Bürstenhaar ist Touristenmanager, kennt sich hier aus. Ich beabsichtige nur ein Stück dieser Stadt kennen zu lernen, will den Spuren früher Reisender, Geschäftemacher, Wissenschaftler und Weltenbummler folgen, die noch das einstige koloniale Batavia als Schiffspassagiere über die Hafenpier von Tanjung Priok betraten.

Alter Schiffhafen Tanjung Priok an Batavias Küste um 1890

Am frühen Morgen strahlt Jakarta City hektische Geschäftigkeit aus. Mit ihren mehr als acht Millionen Einwohnern, ein Stadtmoloch mit Wohnsiedlungen, wo die besser gestellten Bewohner sich auf schattig grünen Wohninseln zurückziehen, wenn es ihnen gelingt, den chaotischen Verkehrsadern der Stadt zu entfliehen. Ich begreife schnell, dass breite Verkehrsadern wie durch wuchtige Schneisen das aus mehreren Städten zusammenwachsende Jakarta verbinden.

Und doch findet man hier noch exotische Pflanzen, bunte Blüten und Bäume, welche einst die üppig grüne Tropenlandschaft Javas im Überfluss prägten. Man trifft Teak und nur einen Steinwurf entfernt Mahagoni und Ashokabäume, deren gelborangenen Blüten intensives Duftaroma verströmen.

Noch bevor Miameds Fahrer Yunus richtig ins Rollen kommt, lasse ich den Jeep nahe einer Bahntrasse abrupt inmitten des um uns tobenden Stadtverkehrs stoppen. Zwischen drängenden Gemüseständen, schattigen Getränkebuden und fliegenden Händlerkarren werde ich fündig. Am Fuß des mehr als fünf Meter hohen Bahndamms erstreckt sich eine geheimnisvolle Wohnwelt, von niemandem beachtet. Schmal, gerade einmal eine Rikscha breit, blicke ich in eine über mir von tropischem Grün zugewachsene Wohnsiedlung. Augenblicklich tauchen wir aus dem rauen Straßenchaos in eine behagliche, wohltuend ruhige Wohnidylle ein. Aber vielleicht wird auch diese schon im nächsten Augenblick jäh von polternden Waggons auf dem Bahndammgipfel über mir unterbrochen. Die Wohnidylle der Menschen hier hat viele Gesichter. Diese hier wird getrübt von der Not der Lebensverhältnisse, in der sich Menschen zurechtfinden müssen.

Ein endlos schmuddeliger Pfad zieht sich entlang eines schattigen Bahndamms, wo rechts und links winzige Verkaufsshops und ärmliche, einstöckige Wohnhütten sich drängen, und auch farbig duftende Blüten und Pflanzen ihren Platz finden. Wasser oder Elektroanschluss – Fehlanzeige. Gasbehälter sorgen hier für alles: zum Kochen, Grillen aber auch für Beleuchtung. Die meist fensterlosen Wohnräume sind winzig. Man schläft auf einer Matte, schaut Fernsehen oder macht beim Schwatz Geschäfte. Hier ist der schattige Raum eines Männerfrisörs und nur ein Steinwurf entfernt besuche ich eine Familie, wo Sita, ein überraschtes Mädchen im grünen T-Shirt der dritten oder vierten Schulklasse, mir entgegen lächelt. Man begegnet dem scharrenden Federvieh, hält Ausschau nach einem krähenden Hahn, geht herumstreunenden Hunden aus dem Weg.

Maimed beobachtet mich schweigsam, wenn ich Gespräche mit den einfachen Bewohnern dieser Scheinidylle aufnehme. Immer öfter versucht er, sich zu rechtfertigen »Das sind Schwarzbauten ohne Genehmigung.« Ich weiß, wehre ich geduldig und zugleich nachsichtig ab. Vor allem Jugendliche lockt die verführerische Stadt, aus dem Alltag ihrer Dörfer auszubrechen. Ich verstehe schon, denn zu oft bin ich in Slums jener ärmlichen Bevölkerung auf den Hinterhöfen der Welt begegnet.

Von gegenüber ruft mir ein Händler zu. Auf einem niedrigen Bord stapeln sich verführerisch einladende Plastiktüten mit Bon-

bons und Süßigkeiten für Kinder neben gehäuften Bergen von Solar-Schulrechnern, Keksen und Zigaretten. Sogar ein Zierfischhändler taucht hier auf. Eine Vielzahl bunter Zierfische in durchsichtigen Plastiktüten mit Wasser gefüllt und auf einem Traggestell befestigt, locken lärmende Kleinkinder an. Und ein Handwerker, der gerade seine Zeitung liest, hat gleich einen kompletten, bunten Holzzaun mit Eingangspforte zum Verkauf in der engen Gasse abgestellt. Über mir blicke ich auf winzige Fensterbrüstungen, an denen bunte Wäsche trocknet. Sogar ein Hahn kräht hinter mir vom steilen Bahndamm, wo sicher eine Hühnerstallung sich verborgen hält. Nur eine weiße Katze scheint gehetzt, muss ihren schattig kühlen Asphaltplatz fluchtartig räumen, denn ein knatterndes Motorrad rauscht gnadenlos heran.

Schließlich begegnen wir noch einem etwa elf- oder zwölfjährigen Jungen mit pechschwarzem Haarschopf in blitzsauberer Schulkleidung. Er trägt kurze Khakihosen, ein weißes Hemd mit weinrotem Schulschlips. Seine Finger zeigen mir, dass er in die vierte Klasse geht. Mit einem letzten Gespräch bei einer mobilen, dreiköpfigen, jungen, modernen Familie auf blinkendem Motorrad will ich mich aus dem Gassenleben verabschieden. Dem jungen Vater ist der Stolz über sein knatterndes Gefährt anzusehen. Egal wo man wohnt, man benötigt es, will man seine Familie ernähren.

Auszeit vor der Nachmittagshitze. Unweit der Stadtcity erhebt sich das Kebalen Mampang-Kaufhaus, eines von vielen attraktiven Einkaufscentern der Stadt und Glamourwelt von täglich tausenden Einheimischen und Besuchern. Eine vollklimatisierte Oase, wenn zur heißen Jahreszeit bei 35 Grad und mehr der Asphalt kocht. Auf mehreren Etagen drängen einheimische Familien und Touristen durch endlose Passagen mit Kleiderboutiquen, Schmuckwaren, Hightechelektronik, Spielzeug für Kinder und glitzernder Pracht aus aller Welt. Hier findet man ihn noch, den traditionellen Markt und Speisegaststätten, von Gästen umdrängt. Im Kellergeschoss stoße ich auf einen einfachen weiß getünchten Betonbau. Ein Tohuwabohu lärmender Händler empfängt mich mit unendlich vielen Gemüse- und Obstangeboten in bunten Reihen, frisch duftenden Kaffee bergeweise und Fisch der nahen Meere. Und nur einen Steinwurf entfernt passiere ich Schlachter vor gefliesten Podesten in endloser Reihe mit ihren krachenden Beilgeräuschen, wenn sie riesige Rinderhälften teilen. Nebenan geschäftige Händler, von Tausenden Frischeiern umgeben.

Einige Fischverkäufer präsentieren mit gestreckten Händen stolz ihre lebendig zappelnden Fische vor der Kamera, indes andere mit toten Meerestieren von lütten Sardinen bis zu kleinen Haien und Tintenfischen das Nachsehen haben. Eine traditionell gekleidete ältere Dame fällt im Strom der Besucher auf. Mit einem reich bestickten, weißen Kopftuch blickdicht eingehüllt, welches weit über ihre Schultern reicht, trägt sie auf ihrem Bummel durch die Passagen stolz einen zartgrünen Sarong. Sie ist von hier, ist in Jakarta geboren, erzählt sie mir stolz.

Am Abend im Gästehaus zurück erfahre ich von Sukijos Frust, der noch immer auf seine missglückte Abholaktion vom Flughafen zurückzuführen ist. Salim erklärt mir vertraulich, das Sukijo die fälligen Mautgebühren aus seiner eigenen Tasche zahlen musste, während Tankkosten vom Haus beglichen werden. Bei meiner Ankunft achtete ich nicht darauf. Schließlich sorge ich sofort für einen schnellen Ausgleich. Chairyan, unsere umsichtige Hausangestellte, bereitet mir im riesigen Empfangsraum wie jeden Abend mein Essen am blitzenden Mahagonitisch nahe der Freitreppe und ist im nächsten Augenblick lautlos verschwunden. Es gibt Suppe, Toast und Tee, während ich die Ruhe des Hauses allein mit den farbigen Bildern grotesker Szenen und Einblicken in die traditionelle Lebenswelt der Urbevölkerung Sumatras genieße. Chairyan ist eine Pembantu, eine Haushilfe im schlichten Sarong, die hier tagsüber beschäftigt ist, jedoch nicht im Haus wohnt.

Ich erinnere mich an Maimeds Erzählung, wenn er von der Babu seiner Großmutter berichtete. Bei ihr in der Familie lebt seit einem Jahr eine junge Frau, Anfang dreißig, in einer winzigen Kammer, kümmert sich ums Haus. Sie versorgt sechs Tage die Woche fast rund um die Uhr den Haushalt als in der Familie mit lebende Haushaltshilfe, »live in domestic help«. Eindrucksvoll schilderte er mir: »Jeden Morgen kniet die Babu ehrfurchtsvoll vor den Füßen seiner Großmutter auf den Dielen des Hauses und nimmt traditionell ihre täglichen Arbeitsaufträge entgegen.« Babu nennt man hier die Haushälterin auf Zeit. Ein traditionelles Überbleibsel, wo einfachste Tätigkeiten einer sogenannten niedrigen Kaste einer Höheren ihren Respekt erweist.

Bummel durchs einstige Batavia

Morgens bin ich mit Miamed verabredet. Während jetzt, zur Rush-hour, der vielspurige Autoverkehr ins benachbarte südliche Bogor und nach Westen über Merak bis ins ferne Sumatra braust, erwacht gerade das alte Viertel von Glodok, das Chinesenviertel nahe der früheren Altstadt Batavia im Süden, wo noch vor einhunderfünfzig Jahren zusammengeflickte Hütten die Siedlungen bestimmten. Hier hatten Portugiesen im 16. Jahrhundert das Stadtzentrum, von Wassergräben durchzogen, errichtet.

Das National Monument Jakartas

Es geht durchs Mentengviertel, den Regierungs- und Verwaltungssitz, wo Business, Botschaften, Regierung und Verwaltung in großzügigen Gebäuden und Villen residieren und man den prächtigen Präsidentenpalast passiert. Java heute – eine multikulturelle Geschäftswelt und Touristenmetropole. Zurück auf der Pangeran Straße im Südwesten führt unser Weg entlang dem alten Chinesen-

232

viertel Glodok und wir begegnen dem markanten Hauptbahnhof. Hier, im Stadtzentrum, wo es keine U-Bahn gibt, hat man lediglich eine Busspur eingerichtet, an die sich jedoch nur wenige Verkehrsteilnehmer halten. Von dem einst beabsichtigten Hochbahnbau für eine MonoRail-Bahn durch die Stadtcity sind nur rostige Fundament-Träume geblieben.

Als vom Islam geprägt, zeigt sich Indonesien offen für andere Religionen und ist in Glaubensdingen liberal. Das National Monument im Blickfeld scheint ein Muss für jeden Besucher zu sein. Auf einem mit Blumenrabatten gepflegtem Gelände steht das National Monument Indonesiens, Monas genannt, welches den Kampf um die Unabhängigkeit symbolisiert. Im Stil eines Obelisken, 132 Meter hoch, aus weißem Marmor und wie in Ägyptens Luxor aus einem einzigen Granitblock geschlagen, thront oben symbolisch eine vergoldete Flamme. Nur wenig darunter, von einer Besucherplattform aus, blickt man über die Stadt. Das ist auch als ein Ort der inneren Einkehr zu verstehen, wo man sich hier zwischen imposanter Hochhausmoderne und brodelndem Verkehr für wenige Augenblicke besinnen kann. Gäbe es da nicht die Kinder und Schüler, die sich oft freudig begrüßend auf den fremden Besucher stürzen.

Im flutenden Verkehr treffe ich schon bald auf die Nordküste. Welch eine Begegnung! Gerade einmal vor einhundertfünfzig Jahren landete in den Maitagen die Wiener Reisende Ida Pfeiffer mit ihrem Dampfschiff im damaligen Batavia, hier an der Küste. Als sie von Borneos Pointiak kommend auf Batavias Nordküste traf, entdeckte sie wenig von einer Stadt, nichts von der erwarteten Stadtsiedlung, keine Silhouetten von Wohnhäusern der wenigen, fremden Europäer. Nur eine breite, fruchtbare, grüne Küstenebene tat sich vor ihr auf, umgeben von dschungelbewachsenen Gebirgen vor Bogor. Eine von Malaria verseuchte, sumpfige Küstenebene, die erst später von ihren Bewohnern durch Kanäle entwässert wurde.

Zu dieser Zeit, um 1851, zählte man hier gerade einmal fünfzigtausend Bewohner. Von der Schiffsreede aus führte der Weg für Reisende wie Ida Pfeiffer in üblichen Regierungsbooten der Kolonialverwaltung über einen der zahlreichen Kanäle, eine Gracht, zum eigentlichen Ladungsplatz in der Stadtansiedlung. Und noch Anfang des 20. Jahrhundert beklagten sich im Tanjung Priok-Hafen ankommende Schiffspassagiere über die besondere Gier der hier anzutreffenden Stechmücken. Die Europäerin beschreibt eine Stadt mit großzügigen Landhäusern und Residenzen der Kolonisten im Grünen, vor denen breite Straßen mit schattigen Baumalleen säumen. Noch heute kann man ein Hauch jener traditionell tropischen Gartenlandschaft inmitten der alten Stadtcity entdecken.

Doch nicht Jakartas Seehafen Tanjung Priok ist heute mein Ziel, sondern der alte Segelschiffhafen Sunda Kelapa westlich von Ancol. Maimed schleust mich über den alten Fischmarkt Kali Baru auf der Pasar Ikan-Gasse entlang. Marode Baracken, alte Handelsgebäude aus dem 19. Jahrhundert, in denen man einst Gewürze aus den fernen Molukken lagerte, und aneinander gereihte Marktstände mit Sonnendächern wie Flickenteppiche begleiten uns in dem Gewirr verwinkelter Gassen. Eine typisch holländische Zugbrücke nebst kleiner Schleuse tat hier ihren Dienst noch in den Dreißigern.

In der Frühe drängt man sich in den verstopften Gassen und Gängen. Heute sind wir spät dran, indes die Gluthitze bereits über uns sengt. Um diese Tageszeit ist der Ansturm auf Frischfisch längst beendet. Nur wenige Händler harren noch unter schattigen Planen aus. Hier begegne ich den muskelbetriebenen Dreirädern, Becaks, die eigentlich die Stadtverwaltung längst verboten hat. Nur einen Steinwurf entfernt stauen sich orange Bajajs in bunter Reihe, die auf eilige Kundschaft lauern. Maimed spricht mit einem von ihnen, der kauernd in seinem schattigen Gefährt auf Kunden hofft. Nebenan ein fliegender Schneider, der mit einem uralten Nähmaschinenmodell bei surrendem Geräusch ein Kleidungsstück repariert. Hier tritt man noch in die Pedale, wenn sich über das Handrad schwungvoll die flinke Nadel bewegt und Stoff unter dem Nähfuß entlang gleitet. Ohrenbetäubend laut geht es an den umdrängten Marktständen mit gestapelten bunten Behältern und Kästen zu. Hier hat man es nicht eilig. Umdrängte, heftig feilschende Verkäufer in luftiger Kleidung mit eng um die Stirn gebundenen Kopftüchern locken ihre Kunden mit lauten Zurufen. Unter schattigen Planen findet man auf rohen, schmierigen Tischen, in Plastikbehältern und Bastkörben fangfrisch angebotene Fischberge mit Makrelen und Sardinen, etwa 1.40 Meter langen Barrakudas, kleinen Haien, Thunfischen und Tintenfischen. Ein überquellender Fischmarkt in Sichtweite angetäuter Fischerboote vor der Küste. Ein Becakfahrer mit pinselgrünem Transportkasten pendelt zwischen den Ständen, versorgt die Händler mit Trockeneis. Hier säubert man fangfrischen, rotfleischigen Fisch, indes gleich nebenan Stapel von bleichem Trockenfisch lagern. Ich frage einen energischen Händler: »Sind Sie auch selbst auf Fischfang unterwegs?« Er antwortet stolz: »Nein, ich bin Händler.« Maimed übersetzt das grinsend. Der Mann schaut nicht auf, während er mit dem Zerteilen von Fisch beschäftigt ist.

Am Ende der Straße führt mich mein Weg durch einen verwaisten Zugang, hinter dem ich plötzlich auf eine riesige, marode Markthalle, eine düstere Ruine mit kaputtem Dach stoße. Und obwohl Dachteile bereits herabgestürzt sind, nutzen einige Händler hier ein schattiges Plätzchen. Ein aufmerksamer Blick auf die uralte, einstmals stolze Fischmarkthalle verrät, dass hier schon bald ein weiteres Stück Zeitgeschichte einem Neubau weichen muss.

Durch verwinkelte Gassen an Pfahlhäusern vorbei überquere ich eine morsche Kanalbrücke, geht es über einen brackigen Zufluss, passiere ich eine hellgrün getünchte Moschee, die auf hunderten Pfählen über dem grauen Gewässer ruht. Und hier begegne ich auch dem kleinen Sampan, einem traditionellen Fischerboot mit schrägem Segel und kleinem Steuer am Heck, sowie anderen Plankenkähnen, ausgerüstet mit Heckmotor und gewaltigem Sonnendach aus blauem Segeltuch. Für zwei Jungen, die hier toben, ein Abenteuerspielplatz, wo es in Sichtweite der Hafenkais lauthals über Planken und Mauern geht. Ich fühle mich einsam, beinahe verlassen, wenn ich zwischen den uralten Wohnbaracken meinen Weg durch eine sich verabschiedende Vergangenheit suche. Irgendwo zwischen den noch bewohnten Hütten lausche ich auf piepsige Küken, die hier ihr Zuhause haben. Eine Frau, mittedreißigjährig, in traditioneller Kleidung und mit einfacher Schultertasche, begegnet mir barfüßig. Eine vom Land vermute ich, denn der Kleidung, welche diese Frau trägt, bin ich bisher nur einmal in Nordsumatra bei den Batakern begegnet. Sie trägt einen dunkelblauen, röhrenförmigen Tai, den indonesischen Sarong, der ihr ausgefranst bis hinunter auf die Füße reicht, und eine olivgrüne Bluse. Ihr Haar ist von einem einfachen rosa Kopftuch eingehüllt, das auffällig leuchtend bis über ihre Schultern reicht. Und zu meiner Überraschung trägt oder balanciert sie auf ihren Kopf ein gefaltetes blassblaues besticktes Batiktuch, ein Ulus. Vielleicht ist sie mit ihrer traditionellen Kopfbedeckung, die auch gegen die Sonne schützt, eine Zugereiste aus Nordsumatra vom Batak Karo-Stamm nahe Brastagi am Tobameer. Einen letzten engen, schattigen Durchgang durchqueren wir, der Besucher und Marktleute zum Verweilen beim Mittagstisch einlädt. Hier benutzt man Plastikteller zur Mahlzeit oder wählt Eingewickeltes für den kurzen Imbiss.

Vielleicht doch eine Batakfrau vom *Batak-Karo* Stamm

Bei bereits hoch stehender Sonne erreichen wir die sich anschließende uralte Kaianlage von Sunda Kelapa. Vor dem Hintergrund turmhoher Wolkenkratzer treffen in Sichtweite der Stadtsilhouette Gegenwart und Vergangenheit Jakartas nirgendwo krasser aufeinander. Segelschoner an Segelschoner, riesige Lastensegelschiffe, altbewährte Bugisschoner reihen sich am mehr als einen Kilometer ausdehnenden Kanalufer. Man berichtet, dass hier mehr als 350 dieser Frachtsegler Platz finden würden.

Traditionelle Segelschoner im Sunda Kelapa Hafen Jakartas

Heute kann ich kaum noch eine freie Anlegestelle an den quirligen
Ufern ausmachen. Hier atmet man noch ein Stück Zeitgeschichte,
als hätte sich im Sunda Kelapa-Hafen seit ein paar Jahrhunderten
nichts verändert.

Bereits in der Frühgeschichte, im Königreich der Sunda, war
Sunda Kelapa wichtigster Umschlagplatz für Waren auf den Handelsrouten nach Persien, Indien und China. Anfang des 16. Jahrhunderts, im Streit um die Seeherrschaft und um Handelsrouten,
errichteten die Portugiesen in Batavia erste Niederlassungen. Viele
Herren haben seither hier regiert. Wie damals sorgen noch heute
einfache Seeleute und die Segeltakelagen vernarbter Holzschiffe
für das Seefahrtgeschäft. Man hat Menschen, die Arbeit suchen, hat
noch immer den Wind, der jene Segler ohne Diesel über die Meere
treiben lässt, denn Diesel ist teuer. Und ihre Motoren werden oft
nur für die Hafenmanöver genutzt.

Heiß ist es jetzt bei vierzig Grad im Schatten. Windböen fegen
vom Meer heran, lassen lästigen Staub aufwirbeln. An Kaimauern
vertäute Segelfrachter werden von schweißgebadeten Stauleuten
beladen. Reihenweise drängen sich die schwer beladenen Laster.
Hier ist es Zement aus Trucks, der von lautstarkem Ladegeschirr-

diesel gehievt wird. Zwei Schiffe weiter sind es riesige Frachtpakete, in die man mit Handwinden Plastikclogs für den indonesischen Markt in den Schiffsrumpf versenkt. Verwegene Schauerleute balancieren zentnerschwere Säcke über schwankende Bohlen aufs Schiff.

Eines dieser Schiffe gewinnt mein besonderes Interesse. Unter dem verwirrenden und lärmenden Ladegeschirr an Bord komme ich gerade zurecht, wie dicht gestapelte weiße Sackreihen und bedruckte Kartons auf Deck verladen werden. Die Deckladung reicht beinahe bis an die Kapitänsbrücke, muss mit langen Plastikplanen noch abgedeckt werden. Laufbohlen reichen vom Schiff bis an unsere Kaimauer. Zwei Stauleute blicken herüber. Es gelingt mir, den Älteren, einen Mittvierziger, herbei zu rufen. Barfüßig mit sehnigen Armen im dunklem T-Shirt, kurzer Hose und Basecup, grüßt er freundlich, hockt sich für eine Zigarettenlänge zu uns. Ich spreche mit ihm, einem drahtiger Seemann, während Maimed übersetzt.

Der Decksmann eines Frachtenseglers erzählt

»Wir kommen von Celebes«, erzählt er und meint damit Sulawesi, wie man die viertgrößte Sunda-Insel vor der Makassarstraße im

Nordosten nennt. »Heftiger Wellengang hat uns erwischt. Mehr als einen Monat hat unsere Crew für die Überfahrt gebraucht. Wir sind fünf Seeleute an Bord. Und schon morgen geht es zurück an die Südküste Sumatras nach Bangka und Singapur.«

Über schmalen Asphalt an Javas Westküste

Bereits früh, noch vor Sonnenaufgang, sind wir über eine verkehrs-reiche Piste zu Javas Weststränden an der Sundastraße ins Küs-tenstädtchen Carita unterwegs. Boingk, mein an der Westküste geborener Begleiter, holt mich von meiner Unterkunft in Jakartas Stadtteil Kebayoran ab und verfrachtet mich in einen bequemen Jeep. In der Dämmerung, noch bevor Jakarta mit brausendem Ge-töse zur morgendlichen Rushhour erwacht, steuert er sein Fahrzeug sicher durch ein quirliges Straßengewirr. Schon bald geht es entlang endloser Industrieparks, armseliger Wohnsiedlungen, Lager für die Versorgung der Hauptstadt und trister Rodungsgebiete, auf denen sich einst Regenwald ausbreitete. Nur abseits der Asphaltpiste fin-det man sie noch verträumte kleine Dörfer, den Kampongs, die mit ihren kleinen Wohnhütten, blühenden Gärten, Kokospalmen, Ba-nanenstauden, Reisfeldern und Pflanzungen, die im morgendlichen Dunst bei goldgelbem Sonnenaufgang an eine heile Welt erinnern.

Boingk, ein drahtiger, energiegeladener Typ, Enddreißiger mit braunfarbener Haut und kurzem Haar. sorgt für Gesprächskon-takt, indes seine Aufmerksamkeit dem Verkehr gehört. Seinen Na-men erklärt er mir mit Erinnerungen aus Untertiteln von frühen Comicheften der »Amis«, deren Touristen sich schon mal an die Küste Caritas verirrten. Tönt dann mit breitem Grinsen ein hastig gesprochenes »Boing! Boing!«. Ohne dabei auf eine typische Hand-bewegung wie mit einem Western-Colt zu verzichten, blickt er mir erwartungsvoll ins Gesicht, um meine Reaktion abzuwarten. Hastig berühre ich seine Schulter, erinnere ihn an den dichten Straßen-verkehr, denn viel zu lange wendet er seine Blicke zu mir herüber. Boingk ist freundlich und seinem Körperprofil angemessen sicher auch ein dschungelerfahrener, umsichtiger Führer. Wie so oft in der Wildnis, hängt von meinen Begleitern so viel vom Erfolg einer Expedition ab.

Eine gerodete tropische Landschaft entlang der Verkehrswege zieht an mir vorüber, die bis zur Nordküste reicht. Unbarmherzig weitet diese sich aus, wie ein Krebsgeschwür. Von dem einst sich hier ausdehnenden Regenwald ist schon lange nichts mehr da. Hier hat die Zivilisation rigoros gewütet. Nur in der Ferne kann ich dann und wann die Silhouette des Mount Karang im Süden entdecken. Verblieben ist nur die feuchte Schwüle bei gerade erst siebzig Prozent Luftfeuchte und hitzigen dreißig Grad.

Nahe den Industrieparks West-Javas stoßen wir auf ungebremste Besiedlungen, wo endloser Verkehr sich entlang ausdehnender Wohnstädte, Baracken, Werkstätten und Shops über eine einzige schmale Asphaltpiste nach Westen windet. Dazwischen bieten kleine Moscheen aus Teak mit prächtigen Verzierungen ein Stück Einkehr vor den Wirren des Alltags. Ich bin entsetzt, denn die Industrieansiedlungen von Zucker- und Holzverarbeitung bis Petrolchemie nehmen kein Ende. Selbst ein Stahlwerk hat man hier bei Cilegon errichtet, es verpestet mit seinen penetranten Abgasen die gerodete Dschungelwaldregion mit umliegenden Brettersiedlungen vor der Nordküste. Hier trägt man bunte Plastikhelme der Stahlwerker zum Schutz vor dem Regenguss genauso verwegen wie Tausende der motorisierten Zweiradfahrer ihren Sturzhelm. Inzwischen haben dichte regenschwere Wolken den Himmel völlig eingetrübt. Es regnet und die unzähligen Fahrer von Motorrädern und Mopeds verbergen sich schützend unter bunter Plastik, drängen nun noch heftiger durch Fahrzeuglücken, um irgendwo rechtzeitig ihre Arbeit zu erreichen.

Endlich, nach Stunden, überquert man Flussmündungen, zieht an endlosen Hügelketten, durchnässten Palmenkronen, sattgrünen Reisfeldern vorbei, den Sawahs, wie man sie hier nennt. Hütten aus Bambusgeflecht am Flussufer. Die verlockende Dschungelwelt gibt es hier schon lange nicht mehr. Die Westküste ist erreicht. Hinter Siedlungshäusern, kleinen Pensionen und buschigen Palmenhainen rauscht die Meeresbrandung. Ich lasse Boingk am palmenumsäumten, einsamen Küstenstrand halten, obwohl wir es eilig haben, das kleine Küstenstädtchen Carita zu erreichen. Für Augenblicke genieße ich die feuchtwarm vom Meer heranstürmende Luft, spüre kaum die platschenden Tropfen auf meiner regennassen Haut. Hinter dichten Dunstwolken ist das

Meer bis ans tropische Ufergrün verschwunden. Schäumendes Meeresrauschen der sich brechenden Wogenflut an den Korallenbänken vor der Küste lässt sehnsuchtsvoll Bilder einer leuchtend smaragdgrünen See erahnen.

Irgendwo da draußen muss die Sundastraße sein und sich die spektakuläre Vulkaninsel des Krakataus verbergen. Unter meinen Füßen klatschnasse grüne Grasnaben, über mir weit auffächernde Palmenkronen, unter denen man üblicherweise Schutz vor der sengenden Sonne sucht. Und vor mir der vereinsamte, weiße Küstenstrand, als wäre ein Strandleben aus der Mode gekommen. Vielleicht noch zehn Kilometer nach Carita. Von nun an sind die Seitenfenster geöffnet und die Klimaanlage des PKW bleibt aus. Ich muss die Kamera parat haben, muss mich auf Tropen einstellen. Erst jetzt schaue ich mir Boingk etwas genauer an. Ein Rinnsal vom Regen sucht sich auf seiner braunen Haut einen Weg über sein ausgefranstes weißes T-Shirt zu bahnen, auf dem ein verblasster Krakatauvulkan für einen Reiseveranstalter wirbt.

Noch ahne ich nicht, worauf ich mich in den nächsten Tagen unserer Expedition ins Ujung Kulon-Gebiet einlasse. Noch heute müssen wir schnellstens über Carita den kleinen Fischerhafen Sumur erreichen, um von dort aus die Sundastraße zu passieren. Und das vielleicht bei diesem Nebeldampf.

Ich mache mir Sorgen, blicke ins milchige Ungewisse, wo man keine zwanzig Meter Sicht hat. Boingk scheint meine Gedanken zu erraten. Er drängt auf Weiterfahrt, denn nur er weiß genau, wie viel Stunden wir noch bis Sumur benötigen. Aus den Googlekarten weiß ich, dass diese Inselküste Handeleum mit einem Fischerboot in mehr als zweistündiger Überfahrt erreichbar ist. Eine Kaffeefahrt wie mit einem Ausflugsdampfer oder Powerboot bei ruhiger See wird es heute sicher nicht, wenn sich das Wetter nicht ändert.

Carita ist eine weit verzweigte Küstensiedlung mit palmenumsäumten Stränden vor der offenen See. Erst mittags verlassen wir das verträumte Carita, wo einheimische Touristen in Hotels, Pensionen und kleinen Bambushütten mit bunten Blumengärten eine Auszeit buchen. Vorübergehend meiden barfüßige Küstenbewohner das kühle Nass und huschen unter bunter Plastik durch die Pfützen. Der Autoverkehr quält sich durch enge Gassen an verwaisten Einkaufshütten, Esslokalen und Tauchschulen vorbei.

Entlang der Küste zwischen kleinen Ortschaften begleiten uns starke Regenschauer. Unser Vorankommen wird zusätzlich durch überflutete Straßen, zerbröselten Asphalt und steile, enge Bergpisten erschwert, die kein Überholen schwerer Laster zulassen. Längst sind wir überfällig beim Einchecken aufs Fischerboot. Immer öfter frage ich Boingk nach den noch zurückzulegenden Kilometern. Eher um ihn munter zu halten, als Sorge um unsere rechtzeitige Ankunft. Schließlich fährt er beinahe durchgängig über zehn Stunden den Jeep. Endet eine klitschnasse Ortschaft, beginnt sogleich die nächste. Und bei dem sich oft ändernden Regenguss ist keine Pause abzusehen.

Plötzlich Straßenstau. Auch das noch, lamentiere ich, während Reisbauern hier mit ihren Büffeltieren die Straße überqueren und ihr Vieh landeinwärts treiben. Die nass glänzenden Tiere mit kurzem Gehörn traben gemächlich über überflutete Reisfelder, suchen dabei unaufhörlich nach grünem Futter. Männer, in Regenschutz gehüllt, mit grell-farbigen T-Shirts vom Regen durchweicht oder unter den breiten, kegelförmigen, typisch vietnamesischen Spitzhüten aus geflochtenem Bast vermummt, ziehen, von immer neuen Regenschauern begleitet, über eine offene Buschlandschaft.

Büffeltiere zwischen den Reisfeldern

Gegen drei Uhr nachmittags geht es von der Rüttelpiste ab. Boingk sucht sich mit dem Jeep einen aufgeweichten Pfad durchs winzige Fischerdorf. Noch immer schüttet es aus regenschweren Wolken über der dunstigen See. Dann überrascht eine kleine, offene Meeresbucht, wo wuchtige Fischerboote vor der welligen Küste ankern. Vom Horizont nichts zu entdecken. Am flachen, durchnässten Ufer findet man morsche Bootswracks und vernarbte Ruderkähne, die schon lange kein Gewässer mehr getragen hat. Boingk parkt gleich neben einem halbwegs regendichten Unterstand am erhöhten Ufersaum. Mit nackten gebräunten Oberkörpern und nass ins Gesicht fallenden Haarsträhnen turnen einige junge Fischer auf Planken und hölzernen Bordwänden zwischen sechs oder sieben verankerten Booten vor der Küste hin und her. Hat man unsere Ankunft bemerkt? Boingks Rufe gegen den vom Wind gepeitschten Regen bleiben unbeachtet. Obwohl man uns doch schon lange erwartet! Ich bin irritiert, denn Zeit genug war, um uns rechtzeitig zu empfangen. Gibt es Probleme, denn wir sind spät dran? Von der See her hat sich der auflandige Wind noch verstärkt, so dass die Bordwände der Fischerboote in der Dünung heftig gegeneinander krachen. Schließlich geht es in den heftigen Regenguss. Ich finde unter dem Unterstand mit Rucksack und Blechkoffer Platz, indes auch Nahrungsmittel und Sachen hier unterzubringen sind. Erst jetzt stürzt sich mein Begleiter in den strömenden Regen, trabt klitschnass ins aufgewühlte Ufergewässer, sucht in der heran peitschenden Regenflut mit lauten Rufen Kontakt zu den Männern. Während ich im viel zu kleinen Unterstand ausharre, fegen Windböen heran und überschütteten mich mit erfrischender Regengicht. Schon im nächsten Augenblick muss ich aufgeben, denn meine leichte Bekleidung ist bereits durchgeweicht.

Bei rauer See in nahen Krakataugewässern

Endlich, die Mannschaft macht sich bereit. Ein flaches Stakboot, ein Sampan, ist vom Regen überflutet, so dass man nun zu fünft im brusttiefen Gewässer schöpft, um den Kahn vom Regenguss zu leeren. Vom matschigen Ufer aus geht es samt Kleidung ins flache Gewässer, klettere ich klatschnass in das Stakboot, übernehme dann mit Boingk unser Gepäck, ehe es zum ankernden Fischerboot geht, das nunmehr frei auf der böigen Dünung tanzt. Dann ist so weit: Bei rauer Küstensee muss ich im Regenguss vom Kahn in das auf den schäumenden Meereswellen tanzende Fischerboot übersteigen. Ein gewagter Sprung an die höhere Bordwand, denn das Kameraequipment muss mit.

Geschafft! Dann auf allen Vieren durch eine Luke ins Ruderhaus neben dem jungen Kapitän. Wassertropfen rinnen mir in Strömen übers Gesicht, lassen Brillengläser dunstig beschlagen. Erst jetzt zerre ich meine nasse Kleidung zurecht, begrüße den Kapitän und die Mannschaft, nachdem ich das Gepäck sicher im schwanken-den Schiff verstaut habe. Noch unter Land, nahe der Küste, geht es nach Westen, wobei der Kapitän Kurs auf eine der schwankenden Fischinseln nimmt, die auf dem Meeresgrund verankert sind. Wie auf einer Perlenkette aufgereiht verlieren sich diese Fischinseln im grauen Dunst des Meeres. Im winzigen Ruderhaus treffe ich auf Ka-pitän Iyus. Ein jugendlicher, zierlicher Typ mit dichtem Haar und orangenem T-Shirt, der schon mit dreißig sein eigenes Schiff führt. Ihn scheint nichts aus der Ruhe zu bringen. Seine Verständigung bei den aufregenden Ablegemanövern mit dem älteren Bootsmann Aang und dem Jungschiffer Agung geht beinahe lautlos vor sich. Erst jetzt ist Zeit, dass Boingk mir die weitere Crew vorstellt. Seit Minuten dränge ich mich neben Kapitäns Iyus einfacher Ruder-anlage, hoffe dass keiner der vielen bunten Drähte zwischen der freien Batterie und dem Motorstarter am Schiffsboden durcheinan-der gerät. Hier vorn im Ruderhaus spritzt zwar die aufkommende Dünung ins Boot, jedoch fühle ich mich sicherer. Nur über winzige Öffnungen rechts und links kann man dieses schwankende Boot in der Not schnell verlassen. Stehen im Ruderhaus ist hier nicht vor-gesehen, denn das wuchtige Holzschiff ist mit reichlicher Anzahl von Deckluken für die Fischladung ausgestattet. Indes man sich un-ter Deck einrichtet, ruht der Rest der Crew zwischen den Gepäck-stücken. Wir werden die nächsten Tage gemeinsam die Expedition bestreiten.

Auf dem siebzehn Meter langen, wuchtigen Fischerboot, dessen stampfender Motor sich gegen die raue Küstensee stemmt, kehrt Ruhe ein. Und obwohl wir uns bereits Stunden klitschnass im Ru-derhaus drängen, rinnt unaufhörlich Regenwasser in feuchten Strömen auch durch die Dachritzen. An Trocknen ist nicht zu denken, denn Windböen klatschen schäumende Wellenkämme aufs Deck. Nur einmal riskiere ich noch Aufnahmen mit der Kamera. Ich bin froh, dass ich bei der unruhigen See mit Wellenbergen gut zurecht komme.

Schwimmende Fischinseln markieren den Weg, bis uns plötzlich die früh hereinbrechende Dunkelheit überrascht. Wenigstens die Regenschauer bleiben aus. Unwirklich ist die Finsternis, bei der Aán, der Jüngste, am Bug gespannt nach einem Lichtsignal Ausschau hält. Jeder von uns blickt besorgt in die Nacht, sucht schweigsam nach der ersehnten Inselküste. Aang muss auf sich achten, um nicht bei der nächsten überraschenden Dünung über Bord zu gehen. Endlich Entwarnung, und eine schützende Küsteneinfahrt nimmt uns bei tiefschwarzer Nacht auf. Noch immer tastet sich das Boot mit halber Kraft über die Küstensee, bis ein Anlegesteg sich findet. Vom Dschungelsaum dringen erstmals wieder vertraute Tierrufe und Vogelgekreisch herüber. Um diese Zeit müssen wir Flachwasser haben, denn ich muss beim Anlegemanöver auf Quersprossen hoch hinauf klettern, um die schmale Stegplattform in der Finsternis zu erreichen.

Keine Ortschaft, nur ein einsames Camp mit zwei Gästehäusern auf dem Handeleum Island, von dichtem Dschungel umgeben. Wir schaffen das Gepäck über einen buschigen, finsteren Uferstreifen an Land. Erneut melden sich im Dschungelbusch Tiergeräusche, Grillen und Vogelstimmen. Nur einen Steinwurf vom Ufer entfernt stoßen wir auf ein flaches neues Gebäude, eine blitzsaubere Unterkunft auf einer finsteren Lichtung. Von schmalen Korridoren, als Aufenthaltsraum eingerichtet, gehen zwei oder drei Gästezimmer ab. Doch niemand regt sich. Boingk kennt sich aus. Einhundert Meter weiter verrät wenig Licht ein weiteres Gebäude. Bei schummriger Beleuchtung bleibe ich allein zurück, finde ein sorgsam eingerichtetes Zimmer, indes Boingk und Aang ins nächste Haus am Dschungelrand ziehen. Noch sind die breiten Pendeltüren des Gebäudes in drei Richtungen zur Kühlung weit geöffnet. Eine Einladung für jedes Wild, jedes Kriechtier vom Reh, Makakenaffen, Wildschweinen bis zu Waranen, einen Besuch abzustatten.

Ich habe alle Hände voll zu tun, denn schon morgen frühzeitig geht es in den Dschungelbusch. Und meine Klamotten sind klitschnass. Wenn schon keine Klimaanlage vorhanden ist, hilft zumindest ein Lüfter im Kampf gegen lästige Moskitos in der Nacht. Gegen acht steht Boingk mit Aang auf der Matte. Sie bringen appetitliche Gemüsesuppe mit Reis, Früchten und Getränke und sind schon bald verschwunden. Im matten Licht bleibe ich in der finsteren Einsamkeit zurück.

Der Ujung Kulon Nationalpark ist ein Kleinod, ein abgelegenes Inselparadies im Indischen Ozean, wo mich noch eine intakte Tier- und Pflanzenwelt in den Regenwäldern erwartet. Ich will hier jenen exotischen Dschungelbewohnern begegnen, dem vom Aussterben bedrohten Javanashorn. Ich will nach Spuren jener Urwaldexoten suchen, die diese hinterlassen, wenn sie sumpfige Regenwaldgebiete und schlammige Flüsse durchqueren. Noch vor 150 Jahren, so berichtete die Wiener Weltreisende Ida Pfeiffer, war es keine Seltenheit nahe Javas Hauptstadt Batavia auf das Javanashorn zu stoßen. Bei ihrem Abstecher 1851 am Gunung Gede Pangrango blieb ihr jedoch der Blick auf das scheue Rinozeros verwehrt.

Nachtfalter schwirren, flinke Geckojäger huschen an Wänden. Einzig und allein knackende Geräusche vom Dach unterbrechen abrupt die stille Flureinsamkeit. Abendessen, dann weiter im Schlafraum Sachen trocknen, Waschzeug suchen, Wecker stellen, Akkus laden, Rucksack packen. Zwischendurch versuche ich, die drei Außentüren zum Hausflur zu verschließen, jedoch ohne Erfolg. Man kann diese Doppeltüren leicht aufstoßen. Ich verteile noch Kleidung zum Trocknen, bevor ich mich in mein Zimmer zurückziehe. Auch meine Zimmertür lässt sich nicht verschließen, so dass nun mein Blechkoffer ein Öffnen verhindern soll. Für Augenblicke folgen meine Augen dem erstaunlichen Geckokletterer, bevor ich endgültig das Licht lösche. Zwei Taschenlampen und ein alt bewährtes Jagdmesser an meiner Seite sorgen für ein wenig ruhigen Schlaf, während in der Finsternis der Dschungel mit seiner Geräuschkulisse erwacht. Irgendwann nachts schrecke ich auf. Heftiges helles Poltern im Flur. Zwei ausgewachsene Rehe bedienen sich an den verbliebenen Essenresten vom Vortag im Flur, toben augenblicklich durch eine offene Tür in den finsteren Busch. Es hätten auch andere ungebetene Besucher sein können, tröste ich mich.

Mit Holzboot und Kanu auf Exoten-Pirsch

Morgens weidet Rehwild vor meinem Fenster und Makaken huschen durchs dichte Buschwerk. Bereits früh legt unser Schiff im dunstigen Grau ab. Erst jetzt bei Tageslicht habe ich Zeit mich auf den Schiffsplanken umzuschauen. Ein riesiges massives Holzschiff mit hellblauem Anstrich hat mich an Bord genommen. Bei seiner stattlichen Länge unter schattigem Dach lässt es sich aushalten, denn ein akzeptables Ruderhaus und von Fischernetzen geräumte Planken bieten ausreichend Platz für entsprechende Filmaufnahmen auf offener See. Der Jungschiffer Agung mit kurzem Haarschopf, blau gestreiftem T-Shirt und ärmelloser Weste bringt mir den Morgenkaffee an meinen luftigen Außenposten auf dem Vorderdeck.

Zwischen Ruderhaus und Bootsdeck unterwegs

Um zu dem Fluss Cigenter im Ujung Kulon Nationalpark zu gelangen, müssen wir durch eine kleine Inselgruppe, bevor wir aufs Peninsula Festland stoßen. Der sechzehnjährige Agung macht den

Anker bereit. Er ist der Jüngste der Crew. Nach kurzer Fahrt treffen wir auf einen weiteren Kanubegleiter mit Basecup, dessen motorloses Kanu uns erwartet. Ein junger pausbackiger Indonesier mit dürrem Backenbart, wie angeklebt, und reichlich Kleidung am Körper wird uns in den Busch begleiten. Mit einem Kanu im Schlepptau geht es über eine ruhige See an winzigen Mangroveninseln vorbei. Ein unscheinbarer Küstenabschnitt taucht auf. Eine helle Sandbank hat sich hier an Unterlauf gebildet. Unser Fischerboot nähert sich vorsichtig der Küste und ankert. Dann heißt es umsteigen in ein etwa vier Meter langes, schmales Paddelkanu, an dessen Längsseiten Bambusausleger für mehr Gleichgewicht sorgen. Zuerst Boingk, dann folge ich mit der Kamera, indes Bootsmann Aang und unser einheimischer Führer für Gleichgewicht sorgen. Ich will den Spuren der vor dem Aussterben bedrohten Javarhinos folgen. Über den schmalen Flusslauf des Cigenter geht es durch eine riesige Regenwaldlandschaft. Im morgendlichen Dunst lenkt unser Kanu nach Nordwesten, tauchen wir schnell über einen vom Schlick verborgenen Flussarm im Dickicht stelziger Mangrovenwurzeln unter. Von nun an tauschen wir Vogelgezwitscher und Zikadengesang gegen das abebbende Meeresrauschen.

Wir sind im Rhinoschutzgebiet, das von Rangern der RPU Indonesiens bewacht wird. Hier im Nationalpark hat man ein umfassendes Schutzprogramm für das Überleben der letzten, vor dem Aussterben bedrohten Rhinos organisiert. Vom verborgenen Ufersaum aus hat man uns bereits ausgemacht. Man verständigt sich. Graubraun, sedimentbeladen fließt sanft, das vom letzten Regen verfärbte Gewässer uns entgegen. Der fremde Buschmann, Bootsmann Aang und Boingk begleiten mich, halten nach Dschungelwild Ausschau. Bei hoher Luftfeuchtigkeit und Temperaturen um 35 Grad geht es im Kanu geräuschlos durch die braunen Fluten des Cigenterflusses. Nur wenige Nebenarme zweigen von ihm ab, verlieren sich unter dem dichten Blätterdach des endlosen Regenwaldes. Rechts und links undurchdringlicher Regenwald, moosbedeckte Urwaldriesen, Lianen, Farn und wirres Wurzelwerk der Mangroven. Vom Kanu aus geht es ins geräuschvolle Uferdickicht. Man lauscht auf knackendes Geäst, markante Tierlaute und Vogelgekreisch. Auch auf Reptilien und Amphibien müssen wir achten. Hoch oben im Blätterdach rauscht es, wenn Affenfamilien auf Nahrungssuche durch den Regenwald streifen. Es sind kleine, braune Javalangur mit dunklem Haarschopf, die mit großen Sprüngen nach schmackhaften Baumfrüchten suchen.

Plötzlich fliegt ein schwarzer Hornvogel auf, groß wie ein Schwan, mit gelben Schnabelgehörn und geräuschvoll fauchenden, schwarzen Schwingen. Schon bald ist er verschwunden. Stromaufwärts eine Gibbonfamilie im Blätterdach. Doch unsere ganze Aufmerksamkeit gilt den hier in den sumpfigen Mangrovenwäldern sich aufhaltenden letzten Javarhinos. Nur noch wenige Dutzend vermutet man in den entlegenen Winkeln der Nationalsparks Indonesiens. Hier auf Ujung Kulon findet man sie noch, einige der letzten Flecken auf der Erde, wo die Natur noch einen komplexen Lebensraum von Pflanzen und Tieren bewahrt.

An tief hängendem Geäst vorbei halten wir wachsam die Augen offen. Meine Begleiter kennen die Gefahr, die im Blätterchaos, unter den Füßen und da oben im Geäst verborgen droht. Gleich zum Auftakt unserer Schleichfahrt eine Überraschung. Bei unserem beinahe geräuschlosen Eindringen mit dem Kanu ins dichte Buschwerk müssen wir einer Jesusechse zu nahe gekommen sein. Von einem Ast dicht über dem schattigen Flusslauf lässt sie sich plötzlich ins Wasser fallen, läuft dann blitzschnell aufrecht über die Wasseroberfläche. Zuerst entdecke ich nur die handgroße Echse, die sich im Geästegrün verbirgt. Doch dann tobt spritzend etwas über das Wasser. Ich bin fasziniert, denn erstmals kann ich diesen einmaligen grünen Sprinter erleben, der sich mit eineinhalb Meter pro Sekunde davon macht und im Mangrovenbusch verschwindet. Kein Fabelwesen, sondern ein Phänomen, wie der Winzling seine flinken Plattfüße aufs Wasser knallt und die Physik herausfordert. Man nennt ihn Jesusechse, obwohl dieser Basilisk zur Leguanenfamilie gehört und nur vom Bibelmythos christlicher Gläubiger profitiert, dass Jesus übers Wasser gelaufen sei. Die Physik besagt: Je schneller etwas auf die Wasseroberfläche trifft, umso fester wird diese als Untergrund. Die Jesusechse nutzt diesen Effekt, indem sie ihre Füße mit hoher Geschwindigkeit aufs Wasser klatscht und wie eine Startrakete davon eilt.

Der schmale Flusslauf schiebt sedimentbeladene Wassermassen flussabwärts. Unser Kanubegleiter und Aang haben zu tun, sich gegen die Strömung zu stemmen. An ein Einstellen der Paddelarbeit ist nicht zu denken. Und eine Ruhepause gönnt man sich erst, wenn es ans Ufer geht. Hin und wieder muntert Boingk unsere beiden Begleiter auf oder hilft, mit einem dritten Paddel vorwärts zu kommen. Man tuschelt, beobachtet die Baumkronen, lauscht, sucht nach frühen Jägern, die durch die Baumkronen ziehen. Losgerissene Pflanzenreste, Blüteninseln und Baumgeäst ziehen an uns vorüber. Buschiges Grün, dahinter dichter sumpfiger Dschungelwald. Der Nationalpark ist ein exotisches Paradies mit seiner außergewöhnlichen Pflanzenvielfalt.

Pythonschlange in Geäst

Unter schattigem Bätterdach, vorbei an umgestürzten Baumstämmen und hoch aufragenden Urwaldriesen durchstreifen wir den Tropenwald. Unruhe im Kanu. Boingk hat etwas ausgemacht. Unser Kanu muss an das buschige Ufer. Eine braunfarbene, scheckige Schlange mit auffallend dunkler Zeichnung im überhängenden Buschwerk. »Poisonous?«, frage ich. Giftig? Boingk kichert und entgegnet: »No poisonous, but it is danger.« Nicht giftig, aber gefährlich. Eine Würgeschlange, eine Python, ist seine Antwort. Auch eine zweite passieren wir ungeschoren. Boingk ist geübt, entdeckt mit Kennerblick verborgene Schlangen auch zwischen wirrem Blätterdickicht in größerer Entfernung. Im buschigen Ufergeäst direkt über mir züngelt mir eine gespaltene Zunge entgegen. Wir müssen uns dicht unter der Schlange postieren, denn zu oft wird das Kanu von der Wasserströmung abgedrängt. Diesen Kleinod ins Kamerabild zu holen ist ein Geduldspuzzle und bereitet meinen Begleitern kraftraubende Manöver. Indes vom Rhino noch immer keine Spur zu entdecken ist. Wir kehren zurück.

Von der Kanu-Pirsch zurück

Nur Tage später bin ich erneut hierher mit der Crew unterwegs. Erneut begleiten uns dunstig-graue Wolken über dem Cigenter. Bei uns will keine Jagdstimmung aufkommen, denn Uferdickicht und Baumkronen sind in dunstiges Grau gehüllt. Und dann und wann fetzt grelles Sonnenlicht ins tropfnasse Dickicht, lässt eine unberührte Tropenwelt glitzern erstrahlen. Und da ist es: zaghafte kurze Rufe eines männlichen Gibbons, wie eine heisere Kinderlokomotive. Zu sehen bekommen wir ihn nicht. Nur wenig später mit dem Kanu auf Schleichfahrt nähern wir uns zu hastig dem Uferdickicht. Boingk warnt unsere Paddler zu spät. Er kennt sich zwar aus, hatte den penetranten Duft am Uferbusch wie von einem Wildschweinrudel rechtzeitig wahrgenommen. Für uns im Kanu jedoch zu spät. Nur noch Rauschen im Buschdickicht und die frischen Abdrücke eines Rhinos am dicht bewachsenen Ufersaum bleiben. Von einem jener wenigen, extrem scheuen Exoten, die hier in den sumpfigen Wäldern des Ujung Kulon, um ihr Überleben kämpfen.

Das Javarhino (Rinozerus), wie man den wuchtig grauen Dickhäuter nennt, kann eine Schulterhöhe von 1,70 Metern erreichen und bis zu vier Meter lang werden. Im Gegensatz zu seinen beiden afrikanischen Verwandten besitzt das Javarhino nur ein Horn, das bei den Männchen eine Länge von fünfundzwanzig Zentimeter erreicht. Die Javarhinos hier sind unter den wachsamen Augen von Wildhütern geschützt. Enttäuscht nehme ich mir vor, die RPU-Ranger und Rhinowächter vor Ort auf unserem Rückweg zum Schiff an der Flussmündung zu näher zu befragen.

Vom Aussterben bedrohtes Java-Nashorn [Rhino]

Schattiger Busch, riesige Farnfächer, umgestürzte Baumstämme mit abgeschabter rotbrauner Baumrinde, wirres Blattwerk und Aufsitzerparasiten in Geästnischen lassen den Garten Eden für Fremde anders aussehen als erwartet. Dschungel bedeutet nicht nur un-

durchdringlicher Regenwald, sondern auch sumpfiges Mangrovendickicht, Hügel und steile Berganstiege. Auffällige Vogelrufe und
knackendes Geäst veranlassen mich, den ufernahen Busch abzusu-
chen, um Verborgenes zu entdecken. Feuchte tropft von Blättern,
platscht geräuschvoll aufs Wasser, lässt mich in der Einsamkeit auf-
schrecken. Einem sich dicht unter der Wasseroberfläche duckende
Kaiman, dessen Augenpaar mich anstarrt, gilt weniger mein Interesse. Erneut dieser auffällige, schrill anhaltende Vogelruf. »Horn-
bill«, Hornvogel, höre ich leise Zurufe hinter meiner Kamera. Diese
gewaltigen Vögel mit ihren gelben, klobigen Hornschnäbeln halten
sich über uns verborgen. Sie sind einmalig und wie viele ihrer Artgenossen vom Aussterben bedroht. Immer wieder angespanntes
Lauschen ins Dickicht. Und weil das herabhängende Geäst oft mir
sehr nahe kommt, suche ich auch nach Insekten und anderen Krabblern. Ich erinnere mich noch, als ich auf einer Mangroveninsel vor
der malaysischen Küste auf Unmengen von riesigen Tarantelspin-
nen stieß, die direkt über dem Gewässer den Wechsel von Ebbe und
Flut für ihre Jagd nutzten. Unter uns im milchiggrauen Gewässer
Spuren unsichtbarer Schwimmer. Endlich kommt Bewegung ins
Boot. Über uns hält sich ein brauner Siamangaffe verborgen. Sein
brauner pelziger Körper hält Abstand.

Und erneut stoßen wir auf eine Python im Dschungelgrün. Diese
hier, über dem Uferbusch wie ein Knäuel ums Geäst gewickelt, beäugt
mich, lässt schon mal ihre Zunge zum Angriff spielen. Man riskiert
schon mehr, wenn man weiß, dass die nur eine längere Würgeschlange ist. Vorbei an dichtem Ufergeflecht und Urwaldriesen durchstreifen wir den Tropenwald. Im Blätterdach erneut eine Schlange nahe
dem Flussgewässer. Grün wie das Blattwerk, mit dunkler Zeichnung.
Giftig – natürlich eine Viper. Für den Fremden oft unsichtbar im
Blätterchaos verborgen. Eine Tippon, so bezeichnet sie Boingk. Es ist
keine Zeit näheres über sie zu erfahren. Doch ich will dran bleiben.

»Black Monkeys!« Schwarze Affen!, ruft mir Boingk zu. Ob er
vielleicht die schwarzen Gibbons meint. Hoch oben im Geäst streifen schwarze Schopfgibbonaffen (Nomascus nasutus) mit weitgrei-
fenden Armen auf Nahrungssuche durch die Baumkronen. Ihr Auf-
tritt ist kurz. Zu kurz, denn noch bevor ich die Kamera zur Hand
habe, sind sie auf und davon. Dunkle Wolken ziehen auf. Ein Ge-
witter droht. Unser Bootführer ist gewarnt.

Im Ujung Kulon Nationalpark

Zurück an der Flussmündung spreche ich mit den wachenden Rangern der RPU. Ein einfaches unscheinbares Camp am buschigen Flussufer, an dem vorbei sich kein Fremder unbemerkt dem Rhinogebiet nähern kann. Man hat unter einfachen Plastikbahnen ein Lager errichtet. Einer der Männer bereitet gerade eine einfache Mahlzeit vor. An einem Gestänge baumeln zwei verbeulte Wasserkessel. Darunter, von einem Baumstamm gegen den Wind geschützt, lodert ein Feuer, auf dem man eine Reismahlzeit zurecht macht. Reis in Bananenblättern mit vielleicht ein wenig Fleisch eingewickelt, so vermute ich. Rauchschwaden steigen auf. Es duftet appetitlich. Man benutzt Holzspieße, um die Garung in der Flamme zu beeinflussen. Alles spielt sich auf dem Waldboden ab, wo noch Mangroven die Flusslandschaft bestimmen. Da dient schon mal ein Baumstamm als willkommene Ablage, um Ameisenkolonnen und Insektengekrabble auf Abstand zu halten. Gleich nebenan, hinter buschigem Grün verborgen, lugt eine einfache Unterkunft aus blauer Plastikplane hinter Palmenblättern hervor. Kleidung zum Trocknen und Vorratsbeutel sind an Zeltstangen befestigt. Zwei der drahtigen Männer in der dunklen T-Shirtbekleidung der Ranger begrüßen uns freundlich, laden zum Tee ein. Einer von ihnen, mit kläglichem Lippenbart und schmalen Augenschlitzen, ist durch eine grüne auffällige Achselmakierung als Vormann auszumachen. Bei Tee, Wasser und Zigaretten schwatzen wir ein wenig, indes Boingk übersetzt:

Ich frage nach und erfahre: »Ja, ich bin mit einer Gruppe hier, um das Rhinogebiet zu sichern. Fünfzehn Tage sind wir hier, werden dann von anderen Rangern abgelöst.« Der Führer dieser kleinen Forstpatrouille erzählt: »Ich bin ein Orang, ein Landsmann von hier.« Der andere erklärt stolz: »Ich bin Sundanese aus Südwestbanten.«

Er spricht sundanesich. Boingk kommt mit der Verständigung klar, denn er ist hier in West-Java geboren.

»Und die Rhinos«, berichtet er weiter, »habe ich bisher nur ein einziges Mal für wenige Minuten beobachten können. Die Tiere sind enorm scheu.«

Im Ranger-Camp des Ujung Kulon National Parks

Kein Wunder, das unser Rhino uns heute durch die Lappen gegangen ist, versuche ich Boingk auf Englisch mir von unserem Rückschlag erneut Luft zu verschaffen. Boingk erklärt mir noch einmal, wie der Duft der Rhinos ihren Aufenthalt verrät. Ich erinnere mich genau an Wüstenbegegnungen in der Sahara, wo auch Kamelgruppen ständig von einem derben Duft meilenweit umgeben sind.

Und erst hier, auf den Inseln von Ujung Kulon, wird mir die so unterschiedliche Verständigung ethnischer Völker in den Landesteilen auf der Javainsel bewusst. Boingk musste mehrfach bei meinem Hauspersonal zur besseren Verständigung nachfragen, als er mich im Südosten Jakartas, dem Zentraljava zur Tour nach Ujung Kulon abholte. Dort und in Ostjava spricht man untereinander Javanesisch, die Betawisprache, ein Mix von Sprachen und Dialekten der zahlreichen Einwanderer der letzten Jahrhunderte. Natürlich steht das Bahasaindonesia über allem für das Sprachgewirr auf der indonesischen Inselwelt.

Wir verabschieden uns von unserem Kanubegleiter. Endlich lässt sich die Sonne blicken. Entlang der nahen Küstenbrandung steuern wir der offenen See entgegen. Mehr als fünf Stunden wird unser stampfendes Schiff auf bewegter See bis zur Insel Peucang benötigen. Korallenriffe und einsame weiße Strände, wo Regenwald die weite Küste der westlichen Halbinselspitze säumt, ziehen an uns vorbei. Voraus der aktive Vulkan Krakatau in Sicht – diese spektakuläre Vulkaninsel in der Sundastraße, gerade einmal sechzig Kilometer entfernt. Allein der Name hinterlässt Gänsehaut. Dieser verheerende Vulkan ließ in den letzten Jahrhunderten mehrfach mit seinen mörderischen Eruptionen die Erde beben. Mit seinem unvergessenen Megaausbruch explodierte im August 1883 die gesamte Vulkaninsel und hinterließ in der weiten Inselregion mehr als 36 000 Tote. Selbst im fernen Australien registrierte man die Ausbruchsexplosion. Eine neue Insel vulkanischen Ursprungs, der Anak Krakatau, entstand. Und mit seinen fortwährenden Eruptionen, so 2007 und 2009, bedroht er noch heute diese Inselregion.

Wir sind zur Insel Peucang unterwegs. Inzwischen habe ich mich auf sonnigem Deck eingerichtet. Heftige Dünung und noch immer den Krakatau im Blick, das lässt meine Gedanken schweifen. Ein riesiger Delphin taucht vor unserer Bugspitze auf. Ist im Nu auf und davon, will Erster sein. Und Fische gleiten rasend schnell auf dem Wasser, als sei das Schwimmen zu mühselig geworden. Sengende Sonnenstrahlen tauchen das Meer in Smaragdgrün. Und vor buschigem Ufergrün überstrahlen kristallweiße Sandstrände die tropische Küstenlandschaft.

Im Dschungelbusch auf der Peucanginsel

Die Insel Peucang. Eine Perle inmitten einer grünen Tropenwelt, ist erreicht. Darauf die einsame Öko-Lodge Sulah Nyandar für nur wenige Gäste unter dem Dschungeldach errichtet, wo noch Wildnis bis vor die Haustür reicht. Man hat ein Stück Dschungelwald gerodet – ein Experiment mit überwachter Wildnis und ökologisch umsichtigem Zutritt. Bereits in Nationalparks Sumatras bin ich dieser Nutzung mit den lokalen Bewohnern begegnet.

Wildschweine, Rehwild und Makakenfamilien streifen durch gerodetes Gelände, verbringen hier ungebremst den Tag zwischen wenigen Touristen. Erst zur Dämmerung ruft eindringliches Gekreisch des Makakenmännchens und aus allen Winkeln kehrt die Affengesellschaft eilig ins umliegende Dickicht zurück. Wer in der Dunkelheit noch unterwegs ist, muss schon auf Begegnungen mit umherstreifenden Wildschweinen und Reptilien vorbereitet sein. Abends halte ich Ausschau, um dem wuchtigen Bartwild aus dem Weg zu gehen. Doch auch Panther und Co. sind hier unterwegs, jedoch wesentlich scheuer. Nahrung an Wild für sie bietet die Insel im Überfluss. Und auch dem possierlichen, nachtaktiven Koboldmaki mit seinen großen Augen bin ich nicht begegnet.

Bereits bei Sonnenaufgang streife ich allein durch den Küstenbusch. Einem mir drohenden Waran verstelle ich unfreiwillig den Weg zur Küstenbucht. Wir einigen uns, ich trete vorsichtig den Rückzug an, wobei ich ihn nicht aus den Augen lasse. Schließlich gilt bei mir noch: Der Klügere gibt nach. Die riesige urwüchsige Echse ist schon fast so gewaltig wie ein Krokodil. Eine zweite begleite ich ein Stück mit der Kamera, indes ihr schuppiger Körper sich nur widerwillig zurückzieht. Und die hier bereits wie Hunde herumstreunenden Makaken haben mit den zahlreichen Jungtieren zu tun.

Nachmittags bin ich mit Boingk verabredet. Nur wenige Schritte und dichter Dschungelbusch schließt sich hinter uns: der Ujung Kulon Nationalpark, ein exotisches Paradies mit glasklaren Bächen und einer außergewöhnlichen Tier- und Pflanzenvielfalt.

Allmählich gewöhne ich mich an die Dämmerung unter dem dichten Regenwalddach. Vom Pfad aus erkunden wir die Umgebung. Einzelne Bäume erheben sich zu mächtigen Urwaldriesen bis zu fünfzig Meter Höhe und mehr. Die meisten von ihnen werden von Wurzelstämmen, andere von Brettwurzeln gestützt. Hier findet man noch Reste von urwüchsigem Primärwald. Und wie sicher auch für andere Besucher muss Boingk herhalten, um den unglaublichen Größenvergleich mit diesen Baumgiganten erklärbar zu vermitteln. Sie überragen die tiefer gelegenen Kronen, welche sich übereinander türmen, so dass sie ein geschlossenes Blätterdach bilden. Lianen winden sich nach oben, umklammern Geäst und moosbedeckte Stämme. Überall haben sich Farne, Orchideen und Rankenwinzlinge im Geäst eingenistet.

Dieser mächtige Urwald erstreckt sich über den größten Teil des Ujung Kulonreservats, grenzt dabei an Sumpflandschaften, umschließt Bambusdickichte, überdacht Palmenforst und Dornengestrüpp, wird von Mangrovenwäldern umsäumt. Ein intakter Primärwald, ein Regenwald mit dichten Baumkronen, wo noch Dschungelwild und Affen anzutreffen sind. Plötzlich vor uns zwei schlanke Rehe. Wie erstarrt blicken diese überrascht auf, stürmen im nächsten Augenblick davon.

In der Ferne macht Gekreisch uns aufmerksam. Wir verlassen den Pfad. Boingk nimmt die Richtung auf, um zu einer 100 bis 200 Meter entfernten Stelle zu gelangen. Er führt mich behutsam über faulendes Blattwerk, durch dorniges Gebüsch und Lianengeflecht. Wachsam nähern wir uns einem Baumriesen, dessen Krone einen freien Durchblick zum blauen Himmel gewährt. Ich vermute eine Makakenbande in der Baumkrone. Diese jagt aufgeregt durch Geäst. Ein knackender Ast, ein im Laub knirschender Schritt, das Rascheln eines Busches könnte sie zur Flucht veranlassen. Während wir uns dem mittlerweile heftigen Gezänk nähern, wagen wir die letzten Meter ohne bemerkt zu werden. »Sie sind direkt über uns!«, raunt mir Boingk zu. Ein zartbrauner Gigant mit einer Flügelspanne größer als 1,50 Meter erhebt sich krachend aus dem Geäst in die Lüfte. Ebenso wie ich hat Boingk die Ruheplätze der Flughunde unter der mächtig ausladenden Baumkrone entdeckt. Dann und wann kreisen diese hellbraunen Riesengleitflieger mit breiten Schwingen über uns. Dann ist es auszumachen. Nach Futter umherziehende Makaken zanken sich mit den Flughunden (Flight Fox), die hier kopfüber baumelnd im Kronendach die Dämmerung zum Ausschwärmen erwarten. Und erst dann wird der Streit entschieden sein. Welch ein Spektakel! Flughunde mit riesiger Flügelspanne und hundeartigem Aussehen erwarten die Dämmerung. Für Augenblicke kehrt Ruhe ein und Vogelrufe sowie einzelne Zikadenstimmen übernehmen wieder die übliche Geräuschkulisse im Dschungelbusch.

Am Abend überraschen Boingk und die Mannschaft mich mit einem Abendessen auf dem Anlegesteg unseres Schiffes. Man hat auf dem Bootsdeck Nudelsuppe, Reis und Bratei zubereitet. Nun hocke ich bei Kerzenschein und süßen Tee am finsteren Küstenstrand, indes die Crew die laue Nacht bei Tee, Zigaretten und Männertratsch genießt. Und erst spät stürzt der erwartete Regenguss aus den Wolken.

Vor Sonnenaufgang geht es in unserem tuckernden Fischerboot auf die gegenüber liegende Küstenspitze von Cibom. Ein Katzensprung in einem tropisch grünen Inselparadies mit weißen Stränden und Korallenriffen. Ich habe gerade noch Zeit genug, um meinen Morgenkaffee, den Agung serviert, bei ruhiger See zu genießen. Ein kurzes Bootsmanöver vor der einsamen Küste und Eli, ein junger Ranger, empfängt uns. Noch immer bin ich auf der Suche nach den seltenen Tieren der tropischen Wildnis. Auf schmalem Pfad geht es ins Dschungeldickicht von Peninsulas Westküste. Nicht weit von der Küste erwarten wir eine Lichtung. Eli und Boingk voran, nähern wir uns geräuschlos einer baumlose Wiesenlandschaft, groß wie zwei Fußballfelder. Boingk ruft mir plötzlich zu: »The green peafowl!« Der grüne Pfauenvogel! Zwei äußerst scheue Pfauenvögel mit prächtig blaugrünem Schwanzgefieder schreiten auf der Suche nach Nahrung durchs hohe Gras. Sie sind die größten Vögel hier, die Attraktion und vom Aussterben bedroht, vor dem Hintergrund des schattigen Regenwaldes kaum auszumachen. Dieses Mal stellen sich diese Exoten unserer Kamera.

Pfau

Hier im Dschungelbusch zwischen Lianenranken ist noch der Leopard, der Kucing Batu anzutreffen. Überraschte Touristen erfreuen sich schon mal an Fotos von einem schwarzen Panther, wenn der morgens die Küstenbucht durchstreift. Feuchtheiß geht es durch ein Stück Regenwald. Verborgene, rhythmisch schallende Vogelrufe aus dichten Baumkronen, begleiten uns, während es auf kurzem Trip durch Urwald, bunte Pflanzenvielfalt und tropfendes Nass durchs plätschernde Bachgewässer geht. Erstmals rücken mir zwischen Farnkraut und Blätterbusch lästige Blutegel zu nahe.

Bei rauer See geht es zurück über die Krakatausee. An der Küste der äußersten Westspitze Javas blicke ich ein letztes Mal auf die spektakuläre Vulkaninsel Krakatau. In Kapitän Iyus Ruderhaus drängt man sich, suchen wir eine schützende Bleibe, denn die offene See mit weißen Schaumkämmen, aufkommender Wind und raue Dünung lassen Gischtladungen aufs schlingernde Bootsdeck platschen. Ich muss mich festkrallen, um nicht ins Ruder zu geraten. Iyus blauer Trinkbecher auf einer stabilen Ablage ist zwar gesichert, jedoch der lose Rest auf seinem Bord wechselt mit jeder heftigen Dünung schon mal im Konvoi die Seiten. Boingk berichtet, das im Januar 1771 der englische Seefahrer James Cook auf der Nachbarinsel Panaitan ankerte, gleich nebenan. Er weiß zu erzählen:

»Cooks kranke Crew musste sich mit Wasser und Proviant versorgen.«

Erneut verdüstern regenschwere Wolken die Sicht. Tamanjaya, ein winziges Küstendorf auf der Festlandspitze am offenen Meer, ist von dichtem Dschungelgrün umgeben. Unsere Route führt an einer Reihe von Fischinseln vorbei, bevor wir nach Stunden das Küstendorf von Tamanjaya erreichen. Ein Zuruf von einer der letzten Fischinseln, der den Kapitän Iyus erreicht, lässt unser Boot kurz beidrehen. Ein junger Fischer springt aufs Vorderdeck, wird uns an die Küste begleiten. Schließlich kennt man sich, hilft einander. Erst jetzt bin ich interessiert, will mehr über diese Inseln erfahren. Diese schwimmenden Bambusgestelle mit einer Hütte aus Bambusgeflecht sind tatsächlich schwimmende Fischfallen. Man nennt sie Bagan oder Bagang. Diese wankenden Plattformen werden auf der offenen See am Küstenhorizont weithin sichtbar verankert. Nachts von starkem Lichtschein angelockt, verfängt sich hier attraktiver Fisch in den Netzen. Den Fischern Javas gehen Makrelen, Thunfische, Sardinen in die Netze und in Küstennähe fängt man Garnelen und Krebse. Die flache Küste mit hügligem Dschungelwald vor der Westspitze Ujung Kulon nähert sich schnell, denn unser Schiff wird von harschen Windböen direkt auf die Korallenküste getrieben. Unsere Schiffscrew verabschiedet sich. Sie sind hier zu Hause. Es ist nicht einfach, aus dem robusten Fischerboot zu gelangen. Die Mannschaft ist angespannt, denn eine schwierige Landung bei rauer See steht bevor. Man versucht zwar an einem schmalen Brettersteg zu landen, doch die vom Meer heranrollende Wellenflut lässt das Boot wie einen Spielball mehr als zwei Meter in der Dünung auf und ab tanzen. Der erste Landeversuch geht schief. Wir treffen nicht die Stegpfeiler. Iyus muss hektisch zurück, um nicht den Korallengrund zu berühren, muss neu Anker werfen lassen. Schließlich setzt die Mannschaft Boingk und mich hilfreich an Land.

Von Tamanjaya durch küstennahen Dschungel

Sampan-Segler

Tamanjaya eine kleines Küstendorf mit reichlich Korallenstrand unter einem vor der prallen Sonne schützenden Palmendach. Eine von Regenwald bedeckte Bergregion umschließt diese abgelegene Ebene im Nordwesten von Java, ein grünes Plateau mit mosaikartigen Reisfeldern, winzigen Siedlungen und einfachen Wohnhütten unter Kokospalmen. Unter schattigen Palmen am Küstenufer ausgespülte struppige Wurzeln von Kokospalmen, bunter Korallenbruch und traditionelle Auslegerboote der Fischer, die Sampans, wie man die langen schmalen Segler hier nennt.

Hier treffe hier auf Omar, einen kräftigen Mittfünfziger mit engen Augenschlitzen und knappem Lippenbart. Er lebt hier, ist Zimmervermieter, erzählt mir stolz vom Sumatraleoparden, dem er im nahen Dschungelbusch schon begegnet ist. Ein auffälliges Foto in seinem Wohnhaus stammt von einer Trap-Kamera. Es ist ein Nachtfoto von einem Sumatraleoparden. Ich betrachte es und glaube nicht, diesem Exoten jemals zu begegnen. Auch bei Trekkingtouren verbleiben immer Gefahren der unsichtbaren Wildnis im hellwachen Hinterkopf. Und hinter unserer Ortschaft, in den grün verschleierten Bergen pocht noch ein Rest grünes Dschungelherz Javas, ein Fetzen vergessene Welt, wo nur kleine Flüsse und Pfade durch den Dschungelbusch führen.

Schwarzer Java-Gibbon im Geäst

262

Unter schattigen Palmen sind wir mit Boingks Freund verabredet. Er stellt mir einen vierzigjährigen schlanken Mann aus der Umgebung vor: »Das ist Kusmani, unser Begleiter. Er ist Ranger, kennt sich hier aus, bringt uns zu den Black monkeys, den schwarzen Affen.« Boingk meint die schwanzlosen, grauen Gibbonaffen, die Silbergibbons, denen wir noch immer erfolglos für Nahaufnahmen nachjagen.

Spät nachmittags bricht unsere kleine Expedition auf. Zuerst geht es durch die schattige Ortschaft mit traditionellen Bambushütten. Schon bald begegne ich ländlichen Bewohnern. Eine kleine, zierliche Landfrau im knöchellangen Sarong, bunter Bluse, der Kebaya, und sorgsam geknüpftem Kopftuch kommt von der Feldarbeit. Boingk bittet die ältere Bäuerin, für einen Augenblick ihren Heimweg zu unterbrechen. Ihre knochigen Hände verraten mir mehr von ihrer täglichen harten Arbeit. Die Flippflopp-Latschen an ihren Füßen sind schon lange nicht mehr nur der Jugend vorbehalten. Über ihre Schulter geschlungen ein breites Band, an dem ein auffälliger Tragekorb befestigt ist. Sie ist Sundanesin und verständigt sich sundanesisch mit Boingk und wie andere Landsleute an der Westküste auch.

Eine Sundanesin

Man bestellt hier die Reisfelder, lebt vom Meer und den Früchten des nahen Regenwaldes. An einfachen Flechtbambushütten auf kurzen Stelzen unter schlanken Kokospalmen vorbei erreichen wir den grünen Reisfeldgürtel vor der Ortschaft. Erst jetzt wird der Blick frei auf das bergige Dschungelpanorama am wolkenfreien Horizont. Vielleicht zwei oder drei Kilometer sind es bis zum Bergsaum des flachen Gebirgsriegels. In den vergangenen Tagen goss es hier in Strömen und die Reisfelder sind noch immer überflutet. Wie auf einer Perlenkette aufgereiht geht es mit zügigen Schritten über die schmalen, sumpfigen Dämme der Reisfelder, überqueren wir auf glitschigen Baumstämmen kleine Bäche. Insekten aller Art und Frösche sind aufgescheucht, wenn wir mit verschlammten Schuhen über Felder und Dämme balancieren. Über uns und um uns flinke Flieger und Vögel. Einzig und allein den Giftschlangen, die sich so gern hier aufhalten, gilt meine besondere Aufmerksamkeit. Kusmani trägt Gummistiefel, kümmert sich wenig um uns. Ein Seeadler wird beobachtet, kreist schon bald über seiner reichhaltigen Futterquelle. In der Ferne über dem Meer türmen sich erneut Wolkenpakete am blauen Himmel. Ein gerade durch die schlammigen Pfützen balancierendes Motorrad lässt mich ahnen, was uns noch in den Dschungelbergen bevorstehen könnte.

Wir erreichen den schattigen Fuß eines weithin sichtbaren Dschungelberges. Steil bergan geht es über einen tückisch vor Nässe durchgeweichten Kletterpfad in den düsteren Regenwald. Ein schmaler, kaum sichtbarer Dschungelpfad zieht sich durch das Dickicht. Voran Kusmani mit leuchtend gelben T-Shirt und Basecup. Hohe Luftfeuchtigkeit mit achtzig Prozent und tropische Hitze erschweren mir den Aufstieg über ausgewaschene und knietiefe, sumpfige Geröllpfade. Aufgeweicht von den lang anhaltenden Regenschauern durchwaten wir nichts als Tonbrei und schlammigen Untergrund. Ich hatte es zwar vermutet, jedoch nicht so beschwerlich erhofft. Auch hier haben am Vortag mächtige Regengüsse gewütet, Hänge ausgespült und schlammige Pfützen hinterlassen. Nur die kreuz und quer verlaufenden Wurzeln von Bäumen und Büschen geben ein wenig Halt im glitschigen Morast. Ein stabiler Stecken muss her, um an den steilen, rutschigen Hängen sicheren Halt zu finden. An Kamerarbeit ist nicht zu denken, denn auch Kleidung und Hände sind von Lehmbrei verschmiert. Kusmani ist sicher: Hier oben werden wir die grauen Gibbons finden.

Von schmalen Pfaden aus zwischen gigantischen Baumriesen erkunde ich die Pflanzenwelt, lausche einer fremden Vogelpracht, wenn wieder eine Verschnaufpause notwendig wird. Man begegnet seltenen Lurchen und Insekten. Es ist ein intakter Primärwald, ein Regenwald mit klaren Bächen und dichten Baumkronen in denen wir Gibbons vermuten.

Beinahe geräuschlos dringen wir durchs Dickicht. Eine seltsame dunkelgrüne Schlange in Bewegung wird von uns überrascht. Sie lässt sich vom Geäst fallen, segelt dann meterweit unter mir ins nächste Dickicht. Eine Peitschenschlange oder eine andere Natter?

Es ist soweit. Kusmani macht uns auf Bewegungen im hohen Blätterdach aufmerksam, einem schattigen Plateau mit Baumriesen mehr als dreißig Meter hoch. »Gibbons!« zischelt Kusmani. Gibbons, dem Menschenaffen verwandte schwanzlose Primaten. Es sind Silbergibbons, die auf Nahrungssuche sich durch die Baumkronen schwingen. Gibbons sind hoch spezialisierte Hangler und Schwingkletterer und gelten als die vollendetsten Luftakrobaten unter den Affen. Gespannt beobachten wir die hohen Baumkronen, die mir Kameraaufnahmen dieser besonderen Primaten erschweren. Hier können nur noch Zoomfotos helfen. Schattige Bilder vorsichtiger Bewegungen der Primaten im Geäst und herunterrieselnde Früchtereste sind heute unsere einzigen Trophäen der Silbergibbons. Uàu, uàu, schallt es aus dem dichten Kronendach, als ich im Dickicht ein paar Blutegel abstreife. Ein Wau-Wau, ein grauer pelziger Gibbonaffe. Sicher hat er uns entdeckt, er blickt verborgen auf mich herab.

Gleich nebenan ein unscheinbar sprudelndes Rinnsal, das aus einer schattigen Felsnische quillt und schnell bergab fließt. Verschwitzt stürze ich mich darauf, um mich abzukühlen und mich vom Schlamm zu befreien. Zuerst bin ich überrascht, dann jedoch ist meine Enttäuschung groß: eine heiße Quelle, die aus einer Erdspalte sprudelt. Kusmani und Boingk grinsen, denn nur mir blieb ihre ortsbekannte Attraktion bisher verborgen. Schließlich erwacht der Regenwald, wenn Zikaden ihren endlosen Gesang wie von einer quietschenden Säge anstimmen.

Zurück über die Reisfelder mit Grillengesang überrascht uns die Dämmerung. Meine Blicke richten sich nach unten. Schlangen, die sich gern in Süßwasserfeldern aufhalten. Flinke Jäger der Lüfte sind bereits über uns. Auf einem Ast ein Fischadler der geduldig auf Beute lauert. Der letzte helle Wolkenstreif am Abendhimmel kündigt die schnell hereinbrechende Dämmerung an, taucht den Dschungelbusch in violettes Licht. Hellbraune Flughunde überraschen spektakulär am dunstigen Horizont, wenn sie zur Abenddämmerung ihre Baumnester verlassen.

Vom Dorf tönt der Ruf des Muezzins zum Gebet. Abends nach sieben verbreitet sich über der düsteren Dschungelortschaft rauchiger Dunst. Lichter in der winzigen Ortschaft flammen auf und offene Feuer signalisieren das Abendessen. Familien hocken auf einer Holzveranda oder direkt vor ihren Hütten zur Abendmahlzeit. Andere bereiten sich auf die Nacht vor. Kinderstimmen aus der Ferne. Zur Nacht finde ich Unterschlupf an der rauschenden Küste unter ausragenden Palmen. Bei fahlem Licht einer Kerze servieren mir zwei Jugendliche Reissuppe und heißes Wasser für Tee. Und während mir mir den Tee auf einem rustikalen Tisch zubereite, findet sich außer zudringlichen Katzen auch eine Kolonne winziger Ameisen ein, die sich an übergeschwappten süßen Teelachen bedienen. Vertreibt man sie gewaltsam, bedienen sie sich anderer Kletterwege und stehen schon bald ausgeschwärmt erneut auf der Matte. Will man ungestört bleiben, speist man am besten im Stehen.

Noch vor Sonnenaufgang sind wir erneut mit Kusmani zum Trekking verabredet. Noch ein kurzer Blick auf die traumhafte, von Palmen umsäumte Küste, dann sind die Sachen erneut gepackt. Wir sind im Jeep zur Südküste des Indischen Ozeans unterwegs. Wir wollen Kalejetan, die Südwestküste der Dschungelregion, erreichen, nahe den Bergen in der Gunung Honje Range. Eine knüppelharte Dorfpiste löst schon bald den vom Regen ausgeschwemmten Feldweg entlang der Reisfelder ab. Jetzt, morgens, sind Landarbeiter, Männer und junge Frauen mobil zu ihren Feldern unterwegs. Man beobachtet Frauen bei der Feldarbeit, wenn wir an Reisfeldern vorbei entlegene Ortschaften passieren. Dämme trennen die ganz waagerecht abgegrabenen Felder, die Sawahs, voneinander ab und verhüten allzu raschen Abfluss des Berieselungswassers. Dazu hat man besondere Durchlässe angelegt, die bei Bedarf geöffnet oder geschlossen werden. Die Sawahs sind wohl das kunstvollste an Äckern, was Menschenhand der Natur abgetrotzt hat. In weiten grünen Ebenen bilden sie getrennte Feldflächen und erklimmen oft in Hunderten und Aberhunderten Terrassenstufen steile Berghänge.

Ein Familienvater kommt mir auf seiner Yamahamaschine tuckernd entgegen, versucht breiigen Lehmpfützen auszuweichen, die seine Speichenräder bis an die Achsen versinken lassen. Obenauf die junge Mutter und zwei Schulkinder. Und über den wässrigen Feldern brausen Hunderte zierlicher Flieger, Libellen, handtellergroß mit seidigen Flügeln dicht über meinem Kopf.

Am frühen Morgen bei glitzernden Sonnenstrahlen passieren wir auf sandiger Piste und über winzige Bäche ein letztes Dorf mit Bambushütten auf zierlichen Pfosten über dem wuchernden Erdboden. Unter schlanken Palmen und prallvollen Bananenstauden sind seine Bewohner längst erwacht, machen wir in der Frühe mit Schulkindern Bekanntschaft. Eine bunte Glucke ist mit einer quirligen Schar Küken auf Futtersuche, Hähne krähen. Frauen versorgen lärmende Kinder, reinigen und fegen die Veranda vor der Hütte, während Jungen und Mädchen sich in roter Schulkleidung auf ihren Schulweg begeben. Eine Hütte mit geflochtenen Wänden unter schattigem Grün gewinnt meine besondere Aufmerksamkeit. Drei junge Männer verweilen noch geruhsam auf den Brettern der schattigen Veranda, indes ein barfüßiges Kleinkind ins Freie stürmt, sich noch die Schlafaugen der Nacht in greller Sonne reibt. Es muss ein winziger Verkaufsladen sein, denn an seiner Bretterfront sind kleine Werbezettel befestigt. Und wie so oft thront nahe der Hütte zwischen Palmenlücken die monströse Satellitenantenne, als sei von hier aus eine Raumstation zu überwachen. Ihr Gestänge ist praktisch, um die Wäsche der Familie zu trocknen.

An einer der zahlreichen Brücken gibt es Probleme. Muss Boingk hier schon zurückbleiben, obwohl sein Jeep viel Bodenfreiheit besitzt? Eine dieser Brücken führt äußerst steil hinauf, so dass sich das Karossenblech geräuschvoll meldet. Erst im erneuten Anlauf findet Boingk die schräge Anfahrt, die uns die Fahrt fortsetzen lässt. Für übliche Motorräder ist das jedoch kein ernsthaftes Hindernis.

Ein von dichten Palmengrün umstandenes Flussbett liegt traumhaft schön im sanften orangefarbenen Morgenlicht unter mir. Gezwitscher der Vögel und quirliges Bachrauschen lassen Träume aufkommen, wenn sich das Blau des wolkenfreien Himmels im klaren Wasser widerspiegelt. Eine junge Frau nutzt eine angespülte Schotterinsel, um Wäsche zu spülen, indes ein Nackedei ihr geduldig über die Schulter blickt. Einen Steinwurf flussaufwärts ist man beim Fischstechen unterwegs. Ein entlegenes Dorf, ein Kampong mit traditionellen Hütten auf kurzen Stelzen, den geflochtenen Bambuswänden und schattiger Veranda, liegt wie ein idyllisches Kleinod in einer heilen Welt zwischen der Blütenpracht. Und doch zeigen tiefe Narben der aufgeweichten und tief zerfurchten Straßenpisten, dass auch diese Bewohner mit ihrer Tropenwelt zu kämpfen haben.

Erneut begegne ich einer zierlichen Bewohnerin im knöchellangen Sarong mit Batikmustern, bunter Bluse, die ihr Gesicht unter einem breiten, schattigen Basthut verbirgt. Sorgsam um den Hals geknüpft, schmückt ein breiter, farbiger Schal ihre traditionelle Kleidung. Ich spreche die Bäuerin an, obwohl ich weiß, das sie mich nicht versteht: »Salamt Pagi«. Guten Morgen. Ich vermeide direkt nach Fotoaufnahmen zu fragen. Noch bevor sie an mir vorüber ist, hilft Kusmani bei der Verständigung. Er erinnert sich an meine zuletzt aufgenommenen kurzen Filmszenen. Ich vermute ihr Alter nur, denn ihr Haar bleibt verborgen. Nur ihre knochigen Hände verraten wieder einmal mehr von ihr, von der täglichen Arbeit. Meine offene Kamera erschreckt, lässt sie sogleich wie leblos zur Puppe erstarren. An einem letzten bunten Bambushaus vorbei, vor dessen Veranda farbig gemusterte Bodenteppiche und Tücher die pralle Sonne zum Trocknen bevorzugen, geht es auf unwegsamer Piste nach Süden. Eine Rangerstation der Waldbehörde ist erreicht.

Boingk bleibt zurück, während mein Begleiter Kusmani und ich sich nun zu Fuß auf den Weg zur nahen Meeresküste des Indischen Ozeans machen. Ich übernehme die Kameraausrüstung und muss die vollgestopfte Weste tragen, indes mein Begleiter den Rucksack mit dem Notequipment übernimmt. Kusmani macht Tempo, um schnell im Dickicht der sengenden Sonne zu entgehen. Am Rangercamp, der letzten Station, verabschiedet sich Kusmani von seinem Rangerkollegen. Er hat sich nach Wildaufenthalt erkundigt. Von hier aus folgen wir schattigen, düsteren Pfaden, stoßen auf erste Makakenaffen, die auf Nahrungssuche durch die Baumkronen ziehen. Schrille Vogelrufe schärfen schon bald meine Jagdsinne nach exotischen Wildaufnahmen. Dann und wann benutzt mein Begleiter seine Machete, den Padang, wie man das lange Buschmesser hier nennt. Ich bin beruhigt mit seiner Bewaffnung, denn schließlich streifen wir durch den Regenwald, wo auch Panther, Schlangen und streunendes Wild unterwegs sind und an kleinen Flussläufen Echsen und Krokodile sich aufhalten. Zikadengesang und schattiges Blätterdach erinnern mich an die oft erlebnisreiche Rückkehr in den Regenwald, aber auch an zahllose Enttäuschungen. Über mir ein großes Wildhonignest, dessen Platz die fleißigen Sammler direkt über dem freien Pfad ausgewählt haben.

Dann plötzlich: Die weite Küste bei Kalejetan taucht vor uns auf. Die rauschende Brandung des Indischen Ozeans beeindruckt. Für Augenblicke halte ich inne, bin diesem riesigen Gewässer von so unendlich vielen Küsten schon begegnet. Nur um Augenblicke zu verweilen, mich in einem lauen Luftzug vom Meer abzukühlen, besetze ich einen freigespülten, struppig-braunen Palmwurzelballen am Küstenstrand. Korallenreste und Krabben am buschigen Sandstrand werden in glasklarer Meeresdünung durcheinander gewirbelt. Im Uferdickicht über Wurzelgestrüpp, welkem Blättersumpf und umgestürzten Bäumen geht es an der nahen Küste entlang. Eine Flussmündung ist zu überqueren. Hier noch kein Problem, denn auf schwankenden Bambusstämmen ist dieser Flusslauf leicht zu überwinden und bietet einen faszinierenden Blick aufs Meer. Man muss wachsam sein, warnte mich vorab Boingk, denn Krokodile und andere Reptilien sind hier keine Seltenheit. Schlangen haben wir bisher nicht aufgestöbert, denn unsere Suche nach den Blackmonkeys in den Baumwipfeln lenkt ab. Am plätschernden Fluss schrecke ich hoch, habe nicht aufgepasst. Unter mir in der Flussmündung ein versierter Taucher: Ein Waran, einen halber Meter lang, nimmt Reißaus.
Mit jedem Meter an der Küste entlang muss Kusmani immer öfter seinen Parang nutzen, um uns einen Weg durch dichtes Buschwerk zu bahnen. Schmetterlinge, anhaltendes Vogelgeschrei und Zikadengesang halten uns wachsam. An urwüchsigen Bäumen, die von Lianen umklammert werden wie im Würgegriff, setzen wir geräuschlos unsere Schritte durchs Dickicht. Noch immer keine Anzeichen von Gibbonbewegungen in den dichten Baumkronen. Baumfrüchte am Erdboden verraten Plätze, wo unsere heiß begehrten Gibbons be-

reits getafelt haben. Kusmani macht mich auf die bunten Frucht-
schalen im Laubboden aufmerksam, zeigt dann stumm nach oben.
Früchteschalen, Samen und Kotreste der Sammler fallen nicht weit
von ihren Mutterbäumen zu Boden. Dort werden Reste auch vom
Wild aufgenommen. Früchtesamen passieren den Darm unbescha-
det und gelangen so an weit entfernte Standorte. Nur die wenigsten
Urwaldbäume breiten sich durch Flugsamen aus. Stattdessen findet
man ihre Samen im saftigen Fruchtfleisch und die Tiere übernehmen die Aufgabe der Verbreitung. Ein winziger Baustein des ökolo-
gischen Gleichgewichts, das wir oftmals so schamlos ignorieren, wo
Wild und Pflanze so voneinander abhängig leben.

Immer öfter muss Kusmani geduldig warten, wenn ich wieder
einmal mit der Kameraarbeit zurück bleibe. Dann wird es ernst,
denn erneut versperrt eine kleine Flussmündung den Weg. Nur
ein langer Bambusstamm führt übers breite Gewässer. Kusmani
balanciert geübt voran, trägt wie üblich seine Gummistiefel stolz.
Wir haben uns verständigt, lange Stecken für mich zu schneiden
und dass er mir bei der Überquerung behilflich sein wird. Auf dem
Baumstamm müssen wir zwanzig Meter über das Gewässer. Notfall
muss ich ins Wasser mit der Kameraausrüstung.

Von einer Leoparden-Katze überrascht

270

Längst ist Kusmani im Busch verschwunden, so dass ich endlich ein wenig Zeit zum Verschnaufen und zum Beobachten habe. Auf der Suche nach Kusmani entdecke ich im gegenüber liegenden Uferbusch schnelle, fremde Bewegungen. Eine aufgescheuchte Leopardenkatze (*Panthera pardus melas*) flieht geschickt über einen Baumstamm zurück ins Dickicht. Für den Bruchteil einer Sekunde verharrt der dunkelscheckige, braune Jäger wie ein Phantom und blickt zu mir herüber, ehe er im schattigen Unterholz verschwindet. Ich bin froh, dass mir noch ein Stück Kameraaufnahme bleibt, denn gesehen habe ich nicht viel. Und dieser Exot ist wie vieles Wild im Nationalpark vom Aussterben bedroht. Kusmani kommt mit langen Stöcken zurück, hat nichts von einem Javaleoparden bemerkt. Er muss ihn beim Äste schneiden aufgescheucht haben. Nicht gerade neugierig wechsle auch ich nun das Flussufer mit Staken in den Grund, nachdem mein Rangerprofi die Kamera in Sicherheit gebracht hat. Ich bitte Kusmani, von nun an sich dichter in meiner Nähe aufzuhalten. Und ich weiß nach fünf Stunden, dass wir in quälender Hitze den gleichen Weg wieder zurück müssen.

Stab-Heuschrecke

Hier flieht eine Baumechse, ein Leguan vielleicht, und dort duckt sich unbemerkt ein Eisvogel mit langem Schnabel im schattigen Busch. Nebenan ein Schmetterling, dessen Flügelmuster, wie mit einem finsterem Augenpaar bepinselt, seine Feinde abschreckt, als lauere hier eine Königskobra auf ihn. Pflanzen und gelb durchschimmernde Farnblätter dicht bei einander im gleißendem Sonnenlicht. Stämme mit unglaublichen Rindenmustern wie bunte Tapeten. Ein wie zum Zopf geflochtener wuchtiger Ast, körperdick, ist kein Baumstamm, sondern eine Liane. Und wenn ich in einer Atempause hier über das Meer blicke, liegt zwischen mir und dem nächsten Kontinent die Küste Südamerikas gegenüber mit unvorstellbaren sechzehntausend Kilometern ohne auf Land zu treffen.

Endlich, unser beschwerlicher Pirschweg durch den Küstenbusch wird belohnt. Eine Gruppe Gibbonaffen hoch oben in den Baumkronen ist ausgemacht. Und erst auf unserem Rückweg riskiere ich noch einen wehmütigen Blick auf einsame Traumstände, nehme ich mir auch Zeit für Makakenaffen und die Vielfalt der Schmetterlinge, Zeit für den endgültigen Abschied.

Zurück aus dem Inselbusch

Über eine Rüttelpiste kehren Boingk und ich von Tamanjaya an der Westküste entlang aus der Dschungelwildnis zurück. Vor uns weckt ein Motorradfahrer, unter einem Helm verborgen, unser besonderes Interesse. Er transportiert zehn schlanke, silbergraue Thunfische auf seltsame Art. Am Gepäckträger quer befestigt muss ein zwei Meter langer Knüppel helfen, seine aufgereihten Thunfische einen halben Meter lang links und rechts an Fäden baumelnd zu transportieren. Eine enorme Schufterei in sengender Hitze, denn nur mit großem Geschick gelingt es ihm, den Straßenlöchern auszuweichen, ohne dabei seine schaukelnde Fracht zu verlieren. Schon gar nicht rechnet er damit, dass ihm hier auch Autos begegnen. Erst ein mahnendes Hupsignal von Boingks Jeep bewegt ihn zu stoppen, um die Sandpiste freizugeben. Wir passieren den Hafen Sumur, quälen uns durch endlose Ortschaften, ehe wir Caritas Touristenmekka erreichen. Entlang der Straßenränder einer bergigen Ortschaft breiten Frauen in der heißen Sonne Reis zum Trocknen aus. An dicht umdrängten Dorfbasaren vorbei genieße ich in vollen Zügen das bunte Treiben der Menschen, wenn man sich trifft, schwatzend Neuigkeiten austauscht und zwischen aufgetürmten Waren geschäftig den Kauf aushandelt.

Bevor wir Carita erreichen, lasse ich den Jeep in Labuan halten. Boingk hat herausgefunden, dass sich hier in der Ortschaft eine indonesische WWF-Außenstelle der internationalen Umweltschutzorganisation World Wide Fund For Nature befindet. Man hat mir in Tamanjaya von Projekten erzählt, die hier mit Unterstützung des WWF realisiert wurden. Und auf Ujung Kulon plant man Solaranlagen zur umweltschonenden Stromgewinnung. Ich hatte keine nahen Filmaufnahmen der gefährdeten Rhinos im Nationalpark machen können. Hier in Labuan treffe ich auf eine Gruppe WWF -Verantwortlicher und Projektführer. Wir sprechen über hilfreiche Projekte und vergleichen Tierfotos. Auch zahlreiche Rhinoaufnahmen dokumentiert man hier. Ihre Mitarbeiter sind es, die mich mit Bildmaterial bei meiner Buchvorbereitung unterstützen.

Strahlender Weststrand Javas

Vor Sonnenuntergang kehre ich ein letztes Mal an den Weststrand am Indischen Ozean zurück. Gegenüber meiner Ankunft vor Tagen begegne ich nun einem traumhaften Küstenpanorama mit Jukungseglern, jenen Auslegerbooten, die so oft auf Südsee-Kitschpostkarten abgedruckt werden. Boingk lebt hier mit seiner Familie unmittelbar hinter dem Palmenstrand. Er ist hier aufgewachsen. Ein heißer Tag klingt aus, ich verschnaufe bei angenehmer Kühle, bevor mich der Alltag einholt.

Rückkehr nach Jakarta

Abschied vom tropischen Inselparadies

Nach einer langen Woche durch tropischen Regenwald und Inselidylle kehre ich in die Hauptstadt Jakarta ins Gästehaus nach Kebayoran zurück. Ich bin bereits mit Irwan, einem guten Bekannten aus Deutschland in Jakartas Südstadt Timur verabredet. Während in der morgendlichen Rushhour unser Jeep nur langsam durch die City nach Westen voran kommt, berichte ich Maimed mehr über unseren bevorstehenden Besuch. Inmitten eines unübersichtlichen Häusermeeres kleiner Gebäude, in einer der unzähligen verwirrenden, engen Gassen in Cipinang finden wir ihn, Irwan. Ein unscheinbarer Gartenhauseingang, hinter dem sich ein erfolgreiches, quirliges so genanntes Garagenunternehmen versteckt, das schon bald aus allen Nähten platzt. Irwan, ein Achtundzwanzigjähriger in dunklem T-Shirt und Jeans, ist erfolgreicher Jungunternehmer, der hier in seinem Haus lebt und eine Druckerei mit bereits sechsundzwanzig Mitarbeitern betreibt. Noch ist es ein Kleinstunternehmen mit verwinkelten Räumen und einer akkuraten Werkhalle, in der moderne Druckmaschinen aus Deutschland stehen, die das kleine Unternehmen auszeichnen.

Irwan ist hier am Ort aufgewachsen, hat nahe seiner Werkstatt die Schule besucht, bevor er in Deutschland studierte. Jedoch ist er anders, als die meisten jungen Leute Jakartas. Mit sorgfältig gescheiteltem schwarzem Haar versteckt er sein ernsthaftes Gesicht hinter einem dunklen Brillengestell. Und obwohl ich mir mit Neuigkeiten aus Deutschland größte Mühe gebe, ist ihm kein sorgloses Lächeln zu entlocken. Sein Deutsch beherrscht er noch immer so perfekt wie seine Muttersprache. Er nimmt sich kaum Zeit für persönliche Gespräche, denn er fühlt sich unentbehrlich von seinen Mitarbeitern umgeben. Gefragt nach seinem Erfolgsrezept antwortet er: »Ich habe sieben Jahre in Deutschland gelebt, habe in Wuppertal studiert.« Wie hat es ihm dort gefallen, um dann mit viel Wissen in die Heimat zurückzukehren und sofort auf eigenen Beinen zu stehen, frage ich weiter. Bescheiden seine Antwort, denn er ist als erfahrener Fachmann und Ingenieur in ein neues Leben nach

Indonesien zurückgekehrt: »Es hat mir in Deutschland gefallen. Ich habe viele praktische Erfahrungen gesammelt und Menschen getroffen, die mein Leben hier entscheidend beeinflussten.«

Durch schmale Gänge und Korridore, wo sich fleißige Hände regen, stoße ich in einem Nebengebäude, nicht größer als eine bequeme Garage, auf das technische Herzstück seines Unternehmens. In einer lärmenden Maschinenhalle, wo bei stickiger Tropenhitze mit Papier, Druckfarben und Maschinenöl der Erfolg oder Misserfolg seiner täglichen Arbeit sichtbar wird, treffe ich auf Irwans Nerv. Stolz und zielstrebig präsentiert er sich bei seinen ratternden Maschinen. Er hat es in wenigen Jahren geschafft, Druckerzeugnisse für seine Region und darüber hinaus zuverlässig zu liefern. Und vielleicht gehört er schon bald zu einem der Großen der Branche in Jakarta.

Irwan, der Jungunternehmer in seiner Druckerei

Zurück im grünen Stadtteil Kebayoran, bin ich mit einem Bajaj unterwegs. Es ist eine mobile Welt der blitzenden Karossen, Motorräder, Motorroller, Mopeds und motorisierten Rikschas, den Bajaj, wie man dieses außergewöhnliche Kleinstmobil der Familien hier nennt. Häufig werden diese beliebten Zweiräder waghalsig als übliches Verkehrsmittel von bis zu vier Personen gleichzeitig benutzt.

Während der wenigen Tage meines Aufenthaltes hier lerne ich viele fleißige Bewohner Jakartas schätzen, die sich Tag und Nacht regen und ihren Alltag genügsam bestreiten. Für viele Jugendliche vom Land oft ein verzweifelter Schritt, in der City unterzutauchen, um irgendwie irgendwo Arbeit zu finden.

Nachmittags bin ich mit dem jungen Salim, dem Hausangestellten meines Gästehauses und Thapa, Fahrer eines Bajaj, an meiner Wohnecke verabredet. Was ist ein Bajaj? Ein skurriles Dreirad aus dem Motorroller einer italienischen Lambretta und einer indischen ansehnlichen Blechkarosse, das schnell durch die oft engen Gassen der Umgebung schlüpft. Und inmitten von täglichem Motorradgeheul und blitzenden Karossen, die endlos Stoßstange an Stoßstange die Straßen blockieren, findet man Jakartas Bewohner zurückgezogen in ihren schattigen, grünen Wohninseln. Thapas rollender Viersitzer mit Klappverdeck wie ein Kabrio lässt aufschauen, wenn man dem mit auffälligen Farben in Gold und Rot gepinselten winzigen Flitzer begegnet. Salim will mir ein Stück des Stadtteiles zeigen, das wie anderswo auch zu einer unendlichen Ortschaft von Gebäuden, Villen, Geschäften, Läden und Werkstätten zwischen Straßen, Gassen und kleinen Kanälen wie in einem Labyrinth unter dichtem Grün zusammengewachsen ist. Akazienbäume mit gelben und weißen Blüten, die roten und goldbraunen Blütensträucher der Bougainvillea und die gelben Blüten der Canna findet man hier ebenso wie Mahagoni- und Teakbäume zwischen Fächerpalmen, die von abendlichen Gewittergüssen zu neuem Leben ermutigt am nächsten Morgen tropfnass in üppiger Farbenpracht weithin erstrahlen.

Eine breite Frontscheibe und luftige Öffnungen der Seitenfenster machen die Kameraarbeit im Bajaj einfach, in das Salim und ich sich vorsichtig hineinquetschen. Mit knatterndem Motor geht's eine schmale Straße entlang, vorbei an dicht verbarrikadierten Villen zwischen Palmen und wuchtigen Baumkronen, Stadtvillen mit Parkanlagen, parkenden Limousinen, bunt lackierte Motorrädern, grünen Hofeinfahrten mit bunten Blüten, bis wir auf eine verkehrsreiche Kreuzung treffen. Hier entlang geht es über glatten Asphalt.

Wo Wohnvillen Betuchter zu vermuten sind, gibt es sogar Fußgängerwege, Parkanlagen, niedrige, gepflegte Hecken und frisch gepflanzte Baumsetzlinge.

Ich ermahne Salim, mich zurück in unser Viertel zu führen, denn inzwischen sind wir von modernen Karossen, Motorrädern und Lastern umstellt. Mit einem fernen Blick auf erste Hochhäuser der City und Wälder von Werbeplakaten verlassen wir den Cityrand, tauchen wir erneut in unser grünes Inselreich ein. Inzwischen hat mein Fahrer begriffen, worauf ich meine Kamera richten möchte. Durch eine enge Gasse im Grünen, gerade so breit wie unser Bajaj, führt er uns dicht an den Gästetischen eines bunten Restaurants vorbei. Heute ist Sonntag, für viele Familien die letzte Auszeit vor dem Start in eine neue Woche. Wie auf einem Dampfer mit Reling und Dach darüber reihen sich die gedeckten Gästetische entlang der Straße. Im schattigen Hintergrund dampfende Kessel, blinkende Töpfe, Pfannen und klapperndes Geschirr zwischen bunten Schalen. Gäste, jung wie alt, Kinder, leicht bekleidete Männer, Frauen, junge Mädchen mit und ohne Kopftuch schwatzen und winken schon mal freundlich, wenn man mich mit der Kamera entdeckt. Immer enger werden die Gassen und die Villen weichen bescheidenen Wohnhäusern, Holzhütten mit riesigen Satellitenschüsseln und Imbisshops, wo abgestellte Bajajs auf Kunden ebenso lauern, wie ein angepflockter schwarzer Ziegenbock auf seine Zusatzmahlzeit zwischen Hausmüllunrat. Durch ein Wirrwarr von engsten Gassen führt uns der Fahrer an Straßenhändlern und parkenden Motorradkolonnen vorbei, verweilt kurz bei einem Käfig mit einem kreischendem Tropenvogel, ehe er sich zwischen flanierenden Bewohnermassen mit Kindern durchmogelt, wo noch das Leben tobt. Und erst nahe einem sprudelnden Wassergraben, von Mauern und buschigem Ufergrün umsäumt, finden wir unseren Rückweg über die grüne Insel zu meinem Wohnkiez.

Nach dem Freitagsgebet drängen sich Familien und Jugendliche mit ihren Motorrädern auf den Straßen, besuchen Shopping Malls in der City. Bei rascher Dämmerung hüllt sich Kebalen in ein schimmerndes Lichtermeer. Eine belebte Kreuzung zeigt sich unter dem grünen Tropendach, wo der Menschenstrom der Heimkehrenden pulsiert. Man trifft sich bei abendlicher Kühle in Garküchen, Essbars und Diskoteken, sitzt entspannt am Straßenrand, flirtet, telefoniert mit Handys oder hört Musik. Mobile Händler mit den dreirädrigen Becaks drängen sich mit Getränken und Süßem lautstark durch den Menschenstrom. Abends sitze ich bei ihnen, versuche ihren Arbeitsalltag zu belauschen. Oft übertönen ihre hell läutenden elektronischen Signaltöne den Verkehrslärm, die bei ihren Kunden für mehr Aufmerksamkeit sorgen, wenn Gegrilltes, Eis oder Süßigkeiten angeboten werden.

Jakarta – Zurück in meinen Wohnkiez auf die »Grüne Insel«

In der Finsternis, nur von Scheinwerfern der Straßenfahrzeuge und sparsamem Licht der Grillstände und Kiosklampen erhellt, nehme ich meinen Platz bei den Bajajfahrern an meiner Wohnecke ein. Inzwischen ist der abendliche Straßenverkehr zur Höchstform aufgelaufen. Einige Bajajfahrer und Bewohner kennen mich inzwischen, wissen, dass ich vom Gästehaus nebenan bin, akzeptieren mich. Der Wirt, der winzigen Essbar gegenüber, umringt von seinen Stammgästen, ruft mir ein paar grüßende Worte zu, die sogar ich verstehe. Dann und wann gesellen sich Vorübergehende zu mir, fragen nach meiner Herkunft, wenn sie mich als Europäer ausmachen. Nur wenn man auf mein hoffnungsloses Nichtverstehen stößt, versuchen Fremde Neues mit wildem Sprachmix zu erfahren. Es duftet

279

nach Gegrilltem, Satèspießen, würzigen Suppen und Nasi Goreng-Reisspeisen. Andere hocken auf aufgeheiztem Straßenpflaster, blockieren zur abendlichen Rushhour mit blitzenden Motorrädern den Verkehr oder regeln mit fuchtelnden Armen mal schnell selbst den Stau im Scheinwerferlicht. Frauen und Mädchen sind in der Dunkelheit mit dem Bajaj unterwegs. Nur ein plötzlicher Tropenguss mit Donnergetöse und aufhellenden, gleißenden Blitzen am Tropenhimmel unterbricht für Augenblicke das nächtliche Treiben. Selbst in Gebäuden dröhnt dann ein heftiger Donnerschlag so, dass ich die moorige Erde unter mir beben spüre. Parkanlagen werden zu neuem Leben ermutigt, trotzen den ewigen Auspuffgasen in der feuchtheißen Tropenwelt.

Karten Südostasiens

Südostasiatisches Insel-Archipel [Südostasien]

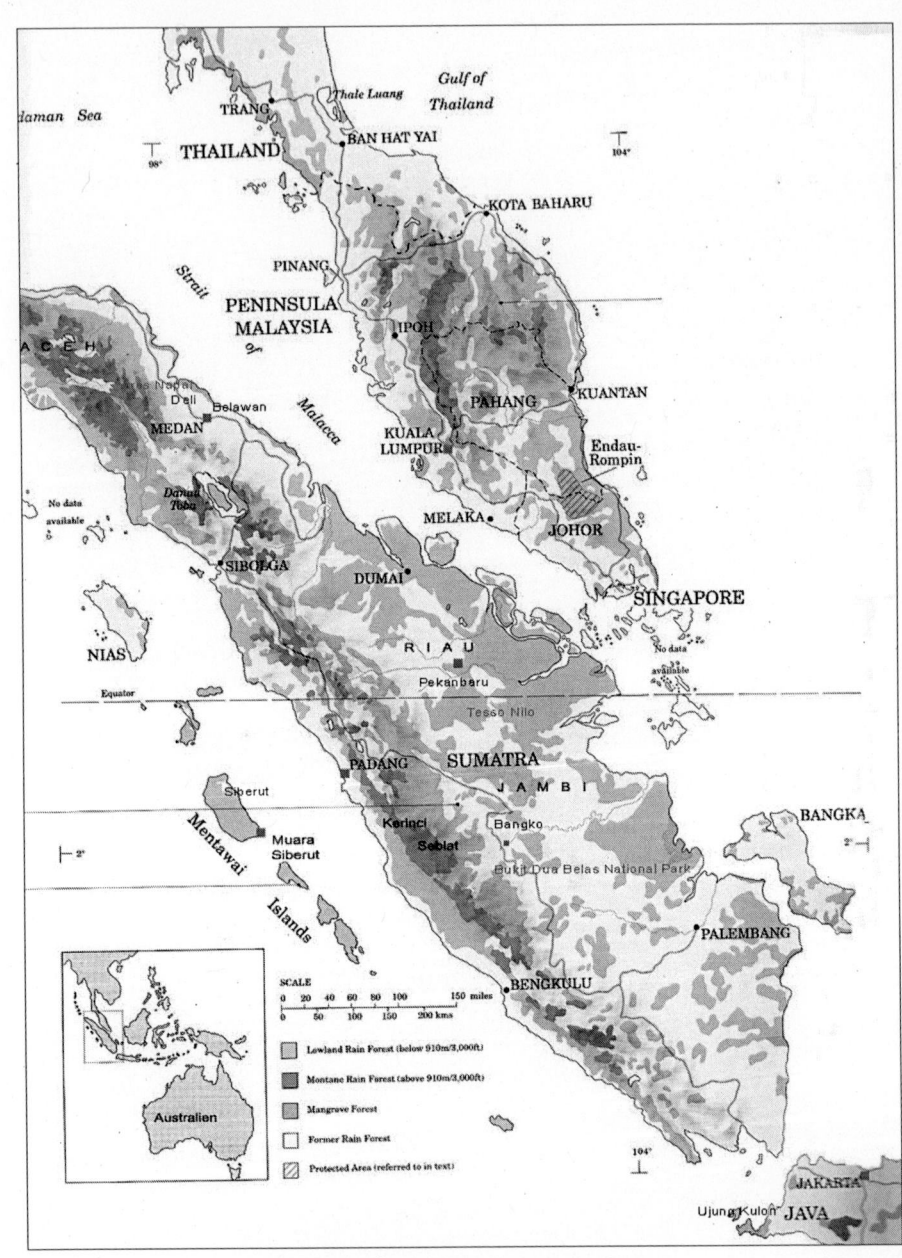

Sumatra-Überblick [Sumatra/Java]

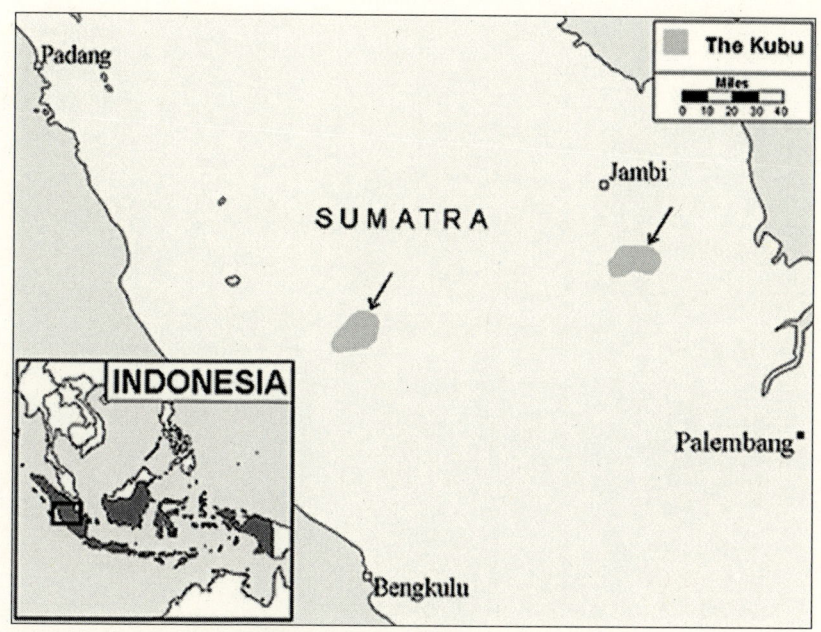

Kubu-Siedlungsgebiete [Indonesien]

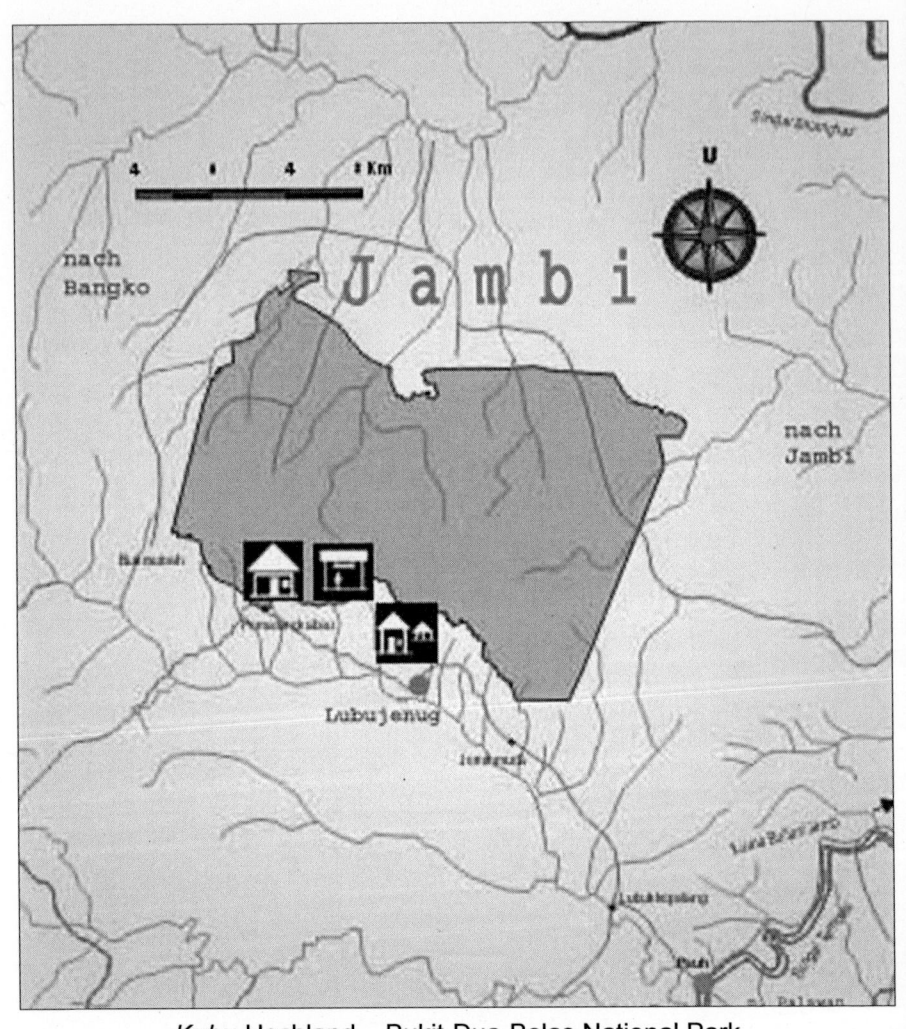

Kubu-Hochland – Bukit-Dua-Belas National Park

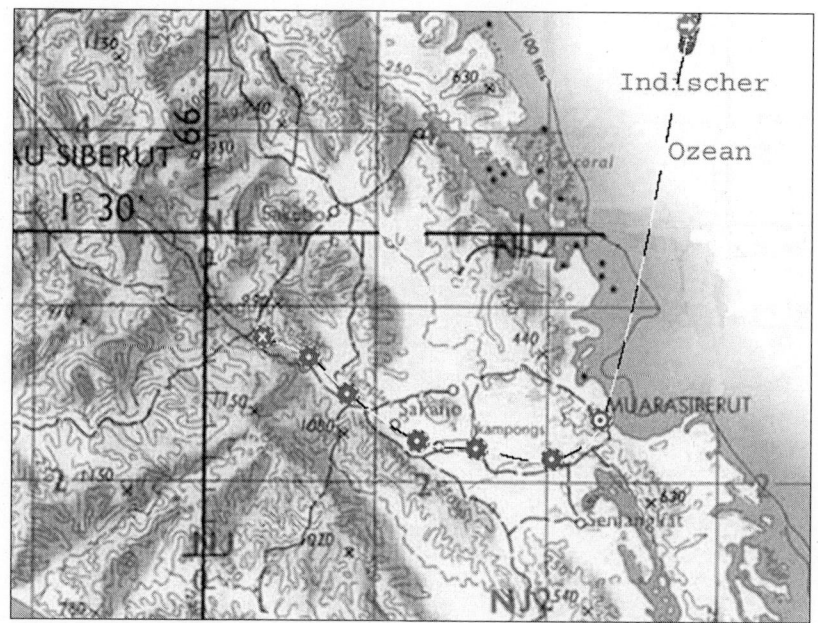

Mentawai-Route Siberut-Insel [Indonesien]

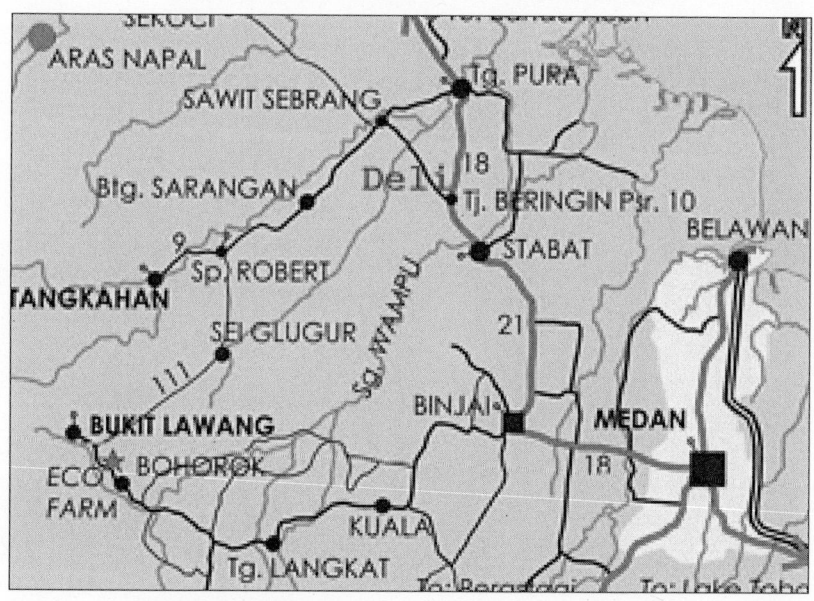

Aras Napal-Camp Nord-Sumatra [Indonesien]

West-Java – Ujung Kulon [Indonesien]

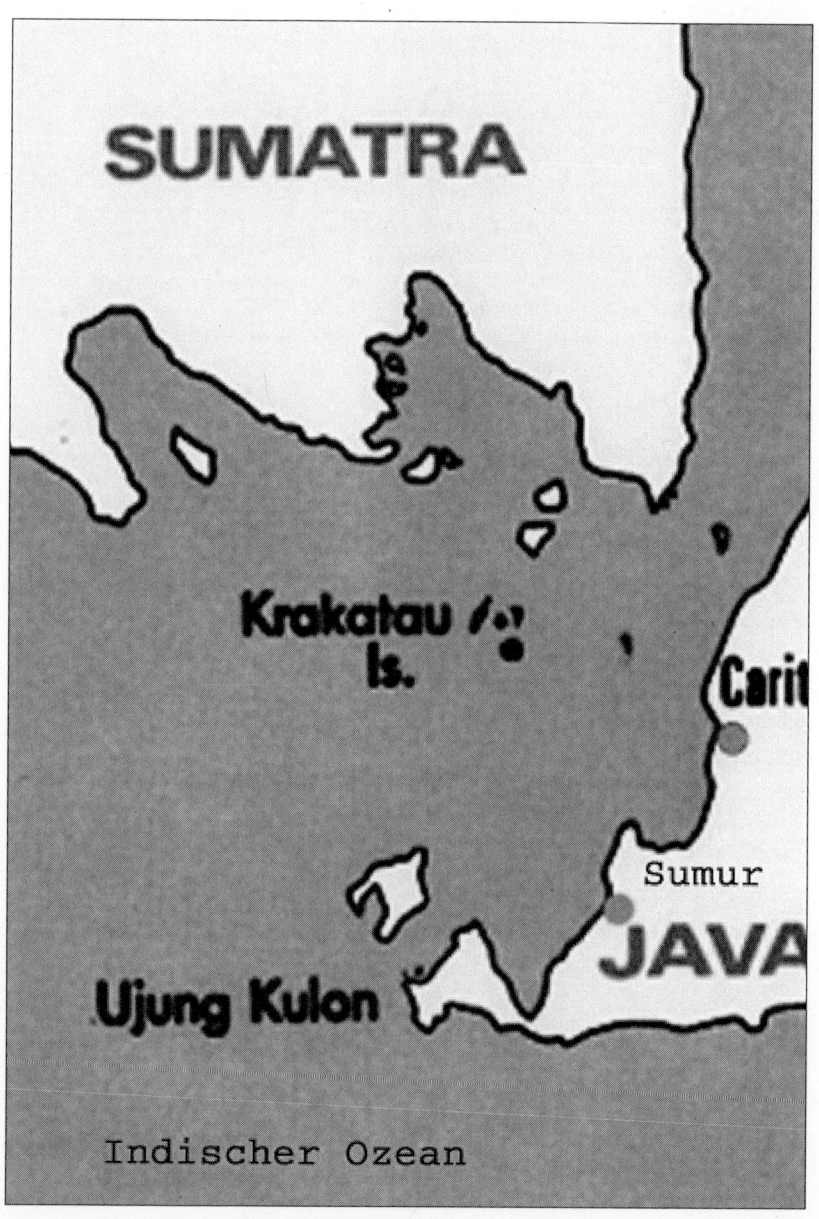

Krakatau-Gebiet [Indonesien]

Literatur

Brettschneider, Erika: Anders-Reisen – Indonesien, Rowohlt Verlag, 1992

Clarbrough, I. Margaret: Ujung Kulon, Indonesia's NP, Jakarta 2010

Corlett, Richard T.: The Ecology of Tropical East Asia, Oxford New York 2009

Domogazkich, Michail: Unter der Äquatorsonne, Brockhaus Verlag Leipzig 1989

Dudziak, Rafael: Geschichte der Entdeckung von Curare, Erlangen 1984

Edelmann, Jens: Reportage Kerinchi – höchster Vulkan... Dresden 2000

Freeman, Richard: Orang-Pendek, USA 2011

Fochler-Hauke, Gustav: ...Nach Asien, Heidelberg 1951

Griffiths, Mike: Leuser Nationalpark, WWF Indonesia, Jakarta 1992

Haeckel, Ernst: Malaysische Briefe, Jena 1901

Hagen, Bernhard: Die Orang *Kubu* auf Sumatra, Frankfurt/Main 1908

Helbig, Karl: Batavia

Helbig, Karl: Ferne Tropen-Insel Java, Gundert Verlag Stuttgart 1946

Helbig, Karl: Til kommt nach Sumatra, Gundert Verlag Stuttgart 1949

Hummel, G: Malaya kreuz und quer, München 1935

Jacques, Norbert: Reise nach Sumatra, Hamburg 1929

Junghuhn, Franz W.: Die Battländer auf Sumatra, Berlin 1847

Lindsay, Charles: *Mentawai* Schamane, Hongkong 2001

Matthews, Emily: The State of Forest Indonesia, WRI 2002

Michael, C., Thomson, R.: Forbidden Archaeologie – The Hidden History ..., 1996

Nieuwenhuis, Dr. A.W. : Quer durch Borneo 1894-98, Leiden 1904

Pfeiffer, Ida: Abenteuer Inselwelt – Die Reise 1851 durch Borneo ...., Wien 1993

Probst, Ernst: Orang Pendek – Der kleine Affenmensch, München, 2013

Schefold, Reimar: *Mentawai* Schamane, Wächter des Regenwalds, Hong Kong 2001

Tomlinson, H.M.: Ästhetische Reise zu den Gewürzinseln, Berlin 1926

Whitten, Tony; Damanik, Sengli u.a.: The Ecology of Sumatra, Oxford 1997

Wassner, John: Espresso with the Headhunters, Summersdale, Chichester 2001

WWF Indonesien: WWF Report 2010 – Sumatras Forests, Jakarta 2010

Glossar

Abaya: Schwarzer Ganzkörperumhang, der auch das Haar der
Frau bedeckt

Antu: Gottheit, übernatürliches Wesen

Asli: ursprünglich, original

Bahasa Indonesia : Offizielle Verkehrssprache in Indonesien

Bajaj: Einfaches dreirädriges Motorradfahrzeug mit Blechkarosse

Banjar: Siedlungsstruktur, Mitglied der Volksvertretung des
Dorfes

Bajau: Indigene Volksgruppe Südostasiens

Baju Koko: Traditionelles Hemd des indonesischen Mannes

Baju Melayu: zweiteiliger Anzug des indonesischen Mannes

Becak: Fahrradrikscha, dreirädrig

Banyanfeige: Banyanbaum (Ficus benghalensis)

Belaung: Ohrgehänge aus Messing

Bemo: Motorisiertes Dreiradfahrzeug

Bidayuh: Land-Dayak, indigene Volksgruppe auf bestimmtem
Territorium Borneos

Bilek: Wohnbereich im Langhaus

Caping: Flacher asiatischer Kegelhut, wie ein Sonnenschirm

Cave: Höhle, Höhlengewölbe

Cheongsam: traditionelles chinesisches Frauenkleid

Clonking: Wuchtiges Fischerboot

Danu: indonesisch: See

Dastar: Geflochtener Turban eines Sikh

Dayak: Ureinwohner auf Borneo, allgem. Bezeichnung für etwa
200 verschiedene indigene Stämme

Dhar: Rücken, hohe Felswand

Dhau: Traditionelles arabisches Segelboot

Durian: Durianfrucht des Zibetbaumes (Durio zibethinus)

Eisvogel: englisch: Kingfisher

Epiphyten: Aufsitzerpflanze, die sich unabhängig vom Erdboden
entwickelt

Fermentation: Gärungsprozess, bei dem aus getrocknetem
Rohtabak ein verbrauchsfertiger Rohtabak entsteht

FUNAI: National Indian Foundation Brasilien

Futa: Wickelrock für Männer

Gamelan: Traditionelles Musikinstrument in Java und Bali, metallische Klangplatten aus Gongs und Trommeln

Gandura: Knöchellange Baumwollkutte der Männer mit weiten Ärmeln und verziert mit Steppornamenten

Gracht: Künstlich angelegter Wasserweg in der Stadt (Kanal, Wassergraben)

Gunung: indonesisch: Berg

Hantikan: malaiisch: Stopp, Halt

HNO-Heilkunde: Hals-Nasen-Ohren Heilkunde/Medizin

Headman: englisch: Häuptling, Dorfältester

Helicak: Motorisierte Version des Becak

Hindu: Religion, religiöse Richtung vom indischen Subkontinent

Hominide: Menschenaffen (lat. Hominidae), Familie der Primaten

Iban: Indigener Dayak-Stamm (Sea-Dayak)

Ipu-Gift: Pfeilgift vom Ipubaum

Jukung: Balinesische Auslegerboote, leichte Segler

Kabit: Hüfttuch des *Mentawai*-Eingeborenen

Kain: Einfache Rundumtücher, die die Hüften der Frauen bedecken

Kampung: Dorf, kleine Siedlung, Gemeinde (Malaysia)

Kautschukballen: englisch: rubber pallets, Flecken

Kautschukbaum: Kautschukbaum (Siphonia elastica)

Kebaya: Bluse, von Frauen auf Bali getragen

Kemban: Knielanges Wickelkleid der Frau mit Batikmustern, das über der Brust zusammengesteckt wird

Kenyalang: Indigener Sprachgebrauch: Hornvogel

Kerei: Local Name für den Medizinmann

Killerpflanze: Kannenpflanze (Nepenthes albomarginata)

Klebit: Holzschild, von *Iban*kriegern benutzt

Klotok: Traditionelles Flussboot in Indonesien

Kris: malaiisch: Keris, traditioneller schlangenförmiger Dolch

Kummah: Braunweiß kariert oder weiße Kappe, Kopfbedeckung der Männer

Lakà Dahà: Oberschenkeldicke Blutlianen (rotes Harz) zum Abdichten

Latex: Weiße Harzflüssigkeit des Kautschukbaumes

Lendentuch: malaiisch: chawat, trad. Hüfttuch der *Penan*männer

Logging: Abholzen
Long: Mündung eines Flusses
Lütt: zierlich, winzig
Maias : Orang-Utan
Mandibeln: Mundwerkzeug der Ameisen/Termiten
Mangroven: Verholzender Mangrovenwald an tropischer Küste
Masjid Raya: Große Moschee
Medizinmann: Schamane, Malin
Mejong: Langgestreckte Holzbaracke auf Stelzen, Langhaus auf
    Borneo
Moksha: Offenbarung eines Hindus
Muezzin: Ausrufer, der die Muslime zum Gebet aufruft
Musjawarah: Vollständige Übereinstimmung, in Harmonie
Nasenaffe: lat.: Nasalis larvatus
Niakit: Palmenblattriebe
Nomaden: Herumziehende Stämme, Familiengruppen
    (Waldnomaden und Flussnomaden)
Orang: malaiisch: Mensch
Orang Pendek: Kleiner Mensch (kryptider Primat)
Orang Asli: Urbewohner, traditioneller Waldbewohner Malaysias
Parang: Machetetyp mit abgewinkelter Klingenform; verwendet in
    Malaysia und Indonesien
Pece: Traditionelle indonesische Kopfbedeckung
Penan: Indigener Stamm im Kelabithochland [Sarawak]
Pfauenvogel: englisch: green peafowl
Primärwald: Ursprünglicher Regenwald, Tiefland
PTPNII: PT Perkebunan Nusantara II, Tanjung Morawa, Medan
Punan: Indigener Stamm in Kalimantan Timur
Rajah: Ein Monarch auf dem indischen Subkontinent und
    Südostasiens
Ramadan: Islamischer Fastenmonat
Rattan: malaiisch: Rotang Kletterpalme / Rattanpalme (Calamus
    Rotang)
Rimba: malaiisch: Wald
Rotang: Rattanpalme/Rotangpalme – kletternd wachsendes
    Palmengewächs
RPU: Rhino Protection Unit Indonesiens, mit Patrouillen zum
    Schutz der Sumatrarhinos

Ruai: Aufenthaltsraum in einem Langhaus, Gemeinschaftsraum
Rumbia: malaiisch: Sagopalme (Eugeisonia tristis)
Rupiah: Indonesische Währung
Sampan: Flaches, breites Ruder- oder Segelboot Südostasiens
    (Plankenboot)
Sarong: Knöchellange Röcke von Frauen und Männern bei
    festlichen Anlässen getragen
Schute: Flaches Transportboot
Sirwal: Plüschige Hose der Frau
Subak: Örtliche Kooperative / Gemeinschaft eines Dorfe zur
    Erhaltung des Bewässerungs-Systems
Tajem: Pfeilgift aus dem Saft des Upasbaumes (Antiaris
    toxicaria), u.a. tasem, telang
Takije: Weißes Käppchen, Kopfbedeckung muslimischer Männer
Tamilen: Küstenbewohner des indischen Subkontinents
Tamu: Einheimischer Markt
Tanju: Nicht oder teilweise überdachte Veranda des Langhauses
Taqiyya, Tachija: Eng anliegende, weiße oder grau gemusterte
    Baumwollmütze der Männer
Teak-Holz: Wertvolles witterungsbeständiges Tropenholz
Tekulang: Ohrgehänge aus Holz
Tengkolok: Traditionelles Kopftuch der Männer
Tide: Gezeitenablauf
Tschador: Kopfumhang der Frauen
Tuak: Reiswein, Begrüßungsgetränk der *Iban*
Udeng: Traditionelles Kopfband des Indonesiers in Bali für jede
    religiöse Zeromonie
Uis: Handgewebte Tücher der Karo *Batak* in Sumatra
Ulos: Traditionelle rechteckige, handgewebte Tücher der Toba
    Batak in Sumatra (*Kain ulos*)
Ulun: indonesisch: Herz
Utan: Wald
Uwutpalme: Stärkehaltiger Sagopalmenstamm (Metroxylon sagu)
Van: Minibus, geräumige Großraumlimousine
VOC: Vereinigte Ostindische Company
WARSI: Indonesian Conservation Community, Sumatra
Wasserscheide: Grenzverlauf für das abfließende Wasser zwischen
    zwei benachbarten Einzugsgebieten

Würgefeige: Pflanzengattung von Feigen (Ficus)
WWF: World Wide Fund, größte internationale
   Naturschutzorganisation

Bildnachweis

WWF Indonesia, Pekanbaru,	
Sumatra (2)Foto	Seiten 49, 50
WWF Indonesia, Jakarta:	
Java (1) Foto	Seiten 51, 252
Richard Freemann, CFZ,:	
England (1) Grafik	Seite 97
John Widyono, Sumatra,	
Indonesien (1) Foto 1910	Seite 186
Van de Veide, Amsterdam	
Sumatra (1) Grafik 1845	Seite 98

Alle anderen Abbildungen, Grafiken, Cover aus dem Archiv oder
nach Vorlagen des Autors.